生活保護「改革」と生存権の保障

～基準引下げ、法改正、生活困窮者自立支援法～

花園大学教授
吉永 純
Atsushi Yoshinaga

明石書店

まえがき

　本書でいう生活保護「改革」とは、2012（平成24）年8月に成立した「社会保障制度改革推進法」以降、拡大する貧困に対して進められている生活保護基準（生活扶助、住宅扶助、冬季加算）の引下げ、生活保護法の改正、そして生活困窮者自立支援法の施行という主として3つの領域での政策的な対応を指している。これらの政策は、相互に結びつき、一体的に進められており、生活保護制度における重要な転機であることから、「改革」と称するものである。

　生活保護基準は、単に生活保護利用者の生活の切下げにとどまらず、私たちの生活の「岩盤」を掘り崩すものであって、ナショナルミニマム（国民的最低限）の後退を招くものである。また生活保護法の改正は、保護申請の厳格化や親族間の扶養を強化するとともに、ワークファースト（就労第一）的な就労指導を強調し、あわせて不正受給の厳罰化などを内容としており、最後のセーフティネットとしての生活保護制度の機能を弱体化させるものである。これに対して生活困窮者自立支援法は、生活保護の利用抑制としての性格をもつ反面、生活困窮者（貧困と孤立により生活困難に陥っている人々）の掘起しと支援という積極的な機能もあり、生活保護への結びつけをはじめ、予算や人員を量・質ともに充実させた積極的な活用が望まれる制度でもある。

　本書第1部では、これら生活保護「改革」に関連する3領域を取り上げ、社会保障審議会生活保護基準部会等における審議経過を跡付ける。さらに国による生活扶助額などの引下げや改正法に理がないことを明らかにする。

　第2部では、この間の争訟（審査請求と裁判）において進展が著しい生活保護の申請、稼働能力、外国人と生活保護、生活保護法63条と78条という4つの領域での判決や裁決を検討し、改革の方向性を示す。

　第3部では、生活保護費の半分を占め、常に削減対象にあげられる医療扶助のあるべき姿と、とかく災害時において後景に退きがちな生活保護制度について、災害時における機能発揮のための方策を提言する。

　本書の立場は、憲法25条を生かし、雇用分野において非正規雇用などの規制を強化し、人間らしい労働を保障すること、また社会保険や社会福祉制度を強化しながら、貧困に至った市民に対しては、等しく生活保護制度を活用して、自立した健康で文化的な生活を保障しなければならないというところにある。

　本書の各章は、相互に関連はしているが、それぞれ完結した章でもある。読者諸氏には、興味関心に応じた章、節からお読みいただくことが可能である。

なお、本書は、著者の前著である『生活保護の争点』（高菅出版、2011年）第2部「生活保護における争点」の続編でもある。あわせてお読みいただければ幸甚である。

　本書が、貧困に苦しむ当事者や、ケースワーカー、法律家などの支援者、また貧困や福祉の研究者や、学生、院生のみなさんの活動や研究の糧になれば、これに勝る喜びはない。また、本書は著者の未熟さから、思わぬ誤解に基づく記述などがあると思う。忌憚のないご意見と御叱正を賜りたいと思う。

　最後に、本書の審査請求にかかる部分は、日本学術振興会科学研究費助成事業基盤研究（C）「生活保護行政標準化のための審査請求裁決書の分析と提案」（研究代表者 吉永純 研究課題番号26380085、2014年度～2016年度）の成果の一部であることを付記する。

2015年8月

吉永　純

生活保護「改革」と生存権の保障
～基準引下げ、法改正、生活困窮者自立支援法～

目　次

まえがき　3
凡例　6

第1部　生活保護基準引下げと法改正、生活困窮者自立支援法

- 第1章　生活扶助基準の検討　～引下げに理はあるか～ ……………… 8
- 第2章　住宅扶助のあり方　～家賃準拠追随型から居住水準保障型へ～… 33
- 第3章　生活保護法の改正 ………………………………………………… 64
  　～「水際作戦」強化、扶養の復古的強化、ワークファースト、不正受給対策の厳格化などによる、最後のセーフティネットの弱体化～
- 第4章　生活困窮者自立支援法 …………………………………………… 91

第2部　生活保護争訟をめぐる諸課題

- 第5章　保護の申請 ……………………………………………………… 114
- 第6章　稼働能力 ………………………………………………………… 154
  　～半失業時代の生活保護・稼働能力活用要件のあり方～
- 第7章　外国人と生活保護 ……………………………………………… 180
- 第8章　生活保護法63条、78条の再検討 ……………………………… 199

第3部　生活保護制度をめぐる諸課題

- 第9章　医療扶助の課題 ………………………………………………… 240
  　～「最適水準」の維持、医療へのアクセスの改善、スティグマ解消が急務～
- 第10章　災害と生活保護 ………………………………………………… 254

あとがき　266
判例索引　268
初出一覧　270

凡 例

| 内　容 | 略号 |

■法令等

1　生活保護法施行規則　　　　　　　　　　　　　　　　　　　施行規則

2　生活保護法による保護の基準

・昭和38年4月1日　厚生省告示第158号〜平成26年3月31日厚生労働省
告示第136号による改正までの厚生労働省告示　　　　　　　　告示

3　生活保護法による保護の実施要領について

・昭和36年4月1日　厚生省発社第123号〜平26年3月31日厚生労働省社
援0331第7号による改正までの厚生労働事務次官通知　　　　次官通知

・昭和38年4月1日　社発第246号〜平成26年4月25日社援発0425第1号
による改正までの厚生労働省社会・援護局長通知　　　　　　局長通知

・昭和36年4月1日　社保第34号〜平成26年4月25日社援保発0425第1
号による改正までの厚生労働省社会・援護局保護課長通知　　課長通知

4　生活保護手帳　別冊問答集　2014　　　　　　　　　　　　別冊問答集

■判例集など

1　最高裁判所民事判例集　　　　　　　　　　　　　　　　　　民集
2　行政事件裁判例集　　　　　　　　　　　　　　　　　　　　行集
3　判例時報　　　　　　　　　　　　　　　　　　　　　　　　判時
4　判例タイムス　　　　　　　　　　　　　　　　　　　　　　判タ
5　判例地方自治　　　　　　　　　　　　　　　　　　　　　　判自
6　賃金と社会保障　　　　　　　　　　　　　　　　　　　　　賃社

■図表について

　基本的に西暦表記とした。また一部改変している場合がある。

第1部

生活保護基準引下げと法改正、生活困窮者自立支援法

　第1部では、今般の生活保護「改革」の主な柱である保護基準引下げ（第1章、第2章）、生活保護法の改正（第3章）、生活困窮者自立支援法（第4章）の3つのテーマを取り上げ、これらが、格差や貧困の軽減、解消に役に立ち、健康で文化的な生活を維持できるものなのかどうか、すなわち生活保護法の目的である最低生活保障と自立助長に資するものかどうかを検証する。

第1章

生活扶助基準の検討
～引下げに理はあるか～

　2013（平成25）年8月から2015年4月まで3回に分けて行われた生活扶助（基準生活費）の引下げは、制度発足以来最大の下げ幅であるとともに、生活保護世帯のほとんどに影響する大規模なものとなった。また2015年7月からの住宅扶助基準の引下げは、住まいという生活の土台の引下げであることから、利用者に不安が広がっている。さらに同年10月からは冬季加算が引き下げられる予定である。2015年は保護世帯にとって「引下げ三重苦」といってもよい事態となった。

　物価下落を理由とする生活扶助の引下げは、生活保護利用世帯の家計実態や生活実感から乖離しており、また現に消費者物価が上昇局面にあるなかでの引下げであったため、利用者の怒りが沸き起こった。2013年8月からの引下げに対しては、実質2カ月ほどの間に、全都道府県から過去最高の1万2900人の利用者が保護費減額処分取消しの審査請求を行うに至った。2014年4月からの引下げに対する審査請求7249件と合わせて、2万149件に達している（2015年1月末現在)[1]。裁判では、2014年2月25日の佐賀地裁への提訴を皮切りに、全国で23地裁・原告768名が提訴しており（2015年6月30日現在）、生活保護裁判史上最大の集団訴訟となっている。

　本章では、生活扶助額の引下げに理由があるのか、生活扶助基準はどのように決めるべきなのかなど、生活扶助基準引下げの問題点を検討する。

第1章　生活扶助基準の検討　9

第1節　制度発足後最大の引下げと異例の経過

1　当事者の悲痛な声

　次の声は、2013年8月から始まった生活扶助費引下げに対する、最近までの当事者の声である。

○　(ある母子家庭)「電気代・ガス代が上がるなかで保護費が減らされるのは身を削られる思い」、「スーパーではまず見切り品を探す。納豆が30%引き、半額とかになっていると『あぁよかった、これで今日は食べられる』と思う。普段はふりかけご飯とインスタントみそ汁だけ。食べる物がなくて、『お母さん体調が悪いからあんたたちで食べて』といって子どもたちだけに食べさせることもある」(『首都圏青年ユニオンニュースレター』第150号)
○　(ある高齢者)「物価は下がっていません。もう全部上がっている。冷蔵庫は14年前に買ったもの(中略)。もう絶望しかない。もう少し人間らしい基準を」(2013年9月20日「生活保護の現場でなにが」、NHK『かんさい熱視線』)
○　(精神疾患がある利用者)「今年(2015年)4月、三度目の保護費引下げが実行されました。食費以外に削るところがないわが家にとっては、食べる楽しみも何もなくなってしまいます。精神疾患があるとはいえ、働く意志もあります。しかし、今後生活扶助だけでなく住宅扶助、冬季加算も削減されるということで、どこまで削減されるのか、自分たちの生活はいったどうなるのか、心配でなりません。私の家庭がひとり娘をなんとか社会に送り出せたのは、生活保護という、この国の制度のおかげだと思っています。ぜいたくな暮らしを望んではいません。不利を抱えても安心し、最低限度の文化的な生活ができる、安心して暮らせる、そんな社会保障制度全体の充実を願ってやみません。どうか、もとの保護制度に戻してください」(2015年5月29日北海道生活と健康を守る会『生活保護制度を良くする会ニュース』)

2　引下げの内容〜影響世帯数、下げ幅とも過去最大。子どものいる世帯を直撃〜

　今般の生活扶助費の引下げは、影響世帯、下げ幅の点で過去最大規模のものである。
　まず、基準生活費という基準本体の引下げであったことから、生活保護世帯のほとんど(96%)に影響するものとなった。
　また、生活扶助費は、これまで、2002年に0.9%、2004年に0.2%引き下げられ

図表1-1　世帯類型別引下げ額・率（基準生活費、1級地の1〔大都市部〕）[3]

世帯類型	標準3人世帯 (33歳、29歳、4歳)	中高生のいる世帯 (45歳、40歳、17歳、14歳)	母子世帯 (33歳、12歳、8歳)	高齢単身世帯 (70歳)	中年単身世帯 (52歳)	若者単身世帯 (25歳)
引下げ前 (2013年7月)	16万4830円	21万5730円	17万4640円	7万7970円	8万3980円	8万6130円
引下げ後 (2015年4月)	14万8350円	19万4160円	15万7180円	7万4630円	8万160円	7万9230円
引下げ額 (％)	△1万6480円 (△10.0％)	△2万1570円 (△10.0％)	△1万7460円 (△10.0％)	△3340円 (△4.3％)	△3820円 (△4.5％)	△6900円 (△8.0％)

出所：筆者作成。引下げ前後を比較するため、引下げ前の扶助額には2014年4月引上げ分2.9％を上乗せしている。子どものいる世帯では、いずれも減額の限度である10％の減額幅となっている

ただけだった。今回の引下げは、基準生活費670億円と期末一時扶助70億円の計740億円、7.3％という制度始まって以来の大規模な減額であった。引下げは、2013年8月、2014年4月、2015年4月と、1年8カ月という短期間、3回に分けて実施された。ただ、2014年4月は、引下げ分2.4％減額とあわせて、消費増税（それまでの5％が8％に引き上げられた）に伴い2.9％引き上げられたため[2]、2015年4月の基準生活費は、額面上は当初予定の7.3％減額後より多くなっている（減額率は、△7.3％＋2.9％≒4.4％程度）。しかし、消費増税に伴う引上げは、最低生活費を実質的に維持するためのものであるから、購買力という点では7.3％減と変わらない。主な世帯類型別の引下げ前と、引下げ後である2015年4月の基準生活費の変化は、**図表1-1**のとおりである（2014年4月消費増税による引上げ分調整後）。

　この図表にあるように、世帯人数が多いほど（その多くは子どものいる世帯）引下げ幅・率が大きいことがわかる。国は、一方で子どもの貧困対策法を制定しておきながら、他方で子どもにも最低限の生活を保障する生活保護基準を下げたのでは、子どもの貧困対策という優先度の高い政策における国の本気度が問われるというものである。

3　生活扶助基準の大幅引下げに至る異例の経過

　生活扶助基準額は、社会保障審議会生活保護基準部会（以下「基準部会」）で2年近く議論され、2013年1月18日に報告書が出された。報告書は、保護基準と第1・十分位（所得分布を十等分したときの一番下位）とを比較し、両者の凸凹の是正に固執したことをはじめ、かなりの問題を含んでいた。しかし積極的に減額を容認するスタンスではなく、反対に保護基準の減額については国に釘を刺すという慎重な姿勢を示していた。そして、報告書による保護費の減額も厚生労働省

保護課の試算によっても90億円程度にとどまり、高齢者世帯などは部分的に増額の方向性が示されていた。ところが、報告書発表直後である2013年1月27日、保護課は突如として、「生活保護基準等の見直しについて」[4]を公表し、2008年から2011年にかけて物価が4.78％下落していることを理由に、総額670億円、平均6.5％、最大10％の減額方針を示し（期末一時扶助70億円の減額を加えれば740億円、7.3％）、これにより減額が強行された。減額幅の大幅な増額（基準部会報告書の7.4倍に及ぶ）はもとより、基準部会ではまったく検討されていない物価を理由に引き下げた点で、基準部会報告書は無視されたに等しい。これでは、何のために2年間かけて、正式の審議会で基準を検討したのかわからない。

このように、下げ幅で見れば、基準部会分90億円に対し物価下落分が580億円となっており、今回の引下げの主要な理由は物価下落である。しかし、生活扶助の具体的算定（1類費〔個人別経費〕、2類費〔世帯共通経費〕、地域差等）に当たっては、基準部会報告書をふまえている部分（「つまみ食い」といってもいいだろう）もあり、まず基準部会報告書を先に検討し、続いて物価下落論を検証することとする。

第2節　基準部会報告の問題点

1　基準部会報告書の概要
（1）　審議経過と検証方法、結論について

今回の保護基準の検討は、5年に1回の生活扶助基準の検討として、基準部会において、2011年4月から約2年間にわたり検討された。2013年1月18日の報告書によれば「国民の消費動向、特に一般低所得世帯の生活実態を勘案しながら、生活扶助基準と一般低所得者世帯の消費実態との均衡が適切に図られているか否か等について、検証を行った」（下線筆者、以下同）とされている。

基準部会は、第1・十分位という下位10％の低所得の消費実態と生活保護基準を比較したが、第1・十分位層には生活保護基準以下で生活している人たちが含まれていることなどから、そもそも比較対象とすることに問題がある。他方、基準部会報告書は、基準引下げを明言しているわけではなく、むしろ、さまざまな視点から安易な引下げに釘を刺している。また、第1・十分位との比較によっても、高齢者世帯については、生活扶助基準を引き上げなければならないものであった。

(2) 概要～比較対象（第1・十分位）と検討結果～

　基準部会の中心的な検討は、「年齢階級別、世帯人員別、級地別に基準額と消費実態の乖離を詳細に分析し」たことである。

A　第1・十分位との比較を行う理由

　以前から批判が強かった第1・十分位との比較という手法を用いた理由としては、「①これまでの検証に倣い、生活保護受給世帯と隣接した一般低所得世帯の消費実態を用いることが今回の検証では現実的である」、「②第1・十分位の平均消費水準は、中位所得階層の約6割に達している」、「③必需的な耐久消費財について、第1・十分位に属する世帯における普及状況は、中位所得階層と比べて概ね遜色なく充足されている」、「④第1・十分位の年間収入総額の構成割合はやや減少傾向ではあるものの、（中略）特に第1・十分位が減少しているわけではない」、「⑤第1・十分位に属する世帯の大部分はOECDの基準では相対的貧困線以下にあることを示していること」、「⑥第1・十分位と第2・十分位の間において消費が大きく変化しており、他の十分位の世帯に比べて消費の動向が大きく異なる」ことがあげられている。

B　基準部会による検討結果

　第1に、年齢階級別の生活扶助基準額による指数と第1・十分位の消費実態による指数を比べると、各年齢階級間の指数に乖離が認められた。第2に、世帯人員別（第1類費、第2類費）の基準額の水準は、第1類、第2類とも、世帯人員が増えるにつれて消費実態の指数との乖離が拡大する傾向が認められた。第3に、級地別の生活扶助基準額による指数と第1・十分位の消費実態による指数を比べると、消費実態の地域差の方が小さくなっている。しかしながら、最終的には、「世帯員の年齢、世帯人員、居住する地域の組み合わせにより、各世帯への影響は様々である」という結論になっており、引下げを容認しているわけではない。むしろ、報告書は、さまざまな観点から基準引下げには慎重であった。すなわち、報告書は、「厚生労働省において生活扶助基準の見直しを検討する際には、本報告書の評価・検証の結果を考慮し、その上で他に合理的説明が可能な経済指標などを総合的に勘案する場合は、それらの根拠についても明確に示されたい。なお、その際には現在生活保護を受給している世帯及び一般低所得世帯への見直しが及ぼす影響についても慎重に配慮されたい」と、消費支出以外のほかの指標を使った保護基準の変更については、きわめて慎重な扱いを求めるとともに、非保護世帯への影響をも勘案せよと要求しているのである。また報告書は、「特定

の世帯構成等に限定して分析する際にサンプルがきわめて少数となるといった統計上の限界がある」、「検証方法について一定の限界があることに留意する必要がある」と検証内容に限界があることを自ら認め、「今般、生活扶助基準の見直しを具体的に検討する際には、現在生活保護を受給している世帯及び一般低所得世帯、とりわけ貧困の世代間連鎖を防止する観点から、子供のいる世帯への影響にも配慮する必要がある」とも指摘しているのである。

2 問題点
（1） 比較対象として、第1・十分位に固執したこと
A 基準部会報告書があげる理由について

　基準部会発足当初は、現行の保護基準決定方式である消費水準均衡方式（一般世帯の消費水準の変動に合わせて保護基準も均衡させていく方式）や、批判の多かった消費水準下位10％との比較による検証方式を再検討するために、これまでの先行研究で公表されている、いくつかの最低生活費試算結果を紹介するなどして、新たな方向性が模索されかけた時期もあったが、結局、前述の理由により下位10％との比較に落ち着いた。

　しかし、第1に、上記理由①では、なぜ下位10％との比較が「現実的」なのか、積極的な論証はなされていない。「これまでの検証に倣い」とあるが、よく引用される「生活保護制度の在り方についての中間取りまとめ」（2003年12月16日生活保護制度の在り方に関する専門委員会）においても、なぜ下位10％と比較するのかは、まったく説明されていない。同委員会でも、実際の比較は、下位10％との比較ではなく、勤労3人世帯の生活扶助基準は「結果として第1・五分位の消費水準に近似」（同前）しているとされている。

　第2に、捕捉率（生活保護基準未満の生活水準の世帯のうち、実際に生活保護を利用している世帯の割合）が20～30％の低さの日本では、下位10％には、生活保護利用世帯とともに生活保護基準未満層（いわゆる漏給層〔制度利用資格があるのに利用していない世帯〕）が多数含まれている。報告書でも、「現実には第1・十分位の階層には生活保護基準以下の所得水準で生活している者も含まれることが想定される点についても留意が必要である」と自認している。比較対象とする層に生活保護利用世帯が含まれているとすれば、保護基準を設定するためのデータを集めるのに保護利用者自身の消費データを基にすることになる（循環論）[5]。よって、比較対象世帯から保護世帯は除外しなければならない。また、漏給層が多数含まれている層と比較すれば、最低生活費は際限なく下がっていくことは明らかだ（いわゆる貧困スパイラル）。格差の固定化・拡大を容認する比較手法といわなけ

ればならない。

　第3に、上記理由②でも、下位10％層が中位に比して60％水準であればいいということにもならない。日本では、1997年の最高時年間賃金が467万円から2011年には409万円と、年収で58万円も下がっており[6]（先進国でも特異な状況である。ほかの先進国は勤労者の賃金は上昇している）、そのため貧困線も下がっている（単身で月収10万4000円、4人世帯で20万8000円）[7]。そのうえ貧困率は上がっている。すなわち国民全体の生活が地盤沈下しているなかで、下層の所得層が増えているのだ。こうしたなかで、たとえ下位10％が中位層の60％であっても、それでよしとするわけにはいかない。全体の所得が低下傾向のもとでは、生活の中身を問わない現行の基準設定方式自体の見直しが求められているといえる。

　第4に、理由③の必需的な耐久消費財については、第1・十分位と第3・五分位比較で、普及率格差がないとされたものは、「年に1、2回程度は下着を購入、冷蔵庫・自動炊飯器・洗濯機・カラーテレビ・電気掃除機の保有、トイレ・台所・浴室が世帯専用、十分な布団、親族の冠婚葬祭にときどきは出席（略）」などであるが、他方で「居住面積82.1㎡⇔103.6㎡（前者：第1・十分位、後者：第3・五分位。以下同）、電子レンジ88.0％⇔96.2％、エアコン69.5％⇔81.7％、食卓・椅子セット49.6％⇔69.3％、携帯62.3％⇔91.6％、ビデオ38.5％⇔68.6％、パソコン28.6％⇔68.2％、学習机22.4％⇔50.6％」など、相当の格差が指摘できる[8]。

　そのほか、理由④は、わずかとはいえ年収が下がっているなかでの比較を容認するものであるし、年収総額割合の減少については、報告書でも、「第1・十分位の者にとっては、全所得階層における年間収入総額に占める当該分位の年間収入総額の構成割合にわずかな減少があっても、その影響は相対的に大きいと考えられることに留意すべきである」と指摘されている。⑤も、国際標準でもあり、政府公認の貧困層である相対的貧困層に第1・十分位が含まれることが、なぜ正当化の理由になるのかわからない。むしろOECD（経済協力開発機構）基準では日本の貧困率が16％と高位に達していることを問題にすべきである。最後の理由⑥は、そうした消費内容の大きな変化が認められるのであれば、その内容がはたして健康で文化的な水準といえるかどうかを問題にすべきではないだろうか。

　結局、基準部会の報告書では、下位10％との均衡論に終始し、現行基準がはたして「健康で文化的な生活」であるかどうかという中身の検討はほとんどなされなかった[9]。

B　そもそも「水準均衡方式」とは？

　「消費水準均衡方式」というのは、中央社会福祉審議会が生活保護受給世帯の

消費水準を「一般国民の消費実態との均衡上ほぼ妥当な水準」であるとし、その均衡（格差）をそのまま維持せよと意見具申したのを受けて、1984（昭和59）年以降現在に至るまで採用されてきた、生活扶助基準の検証方式である。

その際、検証の前提とされたのは、①平均的一般世帯、②低所得世帯（ここでいう低所得世帯とは第1・五分位〔下位20％〕と第2・五分位〔下位40％〕）、③被保護世帯の3つの消費支出間の均衡に留意するということであり、第1・十分位層の消費支出に生活扶助基準を合わせるというものではなかったことに留意すべきである[10]。

（2） 回帰分析という新たな手法

基準部会では、現行基準と下位10％層との消費の凸凹を比較し下位10％に保護基準を合わせようとするため、回帰分析という新たな手法により、年齢、人員（第1類〔個人別経費〕と第2類〔世帯共通経費〕）、級地（地域差）を比較している。しかし報告書自体が、この方法が「唯一の手法ではない」、「一定の限界があることに留意」と吐露している。またこの手法は、専門家の間でも信頼性などにおいて疑義が示されている[11]。

3　小　括

基準部会の報告書では、下位10％層との比較という検証方法に固執しており、生活の中身の検討はほとんどなされていない。しかし、基準引下げを容認したわけではなく、むしろ、さまざまな視点から引下げに慎重な姿勢を示していることが重要である。

また、報告書では、年齢、世帯人員、地域を考慮した場合、高齢単身世帯で

図表1-2　現在の生活保護基準額と低所得世帯の消費実態の比較

世帯類型	①現在の保護基準（全国平均）	②低所得世帯の消費実態	保護基準と低所得世帯との比較（①－②）
3人世帯（夫婦と子1人）	約15万7000円	約14万3000円	＋約1万3000円
4人世帯（夫婦と子2人）	約18万6000円	約15万9000円	＋約2万6000円
単身世帯（60歳以上）	約7万3000円	約7万7000円	△約3000円
2人世帯（高齢者夫婦）	約10万6000円	約10万8000円	△約2000円
単身世帯（20～50代）	約7万8000円	約7万7000円	＋約1000円
母子世帯（母親と子1人）	約13万9000円	約13万1000円	＋約7000円

出所：2013年1月17日『朝日新聞』

は、消費支出より基準の方が4.5％低くなっていることを指摘している。この結論からすれば、高齢世帯の基準は3000円程度上げなければならない（**図表1-2**）。これは、2006年に老齢加算が全廃された影響であろう。

なお、最後に、基準部会報告書で示されている指標をもとに、主な世帯類型で試算された保護基準を示しておく（**図表1-2**）。

第3節　物価下落を理由とした強引な引下げ

1984年から今日まで採用されてきた生活扶助基準の決定方式は、消費支出の実態に着目するものであって、物価動向を勘案したものではない。生活扶助基準決定方式を大きく変更するのであれば、社会保障審議会の生活保護基準部会で慎重に検討すべきあるが、そうした検討は一切されていない。しかも今回、厚生労働省が考え出した「生活扶助相当CPI（消費者物価指数）」は、下落率が総合物価指数の2倍以上もあるという、生活保護利用世帯の生活実態とはかけ離れた内容である。物価下落（デフレ）論・「生活扶助相当CPI」は、生活保護基準の大幅引下げという結論を導くため、恣意的に持ち出されたものといわざるをえない。

1　無視された基準部会報告書～突然の「物価下落」論による大幅減額、明らかな手続的瑕疵～

前節で触れたように、基準部会報告書は、削減額の規模からみると、政府からほとんど無視された。もともと基準部会の検討範囲は、「今秋（2012年秋）を目途に平成21年全国消費実態調査の特別集計等のデータがまとまり次第、生活扶助基準と一般低所得世帯の消費実態との均衡が適切に図られているか否か等の検証を開始する」（2012年4月19日第1回基準部会資料）ことであり、それに従って、2年近く検討を続けてきたのだが、基準部会では1回も検討されなかった物価下落という「理由」によって、前述のような大幅な引下げが、政府事務当局によって強行された。

しかし、1984年から現在に至るまで採用されている生活扶助基準設定方式である消費水準均衡方式は、「一般国民の消費水準との均衡が図られるよう、政府経済見通しにおける民間最終消費支出の伸びを基礎とし、国民の消費動向や社会経済情勢を総合的に勘案して改訂している」[12]ものである。すなわち、一般国民との消費実態とのバランスを維持しつつ、消費の伸びなどの調整は政府経済見通しに基づくというのが基本的な方法である（ちなみに、民間最終消費支出の2013年度見通しは、実質で1.6％増であった）。その趣旨は、国民の最低限の生活である保

護基準は、それ相応の綿密な検討を要する重要な指標であることや、一般国民の次の年度の消費の伸びよりも下がってはいけないから、政府の最終消費支出見通しによって、そこに格差が出ないよう調整してきたのである。いわば、未来（次年度）においても、一般国民との均衡を維持する手法がとられてきたといえる。この点は、年金などのように国民皆年金として不十分ながら普遍化している制度が、物価指数によってその給付水準を決めていることとの相違である。

　したがって、給付水準の決定方式を変更するならば、少なくとも社会保障審議会や基準部会などでの十分な検討が必要である。基準部会長代理の岩田正美委員が指摘するように、「物価を生活保護基準に反映させる場合、どのように反映させるべきかの専門的な議論が必要だった」のである[13]。物価下落論による引下げは、手続的に明らかに瑕疵があるといわざるをえない。

2　あまりに恣意的な物価の扱い

　百歩譲って、物価下落を考慮して保護基準を決めるとしても、今回の厚生労働省のやり方は、あまりに恣意的だ。厚生労働省は、2008（平成20）年からの物価を勘案することについて、基準部会の検証は、第1・十分位層との「消費実態を比較し、その歪みは検証したもの」であるから、「デフレ等による金額の絶対水準の調整がなされるものではない」、「前回の検証（平成19年）結果を踏まえた上で、平成20年度の基準額が定められ、以後もその基準額が据え置かれてきた経緯に鑑み、平成20年から勘案することとした」[14]と説明している。しかし、この手法は以下のような看過できない重大な問題がある。

(1)　物価比較の時期

　保護課の物価比較時点は、2008年と2011年である。しかし基準額が直近で引き下げられたのは2004年であるから、比較するならば2004年と比較すべきである。2008年は、前年からの原油高への懸念から生活扶助基準額の引下げがいったん検討されたが見送られた年である。事実、予想どおり2008年はピンポイントで物価が上昇した。本来であれば2008年は生活扶助基準を上げなければならなかった年といえる。生活保護世帯にとっては、扶助基準が据え置かれ我慢を強いられたことになる。扶助費が物価上昇に見合って上げられていないのに、物価指数の下落率だけを指標にして扶助費を下げることにはならないはずだ。2008年との比較によって初めて4.78％という大幅な物価下落率が導かれる。比較年の恣意的な選択といわなければならない。

　さらに、2004～2011年比較では、食費、水光熱費などは上昇しているから、

図表1-3　品目別消費者物価指数の推移（2002年～2012年）

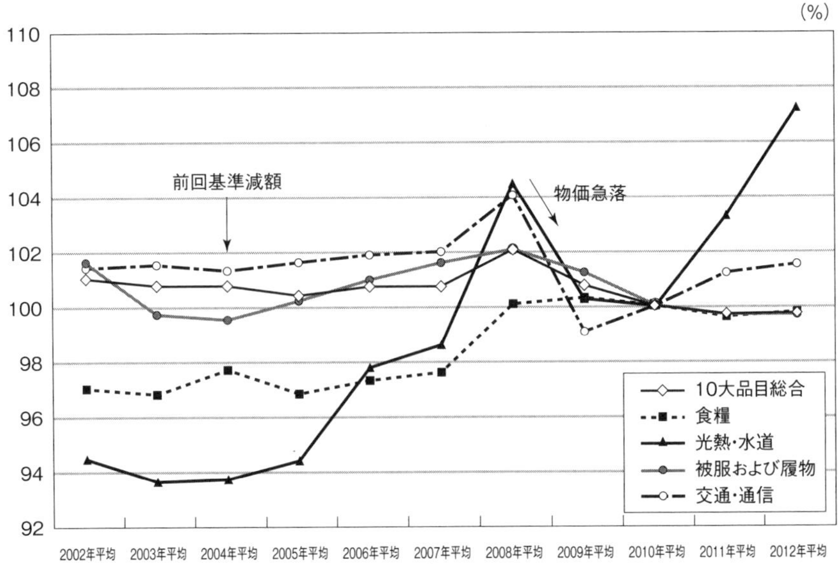

出所：総務省「消費者物価指数」より作成

保護基準の引下げではなく、反対に引き上げなければならない可能性が出てくる（**図表1-3**）[15]。

(2)　平均的物価指数を使ったこと～低所得世帯への影響は考慮外～

　物価下落率について、厚生労働省は平均的家計の指数（全国CPI）を使っているが、生活保護世帯等低所得世帯では、高所得世帯と消費構造が異なることから、食費などの物価の種類によって、家計上のウェイトが異なる。例えば、所得の低い階層ほど食費の比率が高い（**図表1-4**）。全国CPIで評価すると、生活保護世帯の実態から、ずれてしまうことになる。前出の岩田正美部会長代理も、「低所得者や高齢者層など、世帯の種類によって消費者物価指数は異なるので、平均的家計の指数を使ってよかったのかは議論のあるところ」[16]と指摘している。少なくとも、生活保護世帯の家計に物価がどのように影響しているかを測定しなければ、引下げが可能かどうかの判断はできないはずであるが、この点での検討はまったくなされていない[17]。

　この点に関連して、厚生労働省自らが、「被保護世帯における生活実態を明ら

図表 1-4　低所得層ほど食料に使う比率が高い

階級	支出割合
第Ⅴ階級	2299
第Ⅳ階級	2325
第Ⅲ階級	2419
第Ⅱ階級	2431
第Ⅰ階級	2556
平　均	2386

出所：総務省「消費者物価指数（勤労者世帯年間収入五分位階級別中分類指数（全国）一年平均指数）」をもとに池田和彦教授（筑紫女学園大学）作成。各階級は、所得階級を5つに分け、低い方から20％を第Ⅰ階級とし、順に、最上位の20％を第Ⅴ階級としている。各数字は支出全体を10000とした場合の支出割合。低所得層ほど、食料の占めるウェイトが多くなっている

かにすることによって、生活保護基準の改善、その他生活保護制度全般にわたって必要な資料を得る」ため、被保護世帯1000世帯対象に毎年行っている社会保障生計費調査[18]を用いて分析しなかったか、疑問である[19]。

(3)　生活扶助相当CPIへの疑問

　厚生労働省は、「生活扶助に相当する消費品目のCPI（物価指数）をみる必要がある。具体的には、品目別の消費者物価指数のうち、①家賃、教育費、医療費など生活扶助以外の他扶助で賄われる品目、②自動車関係費、NHK受信料など原則生活保護受給世帯には生じない品目を除いた品目を用いて、生活扶助相当CPIを算出した」[20]と説明している。その結果、2008年と2011年を比較すると、下落率が総合物価指数でも2.35％であるのに、「生活扶助相当CPI」では倍以上の4.78％だという。しかし、生活扶助CPIには以下のような問題がある。

A　生活扶助相当CPIという概念の問題

　確かに生活保護世帯には基本的には自動車保有が認められていないため、自動車関連費用の支出はないだろう。しかし自動車がなくても、買物やその他の日常生活上の必要のために移動は行われる。したがって、その分の公共交通機関の運賃がかさむことになる。すなわち生活保護制度の利用者であるがゆえの半強制的

図表 1-5　買えない電化製品などのウェイトが高くなる

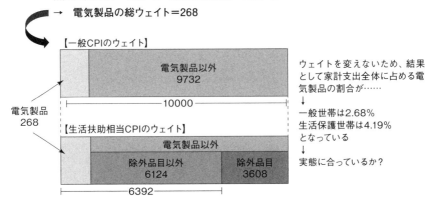

出所：山田壮志郎准教授（日本福祉大学）作成資料

な出費が生活扶助相当CPIでは考慮されない。この欠陥を是正するには生活保護世帯の家計調査が不可欠となるが、前述のように実施されていない。

B　保護世帯の家計における購入物品のウェイトの問題

　生活扶助相当CPIには、生活保護世帯に保有は容認されているがほとんど購入しない電化製品などが含まれている。そうして近時の物価下落の主要因は、こうした電化製品の下落が大きく影響している。生活扶助相当CPIによって前記の物品（①②）が削られた分、電化製品のウェイトが増す。実際生活保護世帯が一般世帯よりも1.5倍以上の割合で電化製品を購入していることになっている。なかでも2010年は地上デジタル化の影響でテレビがよく売れその影響が出ているが、生活保護世帯は無償でチューナーが配布されたため新たにデジタル対応のテレビは購入する必要がなかった。要するに、生活保護世帯にはほとんど縁のない物品の下落によって保護基準が下げられたことになる（**図表1-5**）。

C　物価比較の方法、算式（異なる年の物価比較方法）の問題

　異なる年の物価について総務省統計局が通常比較する方法はラスパイレス方式

(基準時加重相対法算式)と呼ばれる。ラスパイレス方式とは、比較時(今回の引下げでは2011年)と基準時(同2008年)の価格を基準時(2008年)の数量をウェイトとして加重平均した指数で比較する方式である。比較時点でのウェイト調査を行う必要がない方式であり、物価比較においては世界的にも、伝統的にもこの方式が取られてきており、学説的にも承認されている。価格比較については、ほかにパーシェ式(比較時加重相対法算式)という方法がある。この方法は、比較時(2011年)と基準時(2008年)の価格を比較時(2011年)の数量をウェイトとして加重平均した指数で比較する。GDPデフレーター[21]や貿易統計で用いられている。今回の引下げで厚生労働省が用いた方法は、そのいずれでもなく、結果的には、2008年と2010年の比較においてはパーシェ式を、2010年と2011年の比較においてはラスパイレス方式を用いたものと一致する[22]。両方式の接ぎ木といってもよい類例のないやり方である[23]。このような方式は前例がなく、学問的な裏付けもない[24]。物価が二つあっていいことにはならない。結局この方法は、2010年のウェイトで2008年と2011年を比較したことになる。前述のとおり、2010年は2008年に比して電化製品等のウェイトが増加しており、生活扶助相当CPIの下落率が高く反映するウェイトといえる。

さらに、品目の指数が基準年[25]のリセットによりCPIへの寄与度が変化するという問題がある(リセット効果[26])。IT関連品目や液晶テレビなど毎年のように価格が下落している品目の場合、ラスパイレス方式では基準年から離れれば離れるほどCPIへの寄与度が過小評価される現象が生ずる(上方バイアス[27])。逆に価格が上昇している品目では寄与度が過大評価される。そうして次の基準年には指数はいったん100にリセットされるため寄与度が変化することになる。下落している品目では寄与度が上昇し、価格が上昇している場合には寄与度が下がる[28]。IT関連品目や液晶テレビなどの場合は、2008年から2010年で寄与度が下がっていたところ2010年にリセットされるが、これにより2008年の指数は実態以上に膨らみ(厚生労働省の方式)、IT関連品目や液晶テレビなどの2008年CPIへの寄与度が拡大してしまう。

このような操作によって、総務省CPI(ラスパイレス方式)によれば2008年から2011年の物価下落率は2.35％程度にとどまるのに対して、厚生労働省の方式では4.78％と倍以上の下落幅となってしまう(**図表1-6**)。生活保護世帯96％の保護費の減額はもとより、さまざまなナショナルミニマム(国民的最低限)にも影響する保護基準が、このような特異な、数字合わせとしかいいようのない算式でなされてよいはずはないだろう[29]。

図表1-6 物価比較における通常方式と厚生労働省独自方式の乖離

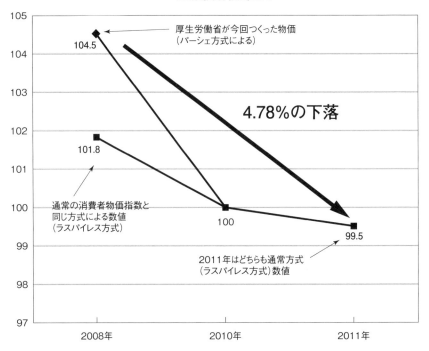

出所：「生活保護基準引き下げ反対愛知連絡会」資料

3 物価上昇局面における引下げ

今般の引下げの時期は、政府による物価上昇政策（いわゆるアベノミクス）がとられた時期と重なる。2007年に厚生労働省が生活扶助基準額の引下げを検討した際には、前述のように原油高騰を理由に引下げを見送った。ならば、今回の引下げも見送ってよかったはずである。少なくとも政府の物価上昇目標である2％は基準を引き上げてもよかったはずである[30]。

4 他制度への影響

今般の引下げは基準生活費の引下げであることから、最低賃金、地方税の非課税限度額とそれら地方税額を自己負担額の目安にしている、私たちが身近に利用する広範な福祉医療制度に影響する[31]。国は引下げを決定した後に、引下げが影

響する38の制度を示し、一応の対応策を示したが、自治体等関係機関に「お願い」するスタンスであって、財源の手当をするなど実効性のある措置ではなかった[32]。保護基準が「社会保障制度等の共通の基準」[33]であることからすれば、引下げの判断を行うにあたっては、直接、間接に連動する制度施策への影響を検討することなしにその判断をしてはならないと考える。

第4節　基準部会で示されていたあるべき生活保護基準

それでは、いかなる方式が健康で文化的な最低限度の生活水準を決定するにふさわしいのだろうか。この点、あるべき基準設定方式は、厚生労働省社会保障審議会生活保護基準部会（第5回、第6回）で7つの方式が紹介検討されていた。

まず、岩田正美委員から、同委員グループによる①若年単身者の家計調査を実施し、その抵抗点と赤字黒字分岐点から最低生活費を算定（「家計調査抵抗点と黒字赤字分岐点方式」）した結果を、また、②岩田正美・村上英吾による全国消費実態調査2004年版3大都市圏20〜40代単身世帯のマイクロデータ659世帯を再集計した「家計調査抵抗点と黒字赤字分岐点方式」による最低生活費を算定し、③京都総評（京都地方労働組合総評議会）の「持物財調査によるマーケットバスケット方式」による最低生計費算定結果を比較検討している。

また、④阿部彩委員によるMIS（Minimum Income Standard）という「市民合意形成によるマーケットバスケット方式」による若年単身者の最低生活費の算定結果が報告されている。これは、専門家の知見もふまえながら、基本的には一般市民に最低生活の内容・水準を委ねる市民参加型の算定方式である。7人1グループとして数回にわたり検討を繰り返すことによって、最低生活費を一般市民の常識に近づけるものである。この方式は、最低生活に必要なモノ・経費を一つひとつ積み上げる方式（基本的にはマーケットバスケット方式）である。

さらに、⑤山田篤裕委員から、「モニター市民参加方式」による「主観的最低生活費」の算定結果が報告されている。これは、インターネット上でモニターを募集して回答してもらうウェブ調査で、一般市民が合意できる最低生活費とは何かを模索する市民参加型の算定方法であるとされる。これには、2つの質問があり、質問1は、「切り詰めるだけ切り詰めて最低限いくら必要ですか」（K調査）と、質問2「つつましいながらも人前に出て恥ずかしくない社会生活をおくるためにいくら必要ですか」（T調査）がある。

重要なことは、いずれの結果も当時の保護基準を上回っていたことである（**図1-7**）。これらの方式に共通しているのは、第1・十分位というような低所得世帯

図1-7　若年単身者の最低生活費の比較

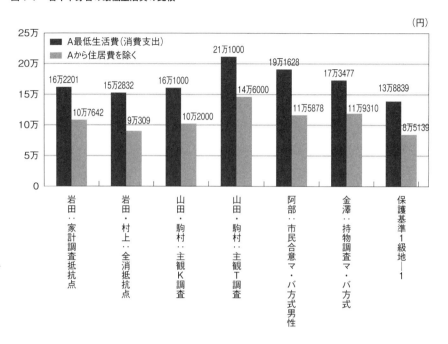

注：ここでの最低生活費は、保護基準と合わせるために各「最低生活費」から医療費・非貯蓄型保険料を除いている。
資料：第6回生活保護基準部会資料2「岩田委員前回提出資料訂正」より作成
出所：生活保護問題対策全国会議編『間違いだらけの生活保護「改革」』明石書店、2013年、55頁

の消費水準との比較ではなく、持ち物調査や市民合意による積上げなどをふまえて、「健康で文化的な最低生活」に必要な所得を正面から算定する方式がとられていることだ。その水準も、極端な違いはない。消費支出の水準として16万円から17万円の水準であり、これに税金や保険料を含めれば、ほぼ20万円から23万円ほどの水準である。第1・十分位の低所得世帯との比較論は、「健康で文化的な最低限度の生活」の中身を問わず、捕捉率が低い生活保護制度のもとでは貧困スパイラルに陥るという致命的な欠陥がある。基準部会で検討された方式を精査吟味した、新たな生活保護基準設定方式を追求すべきであったと思われる。

第5節　関連判例の動向
　　　　～老齢加算減額廃止処分の取消しに関する2つの最高裁判決～

　保護基準に関する最近の最高裁判例としては、老齢加算減額廃止処分の取消しに係る最高裁平成24年2月28日第三小法廷判決（上告棄却。民集〔最高裁判所民事判例集〕66巻3号1240号、判時〔判例時報〕2145号3頁、判タ〔判例タイムズ〕1369号101頁、平成24年度重要判例解説〔葛西まゆこ、前田雅子解説〕）と、最高裁平成24年4月2日第二小法廷判決（破棄差戻し。民集66巻6号2367号、判時2151号3頁、判タ1371号89頁、平成24年度重要判例解説〔前田雅子解説〕）がある。前者は東京の原告による上告審であり、後者は原審（その前の裁判）である福岡高裁で原告が勝訴した裁判[34]の上告審である。

1　判　旨
(1)　最高裁平成24年2月28日第三小法廷判決（A）
　堀木訴訟についての最高裁昭和57年7月7日大法廷判決・民集36巻7号1235頁を引用し、老齢加算に対応する特別需要の有無、改定後の生活扶助基準が健康で文化的な生活であるかどうかは、「厚生労働大臣に、(中略) 専門技術的かつ政策的な見地からの裁量権が認められる」。なお、生活保護法9条（必要即応の原則）は、個々の世帯の必要に即応した保護の実施を求めているのであって、保護基準の内容を規律しない。老齢加算の減額廃止処分は、「①（略）<u>厚生労働大臣の判断に、最低限度の生活の具体化に係る判断の過程及び手続における過誤、欠落の有無等の観点からみて裁量権の範囲の逸脱又はその濫用が認められる場合</u>、あるいは、②老齢加算の廃止に際し激変緩和等の措置を採るか否かについての方針及び現に選択した措置が相当であるとした同大臣の判断に、<u>被保護者の期待的利益や生活への影響等の観点からみて裁量権の範囲の逸脱又は濫用があると認められる場合に</u>、生活保護法3条、8条2項の規定に反し、違法となる」とし、①②いずれも裁量権の逸脱、濫用を認めなかった（下線筆者、以下同）。

(2)　最高裁平成24年4月2日第二小法廷判決（B）
　生活保護法56条（不利益変更の禁止）は、条文の趣旨（いったん決定された保護の実施を受ける法的地位は、同法が定める変更の理由がないかぎり、実施機関が正規の手続をとるまで保障される）と条文の位置（第8章　既に保護を受給している被保

護者の権利義務に関する)から、同条は、生活保護法や保護基準が定めている保護の変更、停廃止の要件に合致するかどうかに関わるものであって、保護基準そのものの減額については規律しない。老齢加算の減額廃止に関しては、A判決と同様、堀木訴訟最高裁判決を引用し、A①に関する厚生労働大臣の判断についての裁判所の審理は「主として老齢加算の廃止に至る判断の過程及び過誤、欠落があるか否か等の観点から、統計等の客観的な数値等との合理的関連性や専門的知見との整合性の有無等について審査されるべきもの」である。A②に関しては、「期待的利益の喪失を通じてその生活に看過し難い影響を及ぼすか否か等の観点から、本件改定の被保護者への生活への影響の程度やそれが上記の激変緩和措置等によって緩和される程度等について上記の統計等の客観的な数値等との合理的関連性等を含め審査されるべき」とした。そうして、原審が、本件加算の減額廃止決定が専門委員会の意見をふまえていないと判断したことについて、そもそも専門委員会の意見は大臣の判断を法的に拘束しない、また専門委員会が高齢者の社会的に必要な費用への配慮を検討すべきとした点は、その後定期的な検証が行われている、さらに激変緩和措置も専門委員会の意見にそったものであるとして、原審を破棄し差し戻した。

2　両判決の検討[35]

　まず、いずれの判決も堀木訴訟最高裁判決を引用するが、同判決は立法裁量が争点となったものであり、本件のような厚生労働大臣の判断すなわち行政裁量を問う裁判で先例となりうるのか疑問である。
　またA判決は、①にあるように、いわゆる判断過程統制論によって行政裁量を統制するかのような考え方を示しているが、判決文においては、「生活保護制度の在り方に関する専門委員会報告」(中間取りまとめ)の文面を追認しているだけである。老齢加算の廃止が、最後のセーフティネットである生活保護基準に関わるものであるゆえ、少なくとも、生活保護法8条2項所定の項目(「要保護者の年齢別、性別、世帯構成別、所在地域別その他保護の種類に応じて必要な事情を考慮した最低限度の生活の需要」)、また同9条の項目(「要保護者の年齢別、性別、健康状態等その個人又は世帯の実際の必要の相違」)について、とりわけその高齢者の生活実態が、加算削減によって健康で文化的な生活が維持されるのかどうかを、経過措置の内容も含めて、厚生労働大臣が十分に検証したかどうか、単に経過をたどるだけでなく、裁判所としての密度の高い検討が求められよう。
　B判決は、原審である福岡高裁判決(裁量権行使にあたって「その判断要素の選択や判断過程に合理性を欠くところがないかを検討し、その判断が、重要な事実の基礎

を欠くか、又は社会的通念に照らし著しく妥当性を欠くもの」と認められる場合には裁量権の逸脱または濫用があるとし、老齢加算廃止決定過程を綿密に検証し、老齢加算減額廃止処分について裁量権の逸脱または濫用に当たると判断した）を破棄差し戻したものの、上記のように、「統計等の客観的な数値等との合理的関連性等」の再審査を求めたものであり、原審の判断過程論が否定されたとはいえない[36]。

なお、A判決は、加算に関しては生活保護法9条の規律の対象外という解釈を示している。しかし、現行法立法当時、生活保護法9条の趣旨は「特殊的需要に対する特殊的考慮」であるが、これを制度の運用技術上どの程度まで処理できるかについて、保護の程度の面に関し、「基準の決め方がいささか一律的、固定的であるため特殊的需要に対する特殊的考慮を行い得る余地が狭く一考を要する」[37]という問題意識が示されており、この点は生活保護法8条だけでは特別需要に対応するのには限界があると解することができる。すなわち、諸加算制度の趣旨は、「健康状態」に関する妊産婦加算、障害者加算、在宅患者加算、放射線障害者加算、「年齢」に関する児童養育加算、「健康状態」と「年齢」に関わる老齢加算、「世帯の実際の必要」に関する母子加算など、類型的に認められる特別需要への対応措置であって、生活保護法9条によってその位置付けが明瞭になり、基礎づけられるものである。

さらにB判決は、専門委員会の意見は大臣の判断を法的に拘束せず、専門委員会が高齢者の社会的に必要な費用への配慮を検討すべきとした点は、その後定期的な検証が行われているとしている。しかし、専門委員会の意見が大臣の判断をそのまま法的に拘束しないとしても、専門委員会が社会保障審議会福祉部会のもとに設置された正規の審議機関である以上、大臣に最大限の尊重が求められることは当然であり、いわゆる「つまみ食い」は許されない。専門委員会の議論の経過を見れば、事実は老齢加算廃止でまとまっていたわけではなく、実際は廃止に反対、危惧、条件を付けるべきとする意見が多数を占めていた[38]。また、もし万一大臣が専門委員会と異なる判断をするのであれば、それ相応の説得力ある根拠を示さねば、保護利用者や国民に対する説明責任を果たしたことにはならないが、それも示されていない。さらに、高齢者の社会的に必要な費用への配慮はその後定期的な検証などは行われていない。そのうえ、単身世帯の基準設定方式の再検討についても放置されたままである[39]。

第6節　生存権裁判から基準引下げを問う争訟へ

1　老齢加算・母子加算減額廃止処分取消訴訟（生存権裁判）の意義

　1957（昭和32）年に提訴された朝日訴訟以来の保護基準に関する大型裁判となった生存権裁判は、格差や貧困の拡大が明らかになるもとで、改めて健康で文化的な生活とは何かを国に問う裁判である。裁判所内外の取組みは、反貧困運動の高揚と相まって、2009年には母子加算復活法案が参議院で通過するなどの成果を生み、同年9月の政権交代を経て、ついには同年12月には母子加算を復活させた。生活保護制度の歴史上、いったん廃止された加算が復活することは初めてのことである。また母子加算訴訟取下げに際して原告と厚生労働大臣との合意書が取り交わされ、保護基準の改定にあたっては十分な調査と合理的な理由を必要とすることが確認された。

　老齢加算に関しては、前述の福岡高裁判決は、保護基準を争点とした裁判では、朝日訴訟一審判決以来の50年ぶりの原告勝訴であり、また初めての高裁での勝訴となり、その意義は大きい。ただ同判決以外は、現在のところ、不当判決（敗訴）ないしはなお継続中である。しかし全国各地の裁判において、寒冷地をはじめ高齢者の厳しい生活実態が明らかにされるとともに、前述のように、生活保護制度の在り方に関する専門委員会では加算廃止が合意されていないことや、検討すべきとされていた高齢者の社会生活への配慮や単身基準の創設などが放置されたままであることが明らかとなり、老齢加算廃止や母子加算廃止の政策決定における国の「つまみ食い」、「加算廃止先にありき」の不当な姿勢が明白となった。また、加算廃止の根拠となった全国消費実態調査特別集計の原資料は最後まで開示されなかった[40]。これらは、加算廃止の根拠に疑念をもたせるに十分なものであった。

　生存権裁判は、現時点（2015年3月27日）で、終結した6つの裁判を除き、青森、兵庫、熊本の3地裁提訴分・原告20名による、まさしく命をかけた闘いが続いている。現在生存権裁判を支援する会は、原告のいない県も含めて支援組織を広げており、今般の基準引下げ反対の2万人に及ぶ審査請求の原動力となった。生存権裁判の取組みが、今回の引下げ反対の運動に引き継がれ発展しているのである[41]。

2　生活扶助基準引下げの問題点と反貧困運動の発展

　老齢加算の減額廃止処分の違法性は明らかであったが、今回の引下げはそれに

輪をかけ、次のような問題があることに留意すべきである。

　第1に、本章第3節で詳細に検討したように、今回の引下げは、乱暴な手続きという点では際立っている。老齢加算訴訟の場合には、専門委員会の中間とりまとめで、委員の総意とはいいがたかったが、一応、「加算そのものについては廃止の方向で見直すべき」と記されていた。他方、基準部会の報告書には保護基準の減額は明記されておらず、反対に慎重であるべき記述が目立っている。にもかかわらず、厚生労働大臣は、基準部会ではそれまでまったく検討されていなかった物価下落を理由に基準を引き下げた。

　第2に、主な減額理由である物価の扱いもきわめて恣意的である。生活保護世帯への影響を度外視した、下げるための数字合わせであることが明らかであろう。この点では、国は、母子加算復活後の、母子加算訴訟取下げ時の厚生労働大臣と原告との合意書を改めて嚙みしめる必要があろう。合意書には母子加算について、「今後十分な調査を経ることなく、あるいは合理的な根拠もないままに廃止しないことを約束する」、また、「母子世帯や高齢者世帯を含む国民の最低生活水準に関して検証を行い、憲法第25条の理念に基づき、国民の健康で文化的な最低限度の生活の確保に努める」と記されている点に留意すべきである。

　第3に、引下げの影響の大きさである。今回の引下げは、基準生活費という基準本体の減額であるため、96％というほとんどの生活保護利用世帯が減額となった。他方、老齢加算の場合は、減額率こそ大都市部で19％に達したが、規模でみると当時（減額が始まる前年度の2003年度）の加算受給者は29万3877人にとどまる（当時の保護利用人員134万4327人に対して22％）。

　第4に、基準本体の引下げゆえ、ナショナルミニマムとしての保護基準の性格から、就学援助をはじめとする低所得者施策など、保護利用者以外へのさまざまな制度施策を通じた影響も甚大である。このような影響力の大きさゆえに、市民の批判が強まり、最低賃金額が引き上げられ、地方税の非課税限度額も引き下げられず、据置きとなる成果も得られている。

　他方、裁判を担う主体という点では、生存権裁判が提訴された2005年と比較して、格段の発展がある。生存権裁判をリードしている全国生活と健康を守る会をはじめ、格差と貧困に抗する運動は幅広く定着し、生活保護申請支援ネットワークの活動も全国をカバーし活発に活動している。2013年8月からの引下げに対して、1万人の生活保護利用者が短時日のうちに審査請求に立ち上がったことは特筆に値する。

　見てきたように、2013年8月からの引下げは、乱暴な手続きと恣意的な手法に

よる、きわめて政治的なものであった。これにより、保護世帯は看過しがたい生活苦に陥っている。第1部冒頭に述べたように、今回の引下げ処分の取消しを求める裁判は、生活保護裁判史上最大の集団訴訟となっている。格差と貧困の拡大がますます明らかになっているもとで、健康で文化的な生活とは何か、保護世帯の生活実態と正面から向き合い、基本的人権である生存権を守る司法の真摯な姿勢が今ほど求められているときはないと思われる。

注
1 2015年3月10日生活保護関係全国係長会議資料
2 2014年4月からの引下げは、引下げの第2段階分（2.4％減）に、消費増税分も含めた消費支出増の調整分（2.9％増）が加味されているため、全体としては0.5％程度の額面上の「引上げ」となった（世帯人員や年齢によってそれぞれ異なり、夫婦と子〔30代夫婦と幼児〕▲0.6％、高齢単身〔60代〕＋2.0％、単身世帯〔20〜40歳〕＋0.1％である）。2013年12月24日財務省平成26年度予算資料。2014年1月22日全国厚生労働関係部局長会議資料
3 級地については本書第2章注8参照
4 2013年2月19日全国厚生労働関係部局長会議（厚生分科会）資料所収の「4.生活扶助基準等の見直しについて」
5 木下秀雄（2012）「最低生活保障と生活保護基準」日本社会保障法学会編『新・講座社会保障法　第3巻　ナショナルミニマムの再構築』法律文化社、152頁
6 国税庁「平成10年分民間給与実態統計調査」、同「平成23年分民間給与実態統計調査」
7 2011年7月12日厚生労働省「平成22年国民生活基礎調査の結果」。なお、2014年7月15日発表の同調査結果では、貧困線はさらに下がり、単身で月収10万2000円、4人世帯で20万3000円となっている。
8 生活保護問題対策全国会議「第11回社会保障審議会・生活保護基準部会を踏まえての緊急声明」（2012年11月14日）http://seikatuhogotaisaku.blog.fc2.com/blog-entry-87.html　2015年7月11日閲覧
9 生活保護基準部会長代理であった岩田正美は、「なぜこの10％と比較するのか、あるいは平均値でよいのか、この数字に明確な根拠があるわけではありません」と述べている。「貧困の『基準』を決めるのはだれか」『世界』2015年5月号、220頁
10 布川日佐史（2008）「社会格差是正のための最低生活保障」『賃金と社会保障』1459号、4頁
11 上藤一郎（2013）「生活保護基準部会報告書の統計的分析をめぐって」『貧困研究』10号、58頁
12 2004年3月2日厚生労働省社会・援護局保護課「社会・援護局関係主管課長会議資料」
13 2013年2月16日『週刊東洋経済』
14 前注4
15 なお厚生労働省が引下げ案を公表する2日前の2013年1月25日には、総務省から2012年の消費者物価指数が公表されており、2008〜2012年比較では食費、水光熱費とも上昇している（図表1-3）。2012年の消費者物価指数を用いて2008〜2012年比較をしなかった理由を、政府は「平成25年度予算編成時に用いることができた最新の物価データは平成23年平均生活扶助相当CPIであった」と答弁している（内閣質183第30号平成25年2月26日、福島みずほ参議院議員の質問主意書に対する政府の答弁書）。
16 前注13
17 この点に関する長妻昭衆議院議員の質問（平成25年4月18日提出質問問題55号「生活保護基準引下げと、それに伴う低所得者対策への影響に関する質問主意書」における「一5 生活保護CPIを算出するに当たり、実際の生活保護受給者の支出調査に基づいていないのであれば、実態調査を実施すべきと考えるがいかがか」、また二 3で社会保障生計費調査から購入品目を集計してCPIを策定すべきではないかとの質問）に対して、政府は、「生活扶助基準については、一般低所得世帯の消費実態との均衡について検証を行い、それを踏まえて定めることが適当であり、生活保護受給世帯の消費実態を基

に定めることは適当ではないと考えているため、お尋ねのいずれも実施することは考えていない」（内閣衆質183第55号、下線筆者）と答弁をしている。引下げの影響を直接受ける保護世帯の生活実態を検討の対象にもしていないという驚くべき見解である。
18 国立社会保障・人口問題研究所HP「『生活保護』に関する公的統計データ一覧」中の「生活保護に関連した公的統計情報の概要」（2014年2月17日閲覧）
19 田村厚生労働大臣（当時）は、この点を質問した長妻昭衆議院議員に対して、「この資料自体が、非常に精緻にはしておりません、このサンプル調査。千という数字も十分ではございません。そういうものを仮に使った調査をしたとしても、実際問題、生活保護世帯の消費実態、これは、例えば都市部に多いでありますとか高齢者世帯が多いというようなものにそのまま適用できるような物価下落の数字が出てくるとは我々は思えませんので、そういう意味からしますと、これはなかなか、そのような形で調査をするというものには値しないのではないか」と社会保障生計費調査の目的を無視した答弁をしている（2013年4月12日衆議院予算委員会第5分科会議事録）。
20 前注4
21 GDPデフレーターとは、名目国内総生産（名目GDP）を実質国内総生産（実質GDP）に評価しなおすための物価指数。実質GDPに評価しなおすことで、経済が実際にどのくらい成長したかが判断できる。
22 内閣質186第120号平成26年6月17日、辰巳孝太郎参議院議員の質問主意書に対する政府の答弁書
23 このような方法をとった「理由」について、政府は「可能な限り最新の消費実態を反映した物価の動向を勘案するには、ご指摘の『平成17年基準』という8年前の基準ではなくご指摘の『平成22年基準』という直近の基準を用いることが適切と考えた」としている（内閣質183第97号平成25年6月14日、長妻昭衆議院議員の質問主意書に対する政府の答弁書）。
24 政府は「『学問的裏付け』については承知していない」、「『前例』はない」ことを認めている（内閣質184第7号平成25年8月13日、長妻昭衆議院議員の質問主意書に対する政府の答弁書）。
25 消費者物価指数は、基準年を設定し、基準年に比べてどれだけ物価が変化したかを表す。消費構造は、新しい商品（財・サービス）の出現や嗜好の変化等によって時代と共に変化し、基準年を長い期間固定すると、次第に実態と合わなくなる。そのため、基準年を一定の周期で新しくする「基準改定」を行い、指数に採用する品目とそのウェイトなどを見直す。日本の消費者物価指数は、5年ごとに改定され、西暦で末尾が0と5の年を基準年としている。総務省統計局HP「消費者物価指数に関するQ&A（回答）」。2015年6月1日閲覧
26 リセット効果とは、「価格下落の激しい耐久消費財について、時間の経過とともに指数水準が大きく低下することで、消費者物価の前年比に対するマイナス寄与が実際よりも少なくなる」ことをいう。日本銀行（2013年1月23日）「『物価の安定』についての考え方に関する付属資料」
27 上方バイアスとは、「物価指数が真の物価上昇（下落）を過大（過小）評価する方向の計測誤差のこと。白塚重典（2005年11月）日銀レビュー「わが国の消費者物価指数の計測誤差――いわゆる上方バイアスの現状」
28 第一生命経済研究所『Economic Trends』2011年7月9日
29 白井康彦（2014）『生活保護削減のための物価偽装を糺す』。上藤一郎（2014）「厚生労働省の生活扶助CPIをめぐる一考察」『統計学』106号。上藤は、厚生労働省の比較方式を、①比較時点（2008年と2011年）の品目数が異なること、②過去の学説に照らしても類例のない方法であること、③生活扶助相当CPIは、単に物価水準を表す統計学的・経済学的指標という枠組みを超えた政治的産物であると指摘している（同13頁）。
30 物価は、2013年は年平均でも前年比0.4％の上昇となっている（「総合」および「生鮮食品を除く総合」。総理府統計局「平成22年度基準消費者物価指数全国平成26年（2014年）4月分」。また2014年度の消費者物価（総合）は3.2％の上昇が見込まれていた（2013年12月21日閣議了解「平成26年度の経済見通しと経済財政運営の基本的態度」）
31 吉永純（2011）「ナショナルミニマムとしての生活保護基準額」『生活保護の争点』高管出版、239-242頁
32 厚生労働省「生活扶助基準の見直しに伴い他制度に生ずる影響について（対応方針）」2013年2月19日
33 民主党政権下で厚生労働大臣の諮問機関として設置された「ナショナルミニマム研究会」は、2010年

6月の中間報告において、生活保護基準の設定方式の改革を目指し、最低生活費は、「生活扶助基準のみならず、今後最低保障年金が導入された場合における年金水準の設定や、最低賃金の設定にも活用するなど、社会保障制度等の共通の基準となることが考えられる。また、社会保険料や医療費等の自己負担の上限の設定、さらには課税最低限の設定などにも最低生活費の水準が影響を及ぼすこととなる」と述べている。

34 福岡高裁平成22年6月14日判決『賃金と社会保障』1529・1530合併号、43頁以下
35 本項は、本件訴訟に提出された諸意見書等を参考に、私見を加えたものである。
36 前注5、木下秀雄(2012)、158頁
37 小山進次郎(1975)『改訂増補生活保護法の解釈と運用(復刻版)』全国社会福祉協議会、212頁
38 老齢加算、母子加算の減額廃止処分に関する広島地裁平成20年12月25日判決『賃金と社会保障』1485号、1486号)を検討した吉永純「貧困から目をそむけ、生活保護の役割をわすれた判決」『賃金と社会保障』1486号
39 中間取りまとめでは、「とりわけ被保護世帯の約7割が単身世帯であること、単身世帯における第1類費と第2類費については一般世帯の消費実態からみて、これらを区分する実質的な意味が乏しいことも踏まえ、単身世帯については、一般低所得世帯との均衡を踏まえて別途の生活扶助基準を設定することについて検討することが望ましい」とされた。この趣旨について、岩田委員長は「老齢加算については、老齢加算の廃止だけちょっと先行していますが、これは私としては正直言って大変残念でして、これは単身モデルを作ろうということをここで皆さん合意したわけです」と述べている(専門委員会第14回議事録、2004年7月14日)
40 「全国消費実態調査の調査票(家計簿A及びB)、年収・貯蓄調査票、世帯票、ただし、単身世帯のみ全部」(平成11年・16年)の文書提出命令の申立てに対して、最高裁判所は、全国消費実態調査の調査票情報を記録した準文書は民事訴訟法231条において準用する同法220条4号ロ所定の「その提出により(中略)公務の遂行に著しい支障を生ずるおそれがあるもの」にあたるとして、申立てを認めた原決定(広島高裁平成24年11月16日決定・判例集未登載)を破棄したうえで却下した(最高裁平成25年4月19日決定『判例時報』2194号13頁)
41 生存権裁判を支援する全国連絡会編(2014)『朝日訴訟から生存権裁判へ』あけび書房

第2章

住宅扶助のあり方
～家賃準拠追随型から居住水準保障型へ～

　2015（平成27）年7月から住宅扶助額が減額されている。2013年8月からの基準生活費引下げの理由とされた物価（CPI）下落と同様、家賃の物価が下がっていることが理由だ。しかし、2014年に行われた保護世帯の住環境調査（抽出率12分の1）では、狭小劣悪な住環境が明らかになった。本来であれば、居住環境を改善するための取組みが行われるべきである。しかし、反対に住宅扶助額が引き下げられ、保護世帯には不安が広がっている。本章では、貧困ビジネスの排除を含め、住宅扶助の改善のためには、住宅扶助決定方式を家賃準拠追随型から居住水準保障型へ抜本的に改革することが不可欠であることを示す。

第1節　問題の所在

　住宅扶助が2015年7月から引き下げられることになった。しかし、ケースワーカーが知っている保護世帯は、風通しが悪く段差が残された長屋に住む高齢者、2K程度のアパートに住む母子家庭、6畳ひと間の狭い住宅に住む精神にハンディのある保護利用者などが代表的であり、概して居住環境はよくない。また保護利用者が集住する狭小劣悪なアパートなどに住んでいる世帯も多い。「住宅扶助額を下げれば、保護世帯はもっと劣悪な環境の住まいに住まざるをえなくなるのではないか」という素朴な疑問が湧く。東京都保護課は、東京都23区の住宅扶助額は、単身者で月額5万3700円、2～6人世帯では6万9800円であるが、「（この

金額は）高い設定ではない。23区内でこの額の住宅が潤沢にあるとは思えない。引下げで住み慣れた地域をやむなく離れる人も出るのでは」[1]と、住宅扶助額がけっして十分とはいえないこと、また引き下げられた場合の危惧を述べている。どのような理由で引下げが可能となるのだろうか。

　また、劣悪な住環境に保護利用者を住まわせ、住宅扶助限度額まで家賃を徴収して、利ザヤを得ている貧困ビジネス[2]が、居住環境に比して高額な住宅扶助を得ており、住宅扶助の「無駄遣い」、「余剰給付」としてやり玉にあがっている。しかし、住宅扶助額を引き下げたからといって、貧困ビジネスの跳梁に歯止めがかかるのだろうか。

　本章の目的は、生活保護世帯の居住環境を改善するとともに貧困ビジネスの不当な利得を制限するには、住宅扶助の支給基準を、家賃準拠追随型から居住水準保障型に改革することが最も効果のある方法であることを示すことにある。

　まず第2節では、住宅扶助の仕組みと現在の課題を整理し、社会保障審議会生活保護基準部会（以下「基準部会」）での議論を跡付け、主として国の考え方を検討する。第3節では、2015年度からの引下げを決めた厚生労働省保護課案を検討する。

第2節　家賃準拠追随型から居住水準保障型へ
　　　　～生活保護・住宅扶助のあり方～

　本節では、第1に、住宅扶助引下げ問題の経過から住宅扶助引下げの考え方を整理する。第2に、貧困や生活保護をめぐる最近の状況からその意味を検討する。第3に、現行生活保護制度における住宅扶助の仕組みと現状を紹介しその問題点を明らかにする。第4に、基準部会などで示されている、住宅扶助引下げの方向性と問題点を指摘する。最後に、基準部会での議論をふまえ、住宅扶助のあり方について、さしあたっての考え方を述べるものである。

1　住宅扶助引下げの経過と枠組み

　これまで、国の考え方は、2013年から財務省サイドの文書によって示されてきたが[3]、「骨太2014」（平成26年6月24日閣議決定「経済財政運営と改革の基本方針2014について」）によって明確となった。同文書は「住宅扶助や冬季加算等の各種扶助・加算措置の水準が当該地域の類似一般世帯との間で平衡を保つため、経済実勢を踏まえてきめ細かく検証し、その結果に基づき必要な適正化措置を平成

27年度に講じる」と述べている。

すなわち、第1に、生活保護の各扶助が全面的にターゲットとされている。第2に、「類似一般世帯との間で平衡」という表現により、低所得世帯との均衡という手法によることが明記された。この手法によれば、貧困線低下のもとで貧困スパイラル（低いもの同士を比較して引き下げる悪循環）に陥ることは必至である。第3に、2015年度から実施することも明記された。すでに基準生活費の引下げが進行中であったが、2015年度からの住宅扶助額引下げは、基準生活費の3回目の引下げが実施された2015年度と重なることになった。

2　貧困拡大のもとで、生活の基盤である住宅扶助引下げ

(1)　貧困線の低下と最悪の貧困率

2014年7月15日、厚生労働省は2013年国民生活基礎調査（2012年調査）に基づき、貧困線の低下のもとで、相対的貧困率が最悪の16.1％に達したことを発表した[4]。こうした市民生活悪化のもとでの住宅扶助費引下げは、現在進行中の基準生活費の引下げや、基準部会で引下げの検討が始まった冬季加算などと合わせて、生活困窮者の救済範囲をさらに狭め、生活保護からの排除が進行することになる。最後のセーフティネットである生活保護の機能縮小を招くことは確実である。

(2)　住宅扶助という生活の土台、住まいのナショナルミニマム

住まいは生活の土台である。住まいを拠点にして、就労、通学、通院、通所、買物、近所づきあいなどの地域生活を含めた日常生活が営まれる。また、住まいにおいて家族は共同生活を営み、健康を維持し、安息が得られ、明日への活力を養う。こうした住まいの重要性から、国は最低居住水準などの住まいのナショナルミニマム（国民的最低限）を定めている。この意味で、住まいはだれにでも保障されるべき人権である。生活保護が市民に健康で文化的な生活を保障する制度である以上、住宅扶助は、最低居住水準などと連動・一体となって住まいのナショナルミニマムを保障すべきものである。したがって、住宅扶助費を引下げることは、住まいのナショナルミニマムの引下げに結びつく。

(3)　保護世帯への影響

住宅扶助費引下げの現実の影響としては、まず、劣悪・狭小住宅が多く見受けられる、生活保護利用者の居住水準のさらなる低下を招くことは必至であろう。また住宅扶助費の引下げによって家賃が住宅扶助費を超えてしまうことになれ

ば、いわゆる「高額家賃」（家賃が住宅扶助費を超えた場合の呼称）とみなされ、福祉事務所による転居圧力が強まるだろう。しかし、住まいは生活の土台であるゆえ、転居は簡単ではない。住宅扶助額が下がれば転居先はいま以上に見つけにくくなる。結局なかなか転居できずに家賃と住宅扶助費との差額はほかの生活費からまかなうしかなくなる事態が予想される。

　また、住宅扶助は生活扶助などのように低いながらも一定の弾力性がある扶助と異なり、住まいの特徴から、長期にわたる固定的ニーズに対応する扶助である。他の生活費への流用ができないという特徴があり、安定的な保障が求められる。したがって、その引下げは、保護利用世帯にとって長期的な不利益を招く。

　すなわち、住宅扶助額の引下げは、居住水準の低下か、生活水準の低下のいずれかを招くことになり、しかも保護世帯にとって長期的なダメージとなるのである。

3　生活保護における住宅扶助制度の概要と課題
（1）住宅扶助額の仕組み
A　住宅扶助の種類と役割

　生活保護利用者の住居の家賃・間代・地代が支給される（限度額あり）[5]。また、転居の際の敷金や権利金、礼金、不動産手数料、火災保険料、保証人がいない場合の保証料など、さらに契約更新料も支給される。住居が持家の場合、家屋補修に必要な住宅維持費も支給される。これらは、保護開始時に安定した住居のない要保護者（ホームレスなど）に対しても同様に支給される[6]。このように、住宅扶助は、保護利用者などに対して、レベルは高いとはいえないが、家賃額に応じてその実費が安定的に支給され、保護利用中の家賃滞納リスクや住居喪失のおそれを軽減する重要な役割を担っている[7]。

B　住宅扶助額

　住宅扶助の支給限度額は厚生省告示により、1、2級地[8]は月額1万3000円以内、3級地は同8000円、住宅維持費は年額11万7000円以内とされていた（告示別表第3住宅扶助基準）。しかし、この金額での住居確保は現実的には困難であるため、厚生労働大臣が都道府県・指定都市・中核市別に扶助額を定めている（特別基準額）。その金額（2014年度）は、例えば、1、2級地にあっては、①単身者では2万7500円（大分県）〜5万3700円（東京都）、②2〜6人世帯では3万5700円（大分県）〜6万9800円（東京都）となっており、地域の住宅事情を反映してかなりの幅がある。また、敷金は、転居先が特別基準額以内の家賃である場合には[9]、②の特別基準額の3倍額が支給されるが、地域によっては、最高7倍額（和歌山県、

図表2-1　住宅扶助特別基準額の改定方法について

現行の改定方法

○　住宅扶助特別基準額は、家賃物価指数の伸び率を基礎として、住宅扶助特別基準額の変動による住宅扶助受給世帯への影響を緩和するなどの観点から、所要の調整を行い、毎年度改定を行っている
⇒客観的で国民にわかりやすく、かつ、一般国民との均衡を図る観点から、改善する点はないか

【①家賃物価指数改定額の算出】
　○　現行の住宅扶助特別基準額（都道府県別・級地〔1・2級地、3級地〕別）に「地方別の家賃物価指数（持家の帰属家賃を除く家賃物価指数。以下同じ）」の伸び率を乗じる。これを「物価指数改定額」とし、さらに以下のとおり増減幅の調整を行う

【②調整】
　○　「物価指数改定額」、「現行の基準額」、「住宅扶助受給世帯の実態家賃の下から97％をカバーする額に家賃物価指数の伸びを乗じて得た額（以下「97％カバー額」という）」を比較し、2番目に高い額を次年度の改定額とする

＜次年度の改定額＞

現行の基準額	＞	物価指数改定額	＞	97％カバー額	→	物価指数改定額
97％カバー額	＞	物価指数改定額	＞	現行の基準額	→	物価指数改定額
現行の基準額	＞	97％カバー額	＞	物価指数改定額	→	97％カバー額（下げ止め）
物価指数改定額	＞	97％カバー額	＞	現行の基準額	→	97％カバー額（上げ止め）
物価指数改定額	＞	現行の基準額	＞	97％カバー額	→	現行の基準額（上げ止め）
97％カバー額	＞	現行の基準額	＞	物価指数改定額	→	現行の基準額（下げ止め）

※1　上記②で算定した改定額が現行の基準額より1000円を超えない増額または減額となる場合、改定は行わない
※2　改定を行わなかった場合は、次年度の改定作業における「現行の住宅扶助特別基準額」は、上記②で算定した改定額（実線で囲まれた額）を使用する

出所：2014年5月16日第17回社会保障審議会生活保護基準部会資料

和歌山市）まで支給される[10]。さらに、転居に要する引越代は、移送費（生活扶助の一時扶助）として、必要最小限度の額が支給される[11]。

C　住宅扶助額の決定方式（**図表2-1**）

　現行住宅扶助額は、3つの額（現行基準額、物価指数改定額、97％カバー額）を比較し2番目に高い額を次年度の改定額としている。あくまで家賃の変動による波及効果として改定されている。ただし、注目すべきは、「急な額の変動の影響を緩和するため」[12]、これら3要素の組合せによって、家賃の変動があっても、ストレートに住宅扶助額の改定に結びつかないことである。これは、住宅扶助が固定的、長期的扶助であることを考慮した方式といえる。家賃が低下傾向にある昨今の状況においては、この方式は、住宅扶助額維持に作用すると考えられる（ただし、家賃が上昇傾向にあるときも住宅扶助額は上がりにくいことになる）。

□　住宅扶助の運用

　このように、住宅扶助額そのものの決定においては、居住水準や住環境は基本的には考慮されない。しかし、劣悪な住居からの転居などの場合には敷金などを支給するという形で環境的要素が考慮される。敷金などが支給される場合は、課長通知（問7の30〔2014年度〕）に、宿所提供施設、無料低額宿泊所からの転居の場合（同通知の答6）、火災等の災害により現住居が消滅し、又は、居住にたえない場合（同8）、現住居が老朽又は破損により居住にたえない場合（同9）、世帯人員からみて著しく狭隘な場合（同10）、病気療養上著しく環境条件が悪い場合や身障者がいて設備構造が居住に適さない場合（同11）などである。通知の答10、11などが住環境を考慮した代表的な敷金支給事由といえるが、問題は、転居に際して敷金が支給されるのは、前述のように転居先家賃が特別基準額以内でなければならないことである。このため、基準内家賃で住環境が改善される物件がなかなか見つからず転居が難しいこと、また仮に基準内家賃で物件が見つかったとしても、「著しく狭隘」や「著しく環境条件が悪い」という要件が厳しくかつ抽象的であるため、福祉事務所がこれらを理由とする敷金支給をなかなか認めない傾向にあることが、保護利用者からはいつも指摘されている。このように、現行運用は、転居の場合に限り環境的要素が考慮されること、それも基準内家賃の物件でなければ敷金などが支給されないため、居住水準の改善といっても限界がある。

（2）　住宅扶助額と家賃の現状

　基準部会の資料によれば、民営住宅では、家賃・間代などが特別基準額に対して95〜105％の世帯が最も多く、単身世帯でも2人以上世帯でも4割弱を占めている（**図表2-2**）。この資料の意図は、生活保護世帯の家賃額（民営住宅）が住宅扶助限度額へ張り付いていることを示すことにある。しかし、注意すべきは、基準額比95〜105％の世帯の占める割合は、単身世帯で39％、2人以上世帯で37％と最多ではあるが4割弱にとどまっていることである。多くの世帯は基準額比95％未満（ただし基準額比115％以上の家賃の住宅に住んでいる保護世帯も10％程度は存在）の住居に居住している。

　実際、別の国資料[13]でも、例えば京都市における単身生活保護世帯の実家賃額の単純平均は3万1344円であることが示されており、基準額4万2500円の74％である。

　図表2-2や京都市の生活保護世帯の家賃をみると、基準額でもまともな住宅の確保は難しいのに、さらにそれ以下の劣悪な住居に住む保護世帯の実状が示唆

第2章 住宅扶助のあり方 39

図表2-2 特別基準に対する家賃・間代の状況（2011年）

> 民営住宅では、家賃・間代額が特別基準額に対して95～105%の世帯が最も多く、公営住宅等では、35～45%の世帯が最も多くなっている

○ 単身世帯（92万世帯）

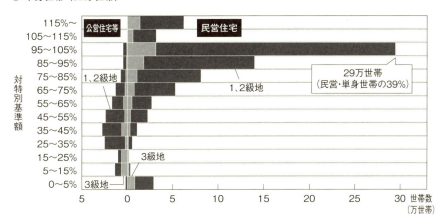

○ 2人以上世帯（32万世帯）

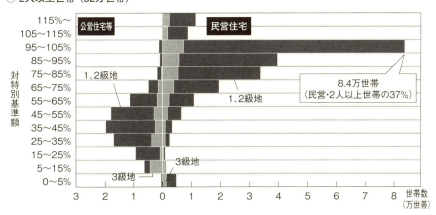

※公営住宅等には、公営住宅のほかに、公的機関が住宅に困窮する低所得者向けに低廉な家賃で住宅を供給するものが含まれる。民営住宅は、公営住宅等以外を指す
※単身者が、車椅子使用の障害者など特に通常より広い居室を必要とする場合等は、限度額の1.3倍まで認めている
※対特別基準額は、家賃・間代階級の階級値（例えば、5.2～5.4万円の世帯は5.3万円とした額）の特別基準額に対する割合としている
出所：2014年3月4日第16回社会保障審議会生活保護基準部会資料

される。転居に際しての敷金支給要件が厳しいこともあり、やむなく基準額以下の住居に住まざるをえないのである。

(3) 基準額への下方誘導と上昇要因

ここでは、4割弱世帯が特別基準額付近に位置する一定の「張り付き現象」がなぜ起こるのかを検討する。これには、大きく2つの理由があると考えられる。第1に、家賃が住宅扶助額を上回る場合に、住宅扶助額へ引き下げる圧力が働くこと、第2に、居住水準に見合う家賃が住宅扶助額より低くても、住宅扶助額への家賃の引上げが生ずることである。第1の場合を、家賃の住宅扶助額への「下方への圧力」、第2の場合を「上方への圧力」と呼ぶことにする。

A　下方への圧力

下方への圧力は、住宅扶助額より高い家賃に住んでいると生活保護から排除されるため、基準内家賃の住居へ移らざるをえないような政策的誘導が原因である。第1は、保護開始時の水際作戦の有力な手法である「高額家賃では保護は受けられない」という違法な説明（本章注5参照）による、生活保護を受けるための基準内家賃住居への誘導である。

第2に、保護開始後では、「高額家賃だから転居指導を行う」という一律的転居指導の結果としての、基準内家賃への誘導である。この場合、転居する際の敷金の支給要件（特別基準額以内でなければ支給されない）が強力に作用する。

第3には、車いすが必要な身体障害者のような場合、基準内家賃住居では、スペースや構造上、適切な家賃が確保できない場合がある。仮に基準額を超える家賃に住んでいれば、基準内家賃への転居を指導されても現実的には適当な物件は見つかりにくい。そのような場合、家主との関係では家賃額を形式的に住宅扶助基準額にまで引き下げ、その代わりに住宅扶助基準額を超える額を共益費などに切り替えることによって、現状の住宅を維持する場合も見受けられる。超過額を自らの生活扶助額から捻出することになり、その分は生活費が苦しくなる。これでは、住環境は維持できても、食生活などの生活水準の低下はまぬがれない。

B　上方への圧力

上方への圧力は、家主が、保護世帯の入居リスク（保証人がいないなど）を実家賃へ上乗せして基準額まで家賃を引き上げる場合である。保護世帯は、親族や頼れる知人などがおらず孤立している場合も多々ある。また、慢性疾患があったり、家計管理に難があったりなど生活課題がある場合もある。このような場合、

家主にとっては家賃支払上のリスクがほかの世帯に対して高くなる。このリスクを家賃に上乗せして対応するのである。さらに、保護利用前の入居で、礼金や敷金が負担できなかった場合にそれを家賃に上乗せしている場合もある。

また保護世帯を劣悪な環境に住まわせる一方で、家賃を限度額まで徴収する貧困ビジネスや、居住環境が必ずしも劣悪でなくても、住宅扶助額と実家賃額との差額を支援サービス費用に回して、利用者の支援のためにそれが使用される場合（良心的支援付住宅）がある。後者でも住宅扶助の目的外使用という問題が発生する。

(4) 保障される居住水準

国土交通省は、最低居住水準を定めている。世帯人数に応じて、健康で文化的な住生活を営む基礎として不可欠な住宅の面積に関する水準である。具体的には、居住面積水準では、単身者で25㎡、2人以上の世帯では「10㎡×世帯人数＋10㎡」である。この「最低居住面積水準は、世帯人数に応じて、健康で文化的な住生活を営む基礎として必要不可欠な住宅の面積に関する水準」であり、「早期に達成」すべきとされている[14]。さらに設備水準（最低居住水準以上の世帯であって、専用の台所、水洗トイレ、浴室、洗面所のいずれもある場合）を加えたものも指標とされる[15]。

現在、最低居住水準（設備等の条件も含む）が未達成である世帯の割合は、全国の民営借家では約1/3（33.7％）となっている。逆にいえば、約2/3の世帯では達成されていることになる（**図表2-3**、**図表2-4**）。7割近い世帯で最低居住水準が達成されていることに留意すべきである。

(5) 住宅扶助の特徴・問題点〜家賃準拠型決定方式〜

これまで述べたように、住宅扶助の特徴は、居住水準はほとんど考慮されず、家賃額を限度額まで保障する方式、すなわち家賃準拠型であることだ。基本的には賃貸借契約書に記載された家賃額に従って、住宅扶助費が限度額まで支給される。住宅水準、住環境が考慮されないのは、家賃が居住水準に見合っているという考えが背景にあると思われる。しかし、一般論としてそういえたとしても、前述のように、住宅扶助基準額が低いことや、住宅扶助額を"てこ"として、限度額付近への誘導が行われている。また、家賃準拠型決定方式の欠陥を悪用する貧困ビジネスの跳梁も許している。つまり、住宅扶助基準額が低く適切な住居が確保できないという基本的な問題に加え、家賃を保障することが居住水準の維持にストレートには結びつきにくくなっているのである。

図表2-3 最低居住面積水準の達成状況について

> ○ 最低居住面積水準（設備等の条件を含む）が未達成である世帯の割合は、全国の民営借家では約1/3となっており、東京都の民営借家では4割を超えている
> ⇒ 最低居住面積水準の尺度を用いて検証をする際は、一般世帯における実際の達成状況も踏まえて評価が必要ではないか

○最低居住面積水準の達成状況（全国：平成20年住宅・土地統計調査　全国編　第57表、東京都：平成20年住宅・土地統計調査　都道府県編　東京都　第48表を加工）

		民営借家（合計）			民営借家（木造）			民営借家（非木造）		
		最低居住面積水準以上の世帯	最低居住面積水準未満の世帯	最低居住面積水準未満または設備等の条件を満たしていない世帯	最低居住面積水準以上の世帯	最低居住面積水準未満の世帯	最低居住面積水準未満または設備等の条件を満たしていない世帯	最低居住面積水準以上の世帯	最低居住面積水準未満の世帯	最低居住面積水準未満または設備等の条件を満たしていない世帯
全国	総数	80.4%	19.6%	33.7%	81.0%	19.0%	46.2%	80.1%	19.9%	27.5%
全国	1人	76.2%	23.8%	40.2%	76.3%	23.7%	56.0%	76.2%	23.8%	34.0%
全国	2人～5人	85.9%	14.1%	25.2%	85.5%	14.5%	37.2%	86.1%	13.9%	17.6%
全国	6人以上	59.9%	40.1%	49.5%	69.6%	30.4%	44.7%	45.1%	54.9%	56.9%
東京都	総数	67.9%	32.1%	41.9%	58.8%	41.2%	58.4%	71.2%	28.8%	36.0%
東京都	1人	63.2%	36.8%	48.0%	53.0%	47.0%	65.4%	66.8%	33.2%	41.7%
東京都	2人～5人	77.5%	22.6%	29.9%	70.2%	29.8%	44.6%	80.0%	20.0%	24.7%
東京都	6人以上	50.0%	51.7%	53.3%	63.0%	40.7%	44.4%	39.4%	60.6%	60.6%

※　平成20年住宅・土地統計調査においては、住生活基本計画に定められる最低居住面積水準を満たすか否かを判定する基準として、以下の条件により判定している
　◇最低居住面積水準
　　二人以上の世帯で、床面積の合計（延べ面積）が次の算式以上を確保している
　　10㎡×世帯人員＋10㎡（注1、注2）
　　単身世帯の場合は、以下のいずれかを確保している
　（1）29歳以下の単身者で、専用の台所があり、居住室の畳数が「4.5畳」以上
　（2）29歳以下の単身者で、共用の台所があり、居住室の畳数が「6.0畳」以上
　（3）30歳以上の単身者で、床面積の合計（延べ面積）が「25平方メートル」以上
　　　注1　世帯人員は、3歳未満の者は0.25人、3歳以上6歳未満の者は0.5人、6歳以上10歳未満の者は0.75人として算出する。ただし、これらにより算出された世帯人員が2人に満たない場合は2人とする。また、年齢が「不詳」の者は1人とする
　　　注2　世帯人員（注1の適用がある場合には適用後の世帯人員）が4人を超える場合は、上記の面積から5％を控除する
　◇水準以上の世帯で設備等の条件を満たしている
　　最低居住面積水準以上の世帯であって、専用の台所、水洗トイレ、浴室、洗面所のいずれの設備もある世帯
出所：2014年5月30日第18回社会保障審議会生活保護基準部会資料

　この家賃準拠型決定方式における問題の原因は、「住宅が建築物」という認識が希薄であるところにある。しかし、住まいが生活の土台である以上は、その役割にふさわしい扶助が提供されなければならない。そのためには、「住宅が建築物」という前提に立って、健康で文化的な居住水準を保障する方式に変える必要がある。すなわち、住宅扶助は、最低居住水準を保障するものでなければならず、それを前提として扶助額も決められるべきである。そうすれば、本節3の

図表2-4

○ 65歳以上の単身世帯でみると、最低居住面積水準（設備等の条件を含む）が未達成である世帯の割合は、全国の民営借家では56.8%となっており、東京都の民営借家では61.1%となっている
○ 65歳以上の単身世帯における床面積の状況をみると、全国の民営借家では、最低居住面積（25㎡）以上の世帯の割合は73.7%となっており、延べ面積が20㎡以上の世帯の割合は87.5%となっている

○65歳以上の単身世帯における床面積の状況（全国：平成20年住宅・土地統計調査　全国編　第124表・第125表、東京都：平成20年住宅・土地統計調査都　道府県編　東京都　第101表を加工）

		最低居住面積水準（25㎡）以上の世帯	最低居住面積水準（25㎡）未満の世帯	最低居住面積水準未満又は設備等の条件を満たしていない世帯	延べ面積					1住宅当たり延べ面積（㎡）
					19㎡以下	20〜29㎡	30〜39	40㎡以上	（再掲）20㎡以上	
全　国	民営借家（合計）	73.7%	26.3%	56.8%	12.5%	24.6%	22.0%	40.9%	87.5%	40.45
	民営借家（木造）	75.3%	24.7%	70.3%	11.7%	23.1%	22.0%	43.2%	88.3%	43.42
	民営借家（非木造）	71.7%	28.3%	40.5%	13.5%	26.3%	22.0%	38.1%	86.5%	36.87
東京都	民営借家（合計）	54.8%	45.1%	61.1%						
	民営借家（木造）	43.5%	56.4%	79.2%						
	民営借家（非木造）	65.3%	34.7%	44.4%						

※ 政府統計の総合窓口「e-Stat」に掲載されている都道府県編の統計表において、民営借家の延べ面積別の世帯数を掲載している表は存在しない

■床面積25㎡の間取り例　　■床面積20㎡の間取り例

出所：図表2-3に同じ

(1) のD、(3) で述べた問題点も基本的には解消されると思われる。

4　住宅扶助引下げの論理とその問題点

(1)　住宅扶助の検討スケジュール（第17回基準部会資料の5頁）

　基準部会において了承された事務局提案に基づき、2014年6月以降、平成20年住宅・土地統計調査の個票データの特別集計により、一般世帯の家賃、住宅の質に関する調査が行われた。2014年7月または8月に、ケースワーカーが保護世

帯を家庭訪問し、賃貸借契約書の記載内容と家庭訪問時の目視により、保護世帯の家賃、住宅の質に関する調査が実施された（1/12抽出）。12月には住宅扶助に関する検討結果がとりまとめられた（本章第3節）。このスケジュール案を見ると、厚生労働省が、「骨太方針2014」に沿い、2015年度からの住宅扶助引下げを目指していることは明らかであった。

(2) 住宅扶助に関する論点（事務局提案、図表2-5）

　厚生労働省（事務局）が論点としてあげているのは、第1に住宅扶助特別基準額（家賃）の水準について、第2に同改定方法について、第3に住宅扶助適正化のための運用について、第4に住宅扶助（敷金等、契約更新料）について、その他として、貧困ビジネス対策があげられている。総じて、低所得層の住居水準や家賃との比較から、住宅扶助額が高いのではないか、また居住水準は考慮しないわけではないが、家賃準拠型現行方式の枠組みでの一定の配慮にとどめる、という考え方が読みとれるものとなっている。

　事務局提案の論点では、第1の住宅扶助特別基準額（家賃）の水準に多くがさかれている。そこでは、最低居住水準について論及しているものの、「全国の民営借家では、約1/3の世帯で、最低居住面積水準（設備条件を含む）が未達成」と続き、「最低居住面積水準の達成状況を踏まえると、低所得層の世帯との均衡の観点から、住宅扶助特別基準額の妥当性を評価することも必要ではないか」、あるいは「現に最低居住面積水準を達成していない世帯が一定割合あることを踏まえ、上限額の範囲内で床面積や築年数など住宅の質に応じた基準額を設定することについてどう考えるか」という問題設定につなげている。これらの文脈からは、いまだ生活保護世帯に最低居住水準を住宅扶助の最低保障として導入するのは早すぎる（生活保護世帯に保障するべき達成率に達していない）から、せいぜい現行基準額の範囲内での考慮にとどめるべきではないかという意図が読み取れる[16]。

　第2の住宅扶助額の改定方法については、客観的でわかりやすい方法を目指すことと、「一般国民との均衡を図る観点」が強調され、「低所得層における家賃の動向と一般世帯における平均的家賃の動向は異なるのではないか」という疑問が呈されている。近年の家賃が地域差はあるものの下降傾向にあること（2010年を100とすると2004年は101.4であるのに対して、2013年は98.8。第16回基準部会資料）や、前述の特別基準額への「張り付き」現象などの資料と合せると、生活保護世帯の家賃が「高止まり」しているのではないかという認識が読みとれる。

　第3の住宅扶助適正化のための運用については、「住居の質を適切に反映したものとするための運用としては、どのようなものが考えられるか」と問題提起し

図表 2-5　住宅扶助に関する論点について

> 住宅扶助に関する主な論点

[論点1：住宅扶助特別基準額（家賃）の水準について]
➡ 現行の都道府県、指定都市、中核市別に定めている住宅扶助の特別基準額の水準は妥当か
① 住宅扶助特別基準額の妥当性を検証するにあたって、健康で文化的な最低限度の住生活を営むことができる住宅かどうかをみるための尺度は、住生活基本計画（全国計画）（平成23年3月閣議決定）において定められている最低居住面積水準（設備条件を含む）でよいか
　※　全国の民営借家では、約1/3の世帯で、最低居住面積水準（設備条件を含む）が未達成の状況にある
② 生活保護受給世帯において、最低居住面積水準を満たしている世帯の割合はどの程度か
③ 住宅扶助特別基準額は、健康で文化的な最低限度の住生活の確保の観点及び低所得層の世帯における住宅水準との均衡という観点から、どの程度を妥当なものとするべきか
　最低居住面積水準の達成状況を踏まえると、低所得層の世帯との均衡の観点から、住宅扶助特別基準額の妥当性を評価することも必要ではないか
④ 住宅扶助特別基準額は、どのような区分で設定することが妥当か
　また、検証にあたって、調査世帯をどのようなカテゴリーで分類するべきか
⑤ 生活保護受給世帯の家賃額は、一般世帯における近隣同種の住宅の家賃と比較して、高く設定されている場合があるのではないか
　また、家賃額に差が生じるのは、生活困窮者であるが故の特別な理由があるのではないか
⑥ 住宅扶助特別基準額は上限額のみを設定しているが、現に最低居住面積水準を達成していない世帯が一定割合あることを踏まえ、上限額の範囲内で床面積や築年数など住宅の質に応じた基準額を設定することについてどう考えるか
⑦ 住宅・土地統計調査による検証時点と検証結果を反映させる時点とでタイムラグが生じるのをどうするべきか
⑧ 住宅扶助の検証にあたっては、民間の分析手法等も参考にしてはどうか

[論点2：住宅扶助特別基準額の改定方法について]
➡ 毎年度基準額を改定するに当たって、どのような方法が客観的で国民にわかりやすく、かつ、一般国民との均衡を図る観点から適当か
　○ 低所得層における家賃の動向と一般世帯における平均的家賃の動向は異なるのではないか

[論点3：住宅扶助の適正化のための運用について]
➡ 住宅扶助の支給について、住居の質を適切に反映したものとするための運用としては、どのようなものが考えられるか

[論点4：住宅扶助（敷金等、契約更新料）について]
➡ 住宅扶助（敷金等、契約更新料）の水準は、当該地域の実態を反映したものとなっているか

[その他]
➡ 家賃相場に見合わない劣悪な居住環境であるにもかかわらず高額な家賃を受給者から搾取するような悪質な貧困ビジネスに対して、どのような対応策が考えられるか
① 生活支援サービスなどを行っており、住宅扶助の支給額に合理性のある事業者と、そうでない事業者は、分けて考えてはどうか
② 施設管理費的経費や生活支援サービスの利用料などは、住宅扶助とは別建ての給付としてはどうか

出所：図表2-3に同じ

ている。ただ、前後の問題意識（特に第1）からは、居住水準をまず保障するという問題意識ではない。

　第4の住宅扶助（敷金等、契約更新料）については、その「水準は、当該地域の実態を反映したものとなっているか」と、実態より高水準はないかという認識が読み取れる。

　その他では、貧困ビジネス対策について、貧困ビジネスを「家賃相場に見合わない劣悪な居住環境であるにもかかわらず高額な家賃を受給者から搾取する」ビジネスと定義し、対策として、①「生活支援サービスなどを行っており、住宅扶助の支給額に合理性のある事業者とそうでない事業者は分けて」考えるべきこと、②「施設管理費的経費や生活支援サービスの利用料などは、住宅扶助とは別建ての給付」とすべきではないかという問題意識が示されている。これ自体は妥当な認識と思われるが、住宅扶助額の引下げとの関連が不明確である。

(3)　基準部会の審議で浮き彫りになった論点
　前述の事務局提案に対しては、基準部会でも突っ込んだ議論が行われた。主な論点と委員の意見は以下のとおりである（第16、17、18回の基準部会議事録。以下回数のみ示す）。

A　住宅扶助をはじめ保護基準部会議論の前提〜保護基準の検討は生活困窮者自立支援法の財源捻出のためではない〜
　山田委員から、第6回経済財政諮問会議（2014年4月22日）において、「『生活困窮者自立支援法』は、生活保護制度の見直しと一体で、生活保護に頼らない自立を促進するものであり、その財源は、生活保護制度の更なる見直しにより確保する必要」（麻生議員提出資料）とあるが、厚生労働省はこれとは別に考えるべきと指摘があり（第18回）、岡部委員も、生活困窮者自立支援法、子どもの貧困対策法などの財源のために生活保護費を削るという考え方には立たない。基準部会はその前提に立ってきた。生活保護費を削ってほかの社会保障の財源にあてるということはありえないとして、厚生労働省に対してクギを刺した。

B　住宅のナショナルミニマムを住宅扶助でどう位置付けるか
　住宅扶助基準は居住のミニマムをクリアしていることが必要（第17回、岡部委員）、住宅扶助は居住水準のミニマムを具現化したものであるから、低所得層の平均家賃というものを参照するのは問題であって、あくまで居住水準がミニマムを満たしているかどうかを基準にして家賃の分布を見ていくべき、また現在は住

宅が足りない時代ではなく供給過剰となっており空き家が増えている。住宅の質を一体どうするのか本格的に議論すべき（同、園田委員）、住宅扶助に関しては、国土交通省が最低居住水準というミニマムを作っている以上、ここをベースにするしかなく、したがって、生活扶助基準額改定時に行ったような一般世帯との比較をする必要はない（同、阿部委員）、1人世帯だと60％、2～5人世帯では75％が最低居住面積水準を満たしている。75％が満たしているのだから、耐久消費財の7割に準じて生活保護世帯でも最低居住面積を基準にしてよいのではないか（第18回、山田委員）など、住宅扶助は住宅のミニマムとして最低居住水準を保障するべきだ、またそれは従来の生活保護の理屈上も、実際の住宅供給上も可能という意見が相次いだ。確かに、国として法律（住生活基本法）やそれに基づく閣議決定によって最低居住水準を策定しているわけだから、最低生活を保障すべき生活保護制度において、それと異なった居住指標をもってくるわけにはいかないはずだ。したがって住宅扶助においても「建築物としての住宅」を前提とした最低居住水準を確保すべきということである[17]。

C 住宅扶助基準設定においては、何と何を比較するか

　第17回基準部会では、事務局が提出した財政制度等審議会資料（**図表2-6**）において、住宅扶助基準額（月4万6000円）と一般低所得世帯の家賃実態（月3万8000円）とを比較し、住宅扶助の方が2割程度高いとされていることへの厳しい批判が相次いだ。山田委員は、この比較は、第1に、住宅扶助額は基準額であるから最大値であるが、一般低所得世帯の家賃実態は平均値である点で統計学的に意味をなさず、意図的なミスリーディングである[18]。第2に、一般低所得世帯の家賃実態の中には最低居住水準を満たさないものもたくさん含まれており、その平均を取ることは問題であると指摘した。

　同じく園田委員も、財政制度等審議会のデータ自体が非常に恣意的で、一般低所得世帯3.8万円には例えば公営住宅も含めさまざまなものが入っており、それらを含めて比較するのは問題である。また住宅統計調査のデータには、民間賃貸住宅の約5％を占める生活保護世帯も含まれており、バイアスがかかっている。それも含めて一般世帯がこうですというのは矛盾だと指摘した。

D 住宅扶助額は、生活保護世帯ゆえに高い家賃が設定されているのではないか

　貧困ビジネスなどのために保護世帯が過払いしているか、あるいは、一般の人が借りられる金額では貸してもらえない別の理由があるのでないか。信用力がない部分が上乗せされているのではないか（第17回、園田委員）。敷金もない、人的

図表2-6 住宅扶助 《参考》財政制度等審議会（2014年3月28日開催）資料

○ 住宅扶助は、地域別、世帯人数別に定められた基準の範囲内で実費が支給される。（東京6万9800円、札幌市4万6000円（1・2級地、2～6人世帯））
○ このため、一般低所得世帯の家賃の動向と離れて上限にはりついている可能性。（民営住宅の場合、約4割が上限の95～105%の家賃）
　（参考）同一の住居群で被保護世帯が一般世帯よりも高額の家賃で契約している事態が散見。（26年3月会計検査院報告書、25年予算執行調査）

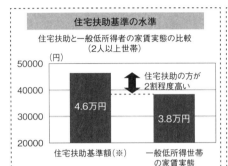

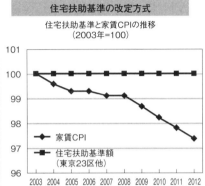

- これまで住宅扶助基準の水準の検証は行われていない。今回の試算では、住宅扶助基準額は一般低所得者世帯の家賃実態よりも2割程度高いとの結果
- 一般低所得世帯の家賃実態との均衡を図るため、専門的・技術的検証を速やかに実施し、住宅扶助基準の水準を適正化すべき

- 近年、家賃CPIが下落しているにもかかわらず、住宅扶助基準額は据え置きとなっている
  （参考）現行の改定方式
  ① 前年度基準額
  ② 家賃CPIの伸びを勘案した額
  ③ 被保護世帯97%カバー額
  のうち、2番目にくるものに準拠して改定
- 家賃CPIとの連動性を高めた改定方式に変更すべき

「貧困ビジネス」への対応

○ 無料定額宿泊施設等で住居とともに生活サービスを提供し、その対価として生活保護費を搾取。以下の特徴がある
　・高額、趣旨不明な利用料の徴収
　・入所者の意に反するサービス提供
　・保護費を本人が自由に使えない等
○ 「違法貸しルーム」（いわゆる「脱法ハウス」）のように、多人数の居住実態がありながらオフィス等と称して、建築基準法違反のある状況で使用されている劣悪な物件もある
○ 規制強化の要望
　「『貧困ビジネス』については、住居とともに生活サービスを抱き合わせで提供し、その対価という名目で生活保護費を搾取している。抱き合わせ契約を行っている無料低額宿泊所等に対して新たな法規制を講じる必要がある」（「生活保護制度に関する国と地方の協議に係る中間とりまとめ」（2011年12月））

- 生活サービスの提供については、規制する法的根拠が無い状態。法的位置付けの無い施設は、実態把握すら困難
　（注）無料低額宿泊施設（社会福祉法の届出対象）に対しては、厚生労働省から「指針」を発出しているが、拘束力は無い
- 実効性のある規制の枠組みの検討が必要

出所：図表2-1に同じ

保証もない、家賃の滞納リスク以外のさまざまな生活課題を抱えた人が非常に多い。これらの危険負担を家賃という形でかぶせるというのが市場の現実ではないか（同、道中委員）。生活保護であることによるペナルティがつくのであれば、それをつけているのはあくまで大家である。そのペナルティを被保護者に負わせるのは本末転倒である。また家賃は継続性がある。家賃を下げろと言われても急に動けるのか。特に高齢単身者は社会的排除という意味からもその場に居続けるということが非常に重要（同、阿部委員）など、事務局の「高止まり」論への疑問や、「高い家賃」には合理的理由があるのではないかという指摘があった。

E　貧困ビジネス、住宅扶助の経済効果等

　貧困ビジネス対策として、最低居住水準に見合った住宅扶助の設定というとき、対人サービスコストなどを峻別すべきという指摘があった（第17回、岡部委員）。また日本において、総世帯数5000万のうち4割の2000万世帯が賃貸住宅居住で、そのうち100万世帯が生活保護世帯である。民間賃貸住宅全体の5％を占める。住宅扶助が減ると家主の所得が減るという連鎖が起きることも視野に入れるべきという指摘もあった（第16回、園田委員）。

F　生活保護ケースワーカーが行う保護世帯住宅調査について

　生活保護世帯の住宅を焦点とした初めての本格的調査が、2014年7～8月に、訪問頻度別に1/12抽出で行われた。この調査については、家賃はもとより最低居住水準の達成状況などの環境的要素が調査される。加えて、生活保護を受ける前から同じところに住んでいるのか、生活保護になった後に家賃が上がったのか調査で聞くべき（第17回、阿部委員）、住居近辺の道路に入浴車が入れるか、車いすでの出入りが可能かなど住居の周辺環境も考慮すべきである。またゼロゼロ物件[19]など面積は確保されていても壁が薄い劣悪な住宅を除外する必要性を指摘し、単身者の住宅の悪いところが、生活保護に流れ込んで引き下げられるようではまずいという意見が述べられた（第18回、岩田委員）。さらに、調査項目中、保護世帯の家賃が、「近隣同種の住宅の家賃と比較して、高額な家賃が設定されている疑義があるか否か、疑義がある場合、合理的な理由があるか否かを実態把握する」とされている点に関し、現役ケースワーカーにそれを求めるのは無理ではないか、また、単身高齢者のデータが上がるように調査を工夫してほしいという意見もあった（同、道中委員）。

　同調査の分析は、残念ながら、非公開で行われることになった。日本の住宅政策の根幹に関わる調査がなぜ非公開なのか、公開できない理由があるのか、はな

50

はだ疑問である。

5　住宅扶助のあり方[20]〜居住水準保障型へ

　これまで指摘してきたように、住宅扶助のあり方を考えるうえでは、住宅扶助が住居のナショナルミニマムであることから、基本的視点として、住宅とは何かの原点（「構造物としての住宅保障」）に立って、その設定は、家賃準拠追随型から最低居住水準確保型へ考え方を転換すべきである。これによって、保護世帯に対して最低居住水準を保障すべきである。具体的な理由は、本節4（3）で紹介した基準部会での委員意見によって十分に根拠づけられている。

　貧困ビジネスについても、居住水準確保を優先すれば、自ずと解消の道に向かうであろう。さらに、良心的支援付住宅を悪質な貧困ビジネスと峻別するには、人的支援部分を住宅扶助から切り分け、別の給付としてその条件（支援者の資格や研修を義務付け支援の質を担保されたものに給付を行うなど）を明確化すべきである。例えば、「住宅扶助設定にガイドラインを設け、部屋の広さや設備、建築・改築からの年数に応じて段階的な上限を定める方式」とすることも一つの方策である。その際、共有スペースの状況も考慮する。仮に、日常生活支援や仲間づくりなどのサポートが必要な場合は、その費用を別途「ケア・支援に関する費用補助または委託制度」として公費負担するようなことも検討するべきであろう[21]。

第3節　住宅扶助、冬季加算の引下げを決めた厚生労働省社会・援護局保護課「住宅扶助基準及び冬季加算等の見直しについて」の検討〜生活保護費引下げ「三重苦」〜

　厚生労働省社会保障審議会の生活保護基準部会は、前節で検討したような議論や調査を経て、2015年1月9日に住宅扶助と冬季加算のあり方を「社会保障審議会生活保護基準部会報告書」[22]（以下「報告書」）にまとめた。本節では、報告書が出された後、住宅扶助と冬季加算の引下げを決めた2015年1月15日の社会・援護局保護課「住宅扶助基準及び冬季加算等の見直しについて」[23]（以下「保護課案」）の問題点を検討するものである。「報告書」にも必要なかぎりで論及する。なお紙幅の関係で住宅扶助を中心とした検討となることをあらかじめお断りしておく。

　結論を先に述べれば、住宅扶助に関しては、報告書は、国土交通省が定める住居のナショナルミニマムである最低居住水準を念頭に置いてはいるものの、住宅

扶助においてそれを積極的に実現するというスタンスまでは至らなかったが、報告書全体としては、生活保護世帯の劣悪な居住環境を直視し、住宅扶助額の改善を示唆するものであった。しかし、保護課案は、最低居住水準との関係では、低水準な住宅扶助額を容認するとともに、基準部会でもほとんど検討されなかった家賃CPI（家賃の消費者物価指数）の下落を理由にして、住宅扶助特別基準額の引下げを決めた。2015年度の引下げ幅は3.8％と過去最大で[24]、次回契約更新時には、例えば2人世帯・大阪・1級地で月額8000円、同じく2人世帯・埼玉・2級地で、月額1万円も引き下げる。多少の時間的猶予はあるにせよ、限度額とはいえ、家賃にあてる住宅扶助を1万円も下げるとは尋常ではない。減額になる保護世帯は約160万世帯中3割近い44万世帯に達する見込みである[25]（限度額の引下げなので、全世帯に直ちに影響するものではない）。

　また、冬季加算については、報告書においてもその検証結果は引下げを容認するものであった。これをふまえ保護課案は、除雪費用の新設はあるものの、冬季加算を8.4％減額する。住宅扶助と同様、過去最大の減額幅である。例えば、2級地の1のⅠ区（北海道では旭川市等、青森市、秋田市）では、単身世帯では月額2万2080円の冬季加算が4520円減額され1万7560円まで引き下げられ、これらの地域の減額率は20％を超える。

　これらによる国費ベースの生活保護費削減額は、住宅扶助では2015年度に30億円である。引下げは各生活保護世帯の次期契約更新時期から順次適用されるため、平年度化される2018年度には190億円に達する。冬季加算は年30億円程度の減額となる。これらに加え、2015年度は、2013年8月からの基準額減額の第3段階として引下げが予定されている。保護課案によれば、国民の消費動向を勘案した毎年度の改定分は据え置かれるため、引下げだけが実施される。

　このように2015年度は、基準生活費の3回目の引下げに加え、住宅扶助と冬季加算が引き下げられるため、保護世帯にとっては、保護費減額のトリプルパンチに見舞われることになる。物価上昇局面（消費者物価指数〔2014年12月〕は、前年同月比2.4％増〔総合〕、2.5％増〔生鮮品を除く総合〕）におけるこのような三重の引下げは、保護世帯をさらなる苦境に追い込むものである。またこれまで生活保護を利用できていた生活困窮者のなかには、基準引下げにより保護を利用できなくなってしまう層が発生する。貧困率の悪化のもとで、生活保護制度の機能縮小を招くことになる。他制度へのさらなる影響も懸念される。

1　住宅扶助

(1)　引下げ案の概要

A　住宅扶助上限額の見直し（単身世帯）

①最低居住面積を満たす住宅の家賃額の実態を反映

　現行の住宅扶助上限額が、最低居住面積水準（単身：25㎡）を満たす民営借家等の家賃額を低い方からカバーする率である全国平均値13％は維持しつつ、地域によるカバー率のバラツキを是正する。

②近年の家賃物価の動向の反映

　①の検証時点である2008年から2013年までの家賃物価の動向（全国平均マイナス2.1％）を反映させ適正化する。

③民間の賃貸物件情報による調整

　民間賃貸住宅市場で最低水準を満たす住宅の確保が困難とならない範囲で見直す。

B　2人以上世帯の上限額

　世帯人数ごとの最低居住面積の住宅における家賃水準の推計結果をふまえ適正化し、世帯構成による住宅のニーズに差があることなどもふまえ、柔軟な選択ができるよう留意して比率を設定する。現在、2～6人の住宅扶助額は、単身基準の1.3倍であるが、2人は1.2倍、3～5人は1.3倍、6人は1.4倍に変更する。

C　床面積別の住宅扶助上限額の新設

　より適切な住環境を備えた住宅へ誘導しつつ、床面積と家賃額との関係の推計結果をふまえ、床面積が16㎡（1995年時点の最低居住面積）に満たない場合、住宅扶助上限額を減額する仕組みを導入する。ただし、生活支援を行う無料低額宿泊所等への居住が自立助長の観点などから必要と認められる場合は、適用しない。具体的には、延床面積15～11㎡では住宅扶助額を10％減額し、同じく10～7㎡で、20％減額、6㎡以下で30％減額する。

D　実施時期　2015年7月

図表2-7　<具体例>　　　　　　　　　　　　　　　　　　　　　　　　　　　　（単位：千円）

(人)	現行 (A)			見直し後 (B)					(B) − (A)				
	単身	2～6人	7人～	単身	2人	3～5人	6人	7人～	単身	2人	3～5人	6人	7人～
東京都	5.4	7.0	8.4	5.4	6.4	7.0	7.5	8.4	0.0	△0.6	0.0	0.5	0.0
大阪府	4.2	5.5	6.6	3.9	4.7	5.1	5.5	6.1	△0.3	△0.8	△0.4	0.0	△0.5
埼玉県	4.8	6.2	7.4	4.3	5.2	5.6	6.0	6.7	△0.5	△1.0	△0.6	△0.2	△0.7
神戸市	4.3	5.5	6.6	4.0	4.8	5.2	5.6	6.2	△0.3	△0.7	△0.3	0.1	△0.4

注：網掛けが減額。東京都、大阪府は1級地、埼玉県は2級地

(2) 保護課案の検討（その1）～住宅扶助特別基準額の引下げ～

　保護課の引下げ案は、住居のナショナルミニマムである最低居住水準確保の視点からも、狭小劣悪な生活保護世帯の住環境の改善という観点からも、また生活扶助基準が引下げ進行中という政策動向から考えても、到底認めるわけにはいかない。また、前述のように、報告書が、引下げを明言していたわけでもなく、反対に引上げを示唆していたことからしても、引下げ案は報告書の趣旨に反するものである。まず報告書からみていこう。

A　基準部会報告書
(A)　住居のナショナルミニマムである最低居住水準確保

　報告書は、「はじめに」において、住宅扶助と冬季加算は「単純に一般低所得世帯との均衡で捉えるのではなく、実質的に健康で文化的な最低限度の生活を保障しているかという観点から、検討・検証を行っていく必要がある」（同1～2頁。以下頁のみ示す）、「『福祉は住宅にはじまり住宅におわる』あるいは『家は人権の要』」（2頁）、「住宅扶助基準については、それら（最低居住面積水準〔設備条件を含む〕）を踏まえて検討・検証する必要」（2頁）と述べている。すなわち、住宅の最低限を保障する住宅扶助の重要性について、最大級の言葉で確認している。また、駒村康平基準部会長は、報告書は「住宅扶助の基準はどのように考えるべきかを明確にして、住生活基本法に基づく最低居住水準を目指すべき水準として確認した」[26]と評価している。

(B)　明らかになった狭小劣悪な生活保護世帯住居の実態

　生活保護世帯の住居がいかに狭小劣悪であるかは、2014年夏に全国の福祉事務所ケースワーカーが行った大規模な生活保護世帯の居住実態調査（11万世帯）などの結果から、報告書自らが認めるところである。
　すなわち、「生活保護受給世帯の住宅水準（腐朽・破損の程度、接道幅員、エレベータの有無等）は、一般世帯（生活保護受給世帯を含む）に比べると、低くなっている」（11頁）。「生活保護受給世帯が居住する民営借家における最低居住面積水準の達成率は、単身世帯で46％、2人以上世帯で67％となっており、一般世帯（生活保護受給世帯を含む）の最低居住面積水準が、単身世帯で76％、2人以上世帯で86％となっているのと比較すると、大きく下回っている。また、最低居住面積水準及び設備条件を満たしている割合は、単身・民営借家で31％、2人以上世帯・民営借家で55％となっている。」（同）。
　「以上のことから、生活保護受給世帯において、より適切な住環境を確保する

ための方策を検討することが必要である」と結論づけた（11頁、「はじめに」）。

(C) 生活保護世帯住居の家賃について

「近隣同種の住宅の家賃額より明らかに高額な家賃が設定されている疑義の有無（福祉事務所のケースワーカーが回答）についてみると、「疑義あり」が568世帯（0.6％）、「疑義無し」が8万6731世帯（90.4％）、「判断ができない」が8597世帯（9.0％）（同15頁）となっており、保護世帯は圧倒的多数が適正な家賃の住居に住んでいる。

また、「生活保護受給世帯の48％は保護開始前から継続して現在の住居に入居しており、保護開始を機に住居が決定されたわけでは必ずしもない」。すなわち、半数の世帯では、居住環境が継続していることに注目すべきである。また保護開始後に現在の住居に転居した世帯について、その理由は、多い順に、「実施機関の指導に基づき、現在支払われている家賃又は間代よりも低額な住宅に転居」が19％、家主の立ち退き要求などが16％であるのに対して、病気療養上著しく環境条件が悪いと認められた場合などの住環境の改善のための転居は8％にとどまる。転居理由が家賃を理由にしたものが多いこと、また、生活保護世帯の居住環境の劣悪さから考えると、その改善について、現行住宅扶助制度では十分対応できていないことが示唆される。

(D) 住宅扶助特別基準額で確保できる住環境

住宅・土地統計調査では、単身世帯が居住する「民営借家又はUR賃貸住宅であって、最低居住面積水準及び設備条件を満たす住宅」のうち、家賃額が住宅扶助特別基準以下の住宅の割合（生活保護受給世帯を含む）は、全国平均で14.8％、生活保護世帯を除くと12.7％となっている（同15～16頁）。これは現行の基準額では、最低居住水準を満たす住居のうち、7～8件に1件しか確保できていないことを示しており、現行基準額が相当の低さであることを物語っている。

また、現に民間賃貸住宅市場に出回っている物件においても、1K、1DKなどで床面積25㎡（最低居住面積水準）以上の物件で、住宅扶助特別基準額以下の物件は、都道府県2級地が最大15％、同1級地では4％である（同17頁）。市場に出回っている物件においても、基準額の低さが明らかとなった。

(E) 小 括

これまで述べた報告書の認識からは、住宅扶助額の引上げの方向性は出てきても、引下げという結論はあり得ないと考えられる。

B　保護課案〜引下げの論理の欺瞞性〜

しかし、保護課案は、前述の3つの理由（(1) A①〜③）で住宅扶助特別基準額の引下げを決めた。これら3つの理由は理由にならないものだ。

(A)　住宅扶助特別基準額による最低居住面積水準住居カバー率（13%）の維持（(1) A①）

住宅扶助特別基準額は最低居住面積水準を満たす民営借家などの家賃額を低い方からカバーする率である全国平均値13%は維持しつつ、地域によるカバー率（12.7%）のバラツキを是正するという。しかしこの理由は、現行住宅扶助特別基準額の低位固定化であって、最低居住水準確保を志向する報告書に反することは明らかである。

(B)　家賃CPIの下落により住宅扶助額を下げる（(1) A②）

近年の家賃物価の動向（全国平均2.1％のマイナス）を反映して基準を下げるというものである。住宅扶助額の設定方式については、今回の基準部会の重要論点としてあがっていた。すなわち、第18回基準部会（平成26年5月30日、**図表2-5**）では、4つの主要論点のうちの2つ目として、住宅扶助特別基準額の改定方法があげられ、「年度基準額を改定するに当たって、どのような方法が客観的で国民にわかりやすく、かつ、一般国民との均衡を図る観点から適当か」とされていた。しかし、基準部会ではほとんど検討されず、今回の報告書では、「毎年の住宅扶助基準の改定方法については、入居中の家賃は下方硬直性があり、新規入居家賃に比べ、下落しにくい傾向があることも十分踏まえ、検討する必要がある。」（24頁）にとどまっている。すなわち、改定方法については、あくまで今後の検討事項にとどまっている。新たな改定方法についてはなんら提案もされていない。そうであれば従来の改定方法で決定すべきである（**図表2-1**）。ところが、保護課案では「平成20年から平成25年までの家賃物価の動向（全国平均△2.1％）を反映させ適正化する」するとして引き下げた。改定方法が決まってもいないのに、物価動向だけを取り出して引き下げたのだ。

そもそも、家賃CPIの変動については、高家賃住宅が増加する一方、低家賃住宅、すなわち低所得者向けの住宅の減少により、中間層向け住宅も含む家賃平均額は低所得者にとって意味をなさないことはかねてから指摘されていたところでもある[27]。

結局のところ、今回の住宅扶助の検討が本格化した第17回生活保護基準部会（2014年5月16日）で厚生労働省が資料とした、財政制度等審議会（2014年3月28

日）の資料（**図表2-6**）による「近年、家賃CPIが下落しているにもかかわらず、住宅扶助基準額は据え置きとなっている」や、「家賃CPIとの連動性を高めた改定方式に変更すべき」という財務省の方針が何の検討も経ないまま、家賃CPIが下がっているという、ただそれだけの理由で貫徹したといえる。これでは、この間の基準部会の取組や審議はもとより、また厚生労働省の取組みでさえまったく不要であったことになる。「引下げ先にありき」と言われても仕方あるまい。

(C) 民間の賃貸物件情報による調整（(1) A③）

これは、「民間賃貸住宅市場で最低水準を満たす住宅の確保が困難とならない範囲で見直す」というものであるが、住宅扶助特別基準額で確保できる25㎡以上の物件は、前述のような低水準にとどまる（4〜15％。報告書17頁）。この程度の確保水準で、「困難」ではないといえるのか。(A) と同様、現行住宅扶助特別基準額の低位固定化といわねばならない。

(3) 保護課案の検討（その2）〜複数人数世帯の住宅扶助特別基準額〜

報告書では、独自に設定した家賃関数に基づき「単身世帯の住宅扶助特別基準を1としたときの2〜6人世帯の指数は、1.06〜1.35となった」(18頁)とし、「生活保護受給世帯の世帯構成が変化し、現在では少人数世帯が大宗を占めていることを踏まえると、2〜6人世帯を同一基準としている現行の区分は、実態に即した設定とする」(同)としていた。ただし特に子どものいる世帯について個室の確保などの配慮を求めていた。

しかし、保護課案は、2人世帯について現行の倍率1.3を1.2に引き下げた。問題は、倍率の元になっている単身世帯基準が上述のように引き下げられているため、2人世帯では二重の引下げとなり、下げ幅が一番大きくなったことだ（**図表2-7**）。今回の引下げ案は2人世帯を直撃するものといえる。生活保護世帯中、2人世帯は15.8％を占め[28]、母子世帯は6.8％を占める[29]。一般母子世帯においては、過半数（54.7）が子ども1人であることからすると[30]、生活保護・母子世帯の相当部分も2人世帯であると思われる。また、生活保護・母子世帯の悩みも、「住まいや生活環境」に関するものが29.7％となっている[31]。こうした生活保護・母子世帯の現状をみると、今回の引下げ案は、母子世帯を直撃し、いま政府が取り組もうとしている子どもの貧困対策に逆行するものである。

(4) 保護課案の検討（その3）〜貧困ビジネス対策〜

保護課案は、床面積別の住宅扶助上限額を新設する。住宅扶助特別基準額以下

であれば、居住面積に見合った住宅扶助額に減額する。本来であれば、基準額を超えていても、最低居住水準をまずは確保したうえで家賃を支給する方針が必要である。そのうえで、基準額以下の水準で床面積に応じた減額をするならまだしも、最低居住水準の確保もままならない実態はそのままにして、住宅扶助額を下げるというのでは、ごく悪い居住水準に合わせて基準額を引下げるだけに終わってしまう[32]。貧困ビジネスの利ザヤは減っても、入居者の居住環境は悪いまま放置されることが懸念される。

　また、「生活支援を行う無料低額宿泊所等への居住が自立助長の観点等から必要と認められる場合は、適用しない」とするが、悪徳貧困ビジネスと、良心的な支援付住宅との外形上の区分は困難な場合が多い。報告書にもあるが、「生活支援の提供にかかるコストに対応する扶助の仕組みを設ける」（20頁）ことをしなければ、いつまでたっても有効な対策とはならないと考える[33]。

　保護課案はこのような問題点があったが、その後の通知[34]において、無料宿泊所などを利用するに際しては、床面積別の住宅扶助は適用されず、2015年4月1日に改正された「無料低額宿泊所の設備運営等に関する指針」[35]によることとされた。同指針は、改正前は一居室の面積は3.3㎡であったものを7.43㎡以上とすること（ただし、地域の事情によりこれによりがたい場合は、居室の床面積が1人当たり4.95㎡）など一定の改善はみられるが、床面積別の住宅扶助額が貧困ビジネスに適用されないならば、貧困ビジネス対策といっても効果は限定される[36]。

(5)　保護世帯と福祉事務所現場への影響
A　自動的「高額家賃化」による居住の不安定化
　今回の住宅扶助額の減額により、いままでは適正な家賃とみなされ全額が支給されていた家賃が、保護利用者側の原因ではない理由によって、いつの間にか「高額家賃」（住宅扶助特別基準額を超える家賃）とされてしまい、転居指導の対象にされかねないことになる。報告書でも、「現に民営借家等に入居している生活保護受給世帯については、住宅扶助特別基準の見直しにより、当該住宅の貸主が家賃額を値下げしない限り、現住宅での生活の維持に支障が生じるおそれがある」（21頁）と危惧されているところである。

　他方、判例によれば、保護世帯側から、家主に住宅扶助の減額を理由に家賃の引下げを申し出ても、家主には応じる義務はないとされている[37]。

　そうすると、保護世帯は、家賃は下がらないが、住宅扶助額が下がることに加え、福祉事務所による「高額家賃」による転居指導等の圧力にさらされることになる。基準部会報告書は、契約更新時までの猶予や、転居を可能にすること、従

前の住宅扶助額の保障などを提案しており（21〜22頁）、保護課案でも契約更新時までの猶予が具体化されている。

　しかし、保護世帯にとって、これまで安心して住めていた住居が突然そうではなくなる不安ははかりしれない。前述のように、保護世帯は48％が現住居に保護開始時より継続して住んでいる。まさに、「高齢者又は子どもを含む世帯などにおいては、転居が健康への悪化やコミュニティからの孤立を引き起こす可能性がある」（同22頁）。住まいが生活の土台であることを考えると転居というものはそう簡単にできるものではない。保護世帯の居住権は最大限保障されなければならない。

B　ケースワーカーは住居の意義をふまえた慎重な対応が必要

　このような場面でのケースワーカーの助言については、報告書は、「生活保護受給世帯の住居については、その世帯の生活の継続性、安定性、選択性の観点から、十分な配慮が必要であることから、転居の助言や指導を行う必要がある場合には、本人の意思を十分に確認し、これを尊重して行うことが必要である」（2頁）と注意を喚起している。しかし、保護世帯は福祉事務所と家主との板挟みとなり、基準額を超える金額を共益費などに振り替え、名目上家賃を基準額以内におさめ、自らの生活費をきりつめ転居の不安をクリアする自己犠牲的選択をとるおそれが十分にある（自分が我慢すれば、家主、福祉事務所双方に顔が立つ）。ケースワーカーにとっては、2014年調査で保護世帯が住む住まいの家賃は9割が適当だと認識している。にもかかわらず、「転居指導」をしなければならない立場に追い込まれる。不本意であるし迷惑な話である。しかし、保護世帯の住む権利をはじめ最低生活の保障をはかるのはケースワーカーの基本的責務である。さしあたって、経過措置（①転居によって通院、通所に支障をきたす場合、②転居によって通勤または通学に支障をきたす場合、③高齢者、身体障害者などで、親族や地域の支援を受けている場合で転居によって自立を阻害する場合には、旧基準額を適用してもかまわない）[38]などを最大限活用して、保護世帯の居住の安定をはかるべきである。間違っても、このような「家賃額の値下げ分が別の名目の費用として転嫁され当該世帯の家計を圧迫」（同22頁）するようなことがないように支援していかねばならない[39]。

2 冬季加算

(1) 引下げの概要（保護課案）

A 減額の内容

①一般低所得世帯（年間収入第1・十分位）における冬季に増加する光熱費の実態を反映

各地区で光熱費支出が増加する月を確認し、その月の光熱費支出の増加分を基礎として設定。

②近年の光熱費物価の動向の反映

検証の時点（2009～2013年平均）から2013年までの光熱費物価の動向（灯油代約2割、電気代約1割上昇）を反映。

③豪雪地域や山間部など気候が厳しい地域等に配慮した調整

Ⅰ区～Ⅲ区について①②の結果に1.2倍上乗せし、Ⅳ区・Ⅴ区については①②の結果に1.1倍上乗せ。

これらをふまえた見直し幅は、**図表2-8**のとおり。

図表2-8　見直し幅

Ⅰ区	Ⅱ区	Ⅲ区	Ⅳ区	Ⅴ区	Ⅵ区
△19%	△20%	△17%	△1%	△17%	△6%

また、支給月について、現行11～3月の4カ月をⅠ区、Ⅱ区は10～4月の7カ月とし、Ⅲ区、Ⅳ区は11～4月の6カ月に伸ばす。

さらに光熱費以外の冬季増加需要へ以下の対応を行う。

除雪のための費用について、必要最小限度の額を支給することができるものとする。

保護開始時等に暖房器具がない場合の家具什器費（一時扶助）を増額する。

B 具体的影響額

図表2-9　具体的影響額（Ⅰ区：2級地―1のみ）

	単身	2人	3人	4人
現　行（A）	2万2080円	2万8580円	3万4110円	3万8680円
見直し後（B）	1万7560円	2万4920円	2万8320円	3万590円
減額幅（B）－（A）	△4520円	△3660円	△5790円	△8090円

注：すべての地区の支給期間を11月～3月の5カ月として月額を算出

C　実施時期

2015（平成27）年11月（一部地域は同年10月）

(2)　寒冷地の生活実態から乖離した引下げ

　報告書では、検証結果について、「大部分の地区において、低所得世帯における光熱費増加支出額が冬季加算額を下回っていた」（30頁）とし、冬季加算の減額を容認する方向性が示された。本書では、特に冬季加算減額がもたらす結果の重大性や統計上の不備、設定方式などを中心に2～3の指摘を行う。

　今回の冬季加算の引下げ幅は、寒冷地の中でも寒さが厳しいⅠ区～Ⅲ区で20％前後の大幅な引下げとなる。上記の具体的影響額でみると、単身世帯でも灯油約42ℓに相当する引下げとなる（4520円/108円/ℓ）。冬季需要がやり繰りの余地が少ないことは報告書でも指摘されている（3頁）。また、生活保護世帯の健康への悪影響も懸念材料として報告書自身があげている（31頁）。

　また、報告書自身も、「統計上の制約から、豪雪地域や山間部の検証が十分できておらず（略）、地区区分の平均値が豪雪地域や山間部の実態を反映していない可能性がある」（31頁）と不備を認めている。保護課案では、豪雪地などへの対応として本来の加算額に1.1～1.2倍化して上積みしているが、元の引下げ幅の大きさから効果があるとは思われない。支給月数の増加も同様である。

　冬季加算に関しては、報告書が述べるように、「冬季における光熱費は住宅費と同様に生活必需費目であり、またその市場の特性から代替財やサービスを得にくいなど節約が困難なものである。このため、一般低所得世帯における生活扶助相当支出額の冬季増加分と冬季加算を単純に相対比較するのではなく、冬季における健康で文化的な生活の維持のために不可欠なものとして増加する支出が、冬季加算額によって賄えるかということを考慮して検証する必要」（3頁）があり、この考え方を生かす設定方式を追求すべきである。けっして「国民目線から見てどうなのか」（大西保護課長）ですまされるものではない。

　なお、冬季加算については全体としては引下げであるが、傷病、障害などによる療養のため外出が著しく困難であり、常時在宅せざるをえない者または乳児がいる世帯などの場合には、冬季加算額を1.3倍にすることを認めている[40]。

3　小　括

　2013年10月～2015年1月までの基準部会のテーマは、住宅扶助と冬季加算に加え、母子加算などの有子世帯の扶助・加算も検討の対象であったが、「子どもの貧困率とりわけひとり親世帯の貧困率自体が先進国の中でも高いことを考慮す

ると、有子世帯の扶助・加算の見直しについては、一般低所得世帯との均衡という考え方のみで見直すことは適切ではないとの意見があり、子どもの貧困対策の観点からより慎重に検討すべきとの意見が多かったことから、今回はとりまとめを見送った」（報告書32頁）。しかし「今後も引き続き本部会において、政府として取り組んでいる子どもの貧困対策を踏まえつつ、議論を重ねていく必要がある」（同）としており、引き続き注視していく必要がある。

注
1 2014年10月13日『東京新聞』
2 貧困ビジネスとは、公式には「無料低額宿泊所や簡易宿所等であって、居室が著しく狭隘で設備が十分でないにもかかわらず、住宅扶助特別基準の限度額で家賃額を設定する等により不当な利益を得る」事業をいう。2015年3月9日社会・援護局関係主管課長会議資料
3 平成25年度予算執行調査結果（財務省平成25年7月26日）、平成25年予算編成に向けた考え方（財政制度等審議会平成25年1月21日）。いずれも2014年3月4日厚生労働省社会保障審議会第16回生活保護基準部会資料
4 2014年7月15日厚生労働省「平成25年　国民生活基礎調査の概況」
5 住宅扶助額は、あくまで支給限度額内の家賃実額を支給する制度であって、支給限度額以内の家賃の住居にしか住めないという趣旨ではない（この点は誤解が多い）。したがって、福祉事務所の新規の保護申請時に「限度額を超えているから生活保護にならない。限度額以下の住居に転居してからでないと保護を受け付けない」というのは違法な水際作戦である。ただ、保護開始後、限度額を超過する額が多額に及んだ場合、生活費を圧迫することになるため、可能であれば転居した方がいいのではないかという指導が行われる。
6 ただし、確保しようとする住居の環境が著しく劣悪な場合は支給されない（局長通知第7の4の（1）のキ）。
7 保護世帯（147万世帯）のうち、借家・借間世帯は84.5％（公営住宅が16.9％、その他の借家・借間が67.6％）を占める。すなわち全世帯のうち7割近く（99万4000世帯）が民間借家・借間に居住する。2013年11月22日第15回厚生労働省社会保障審議会生活保護基準部会資料。「平成23年7月被保護者全国一斉調査」

  なお、旧法から現行生活保護法における住宅扶助についての政策動向を詳細にあとづけ、住宅扶助についての基本的政策が「住宅実費主義」であることを示し、今後の住宅扶助のあり方について、住宅扶助単給を志向するものに、岩永理恵（2014）「生活保護制度における住宅扶助の歴史的検討」『大原社会問題研究所雑誌』No.674がある。住宅扶助単給は、現行の収入充当順位の方式や資産要件を緩和し住宅手当という社会手当を展望するものといえ、基本的方向性は妥当と考える。
8 生活保護費は、物価等の違いを考慮して、全国を6つの地域に分けて、保護費の水準に格差を設けている。まず1～3級地に分け、さらに級地ごとに2つの地域に細分化し、計6地域とする。1級地の大都市部から2級地、3級地とだんだんと地方になり、扶助額は下がっていく。住宅扶助額は、1・2級地と、3級地の2区分で設定されていたが、2015年7月から1、2、3級地の3区分となった。
9 単身者では①の家賃額、2～6人世帯では②の家賃額以内でないと、敷金はまったく支給されない。転居を通じた基準内家賃額住宅への誘導といえる。ただ、特別基準額を1円でも超えたら、敷金がまったく支給されないという運用には疑義が呈されており、裁判所も、本件規定（局長通知第7の4（1）カ）は、「特別基準を超える家賃又は間代を必要とする場合を想定してはいないものの、そのような場合に一切敷金等として必要な額の認定をしてはならないという趣旨のものであるとまでは解されない」、「原告が低層階に転居すること自体は、最低限度の生活を維持するために必要な措置であったと認められること、（中略）等を総合勘案すれば、処分行政庁としては、敷金13万800円全額は認めら

れないとしても、特別基準に3を乗じた額である12万3300円の範囲内で支給することの可否、その額等について、厚生労働大臣に情報提供するなどして検討すべきであったと解されるにもかかわらず、本件規定の文言により、敷金相当額を一切支給しないとしたものであって、裁量権の逸脱ないし濫用があった」(福岡地裁平成26年3月11日判決『賃金と社会保障』1615・1616合併号［確定］、大野城市63条返還金事件、本書第8章第3節1(3)参照)と判断しており再検討が必要である。

10 単身者については、転居先家賃が単身者特別基準以内であれば、2〜5人の額の3倍額(最高7倍額)の敷金が支給される(局長通知第7の4の(1)のオ、カ)。
11 移送費の支給にあたっては、転居先家賃が住宅扶助基準額以内であることまでは求められていない。
12 厚生労働省社会保障審議会第17回生活保護基準部会における事務局の報告(同議事録)
13 2014年8月1日第459回京都地方最低賃金審議会に提出された国資料
14 2011年3月15日閣議決定「住生活基本計画(全国計画)」
15 現行最低居住水準のできた経過・趣旨は、策定に携わった園田眞理子基準部会委員の説明によれば以下の通り。「そもそも日本で最低居住水準というのが出てきたときには、単身16平米だったのです。16平米というのは非常にわかりやすくて、4畳半に押入れがついていまして、更に畳1枚分のところに台所があって、便所がついている、お風呂はなしという形です。それを建築的に積み上げていくと16平米になります。それが25平米になった経緯は、実は単身世帯でも高齢者を想定したときに25平米という数字が出てきたのです。16平米の今、申し上げたものに対して、何が付加されたかというと、四畳半だった寝室が6畳になったことと、浴室が加わりました。もう一つは、高齢者の単身であると、非常に在宅時間が長いだろうということで、小さなダイニングキッチンを条件に加えました。これらを図面で設計しますと、25平米という数字が出てきたわけです」(厚生労働省社会保障審議会第16回生活保護基準部会議事録)
16 住宅の質と家賃との関連では、保護世帯ゆえに合理的理由なく高額な家賃が設定されているのではないか、したがって、住宅の質に見合って住宅扶助額を下げるべきではないかと言わんばかりの問題意識が露骨に示されている(厚生労働省社会保障審議会第17回生活保護基準部会資料「住宅の質に応じた適切な住宅扶助の支給について」、「参考:会計検査院からの指摘」)。
17 平山洋介「最低居住面積水準とは、ナショナルミニマムである。その達成を一般世帯に関して追求し、被保護者については求めない、というような政策はありえない」のである。平山洋介(2014)「住宅扶助と最低居住面積水準」『賃金と社会保障』1621号、9頁
18 本節3(2)で述べたように、京都市内・生活保護単身世帯の家賃実額は、住宅扶助単身基準額の74%にとどまっており、山田委員の指摘は正鵠を得ている。また厚生労働省自身が、かつて「行政刷新会議・新仕分け」の場(2012年11月17日開催)で示した配布資料(17頁)によれば、生活保護受給世帯の住宅扶助実績額は3万7088円となっており、一般低所得世帯の家賃額3万8123円よりも低くなっている。すなわち、生活保護世帯の家賃実額は、基準額より低く、かつ一般低所得世帯の家賃よりも低いのである。
19 ゼロゼロ物件とは、礼金、敷金のいずれの支払いも必要としない賃貸物件のこと。家賃の支払いが1日でも遅れると鍵を交換されたり、家の中の家財道具などを処分されるなど、社会問題となった。
20 本文の問題意識は、住宅扶助の検討にあたって、包括的に問題点を指摘し改善を求めた、2014年6月14日、生活保護問題対策全国会議、住まいの貧困に取り組むネットワーク等217団体「生活保護の住宅扶助基準引下げの動きに反対する共同声明」(http://seikatuhogotaisaku.blog.fc2.com/blog-entry-208.html)と同じ立場に立つものである。
21 原昌平(2013)「生活保護と地域福祉」鈴木亘編著『脱・貧困のまちづくり「西成特区構想」の挑戦』明石書店、48頁
22 2015年1月9日厚生労働省社会保障審議会生活保護基準部会資料
23 2015年3月9日厚生労働省社会・援護局関係主管課長会議資料
24 2015年1月21日『東京新聞』社説。冬季加算の下げ幅も同社説からの引用
25 2015年4月8日『朝日新聞』
26 2015年1月9日厚生労働省第22回社会保障審議会生活保護基準部会議事録
27 前注17、平山洋介(2014)4頁
28 厚生労働省「被保護者全国一斉調査」(2011年)

29 2014年12月26日厚生労働省第21回社会保障審議会生活保護基準部会資料(「平成26年9月分生活保護受給人員・世帯数」)
30 2011年度全国母子世帯等調査結果報告
31 2009年12月11日厚生労働省社会・援護局保護課「生活保護母子世帯等の暫定調査結果」(ナショナルミニマム研究会資料)
32 基準部会でも、岩田正美部会長代理から「水準以下の場合はお金を下げることによって住宅の質に合わせる、つまり劣等処遇のほうにいくという可能性を感じさせてしまう」と懸念が表明されていたところである(第22回社会保障審議会生活保護基準部会議事録)。
33 2015年3月9日社会・援護局関係主管課長会議において、貧困ビジネスについては一定の対応策が示されている。すなわち、平成15年7月31日社援発第0731008号厚生労働省社会・援護局通知「社会福祉法第2条第3項に規定する生計困難者のために無料又は低額な料金で宿泊所を利用させる事業を行う施設の設備及び運営について」を改正すること、違法建築物(いわゆる「脱法ハウス」等。筆者注)を利用している保護世帯に対する転居支援、要支援高齢者に対する養護老人ホームの活用、2015年度中に全国的な調査を行うことなどである。

　課長会議に続く2015年3月10日生活保護関係全国係長会議において、上記通知の改正案が示されている。改正案によれば、①無料低額宿泊所(以下「無低」)の届出をしていなくても「生計困難者を募集し、又は勧誘を行っている場合には当該目的(宿泊所等を利用させる目的。筆者注)があるものと判断」する、②無低及び未届施設について定期的に社会福祉法70条に基づく調査を行う、③社会福祉法72条3項に関し、不当な営利又は不当な行為を具体的に示した。すなわち、居室及び居室以外サービスの強要、あいまいな目的による金銭の支払いがあること等である。また改正される指針案の設備基準では、居室は原則個室とし面積が7.43㎡以上、相部屋の場合の居室面積が4.95㎡以上とする(現行は3.3㎡以上)、居室の採光、間仕切りは建築基準法の防火規定を満たすこと(現行は規定なし)等である。
34 社援保0513第1号平成27年5月13日保護課長通知「住宅扶助の認定にかかる留意事項について」
35 社援発0414第7号平成27年4月14日社会・援護局長通知『「社会福祉法第2条第3項に規定する生計困難者のために無料又は低額な料金で宿泊者を利用させる事業を行う施設の設備及び運営について」の一部改正について』
36 2015年5月18日川崎市の簡易宿所(いわゆるドヤ)2棟が火災となり、滞在者74名中死者10名、重軽傷者19名が出る惨事となった。74名中70名が生活保護利用者であった。これら簡易宿所は1泊2000円程度で滞在できるが、部屋の壁は薄い壁で仕切られた2～3畳の広さという狭小劣悪な宿所である。待機者が多くて特養ホームに入れない高齢単身者や、アパートの保証人が得られない非正規労働者など、行き場のない貧困層の宿所となっており、長期滞在者も多い。いわば住まいの貧困が浮き彫りになった形である。川崎市はアパートへの転居支援を進めていたが、まともな住まいへの転居とその後の孤立しないための支援や、福祉施設への入所などを早急に強める必要があろう(2015年5月18日、同年6月2日『朝日新聞』など)。
37 賃借人側の個別的な状況の変動は減額請求の際に重要視されないことから、被保護者が賃料減額事由として住宅扶助の支給基準が切り下げられたことを主張しても、ただちに認められるものではない。東京地裁平成25年10月9日判決『判例時報』2232号、東京高裁平成15年2月13日判決『判例タイムズ』1127号等。
38 社援発0414第9号平成27年4月14日社会・援護局長通知「生活保護法に基づき厚生労働大臣が別に定める住宅扶助(家賃・間代等)の限度額の設定について」
39 今回の住宅扶助や冬季加算の減額についての対抗法は、生活保護問題対策全国会議のブログ参照。seikatuhogotaisaku.blog.fc2.com/2015年6月5日閲覧
40 社援発0514第1号平成27年5月14日保護課長通知『「生活保護法による保護の実施要領の取扱いについて」の一部改正について』

第3章

生活保護法の改正
〜「水際作戦」強化、扶養の復古的強化、ワークファースト、不正受給対策の厳格化などによる、最後のセーフティネットの弱体化〜

　第183回通常国会に提出されていた生活保護法改正案は、2013（平成25）年6月いったん廃案となったが、第185回臨時国会において、同年12月可決成立した。今般の改正は、1950（昭和25）年に現行生活保護法が施行されて以来、初めての本格的な改正であった。法案は申請の要式行為化（申請書類や必要書類を提出しなければ保護の申請とみなさない）であり「水際作戦」[1]の法定化として批判された。また扶養の強化は保護申請を委縮させ、障害者の自立を阻害する危惧があった。本章では、改正法の問題点を検討するとともに、国会や省令などをめぐる取組みを活かして、これらの懸念を食い止め、生活保護制度を最後のセーフティネットとして機能させる方策を示す。

第1節　法案の主な改正点

1　法案段階で急浮上した「保護の決定に係る手続の整備」、すなわち「水際作戦」の法制化

　生活保護法の当初の改正点は、社会保障制度改革推進法附則2条に規定された不正受給への厳格な対処、生活扶助や医療扶助などの給付水準の適正化、就労支援の強化、特に就労が困難でない者への厳格な対処などを中心とするものであった。

　ところが、具体化された生活保護法改正案には、上述の項目に加え、改正案を

検討してきた社会保障審議会「生活困窮者の生活支援の在り方に関する特別部会」ではまったく検討の俎上にものぼらなかった、保護申請手続きの厳格化などが盛り込まれ、より一層保護抑制的な法案の性格が露骨となっていた。

第2節　申請権侵害（改正法24条）

1　「水際作戦」の法定化

(1)　改正内容

　保護の申請には、①申請書（要保護者の氏名・住所、保護を受ける理由、資産・収入の状況〔就労・求職・扶養の状況〕）に加え、②申請書には保護の要否、種類、程度および方法を決定するための書類の添付が必要と規定した（**図表3-1**）。

図表3-1　生活保護法改正法（申請関係。当初提案分）

> 第二四条　保護の開始の申請は、第七条に規定する者が、厚生労働省令で定めるところにより、次に掲げる事項を記載した申請書を保護の実施機関に提出してしなければならない。
> 　一　要保護者の氏名及び住所又は居所
> 　二　申請者が要保護者と異なるときは、申請者の氏名及び住所又は居所並びに要保護者との関係
> 　三　保護を受けようとする理由
> 　四　要保護者の資産及び収入の状況（生業若しくは就労又は求職活動の状況、扶養義務者の扶養の状況及び他の法律に定める扶助の状況を含む。以下同じ。）
> 　五　その他要保護者の保護の要否、種類、程度及び方法を決定するために必要な事項として厚生労働省令で定める事項
> 　2　前項の申請書には、要保護者の保護の要否、種類、程度及び方法を決定するために必要な書類として厚生労働省令で定める書類を添付しなければならない。

(2)　問題点

A　これまでの運用の180度の転換

　改正法案24条1項では、これまで判例上も確立し[2]、国も認めてきた口頭での保護申請（「別冊問答集」問9-1）が否定され、申請書による申請しか認められなくなる（申請の要式行為化）。保護の申請を「入口」で食い止める「水際作戦」による悲劇[3]が後を絶たなかったことから、厚生労働省は、繰り返し保護申請権の尊重を強調し、事務次官通知により、「保護の相談に当たっては、相談者の申請権を侵害しないことはもとより、申請権を侵害していると疑われるような行為も厳に慎むこと」として（次官通知第9）、現場に警鐘を鳴らしてきた[4]。この見地からすれば、本法案はこれまでの解釈や運用を否定するものである。

　また、厚生労働省が一貫して、「相談・申請をするにあたっては、必要な書類は特別ありません」、「生活保護の申請をした後の調査において、世帯の収入・資

産等の状況がわかる資料（通帳の写しや給与明細等）を提出していただくことがあります」[5]と明言しているように、保護の要否や程度決定に必要な書類は、申請後の提出でもまったくかまわない。ところが現場では、預金通帳、給与明細、診断書、保険証、賃貸借契約書など、これらの書類を持参しなければ申請として認めないといった違法な運用が常態化していたが、改正法案24条2項によれば、これらの違法行為が追認、明文化され、法制化されることになる。このように、改正法案24条は、これまでの政府解釈を180度転換するものであった。

B　生活保護法施行規則2条の法律への格上げ

　政府は、国会答弁などにより、口頭申請なども含めこれまでの通知はそのままとし、運用はいままでどおりと変わらないと繰り返し説明している[6]。また、現行運用と変わらない旨の政省令を発してその趣旨を明確にするという。しかし、現行運用と変わらないならわざわざ法律化する必要もないし、政省令も不要のはずだ[7]。なぜ、この法案が入ったのか。厚生労働省は内閣法制局からのアドバイスという。すなわち、法制局が、28条、29条により調査権限を強化するなら、調査等の対象となる事項については、まずは申請者から求めることが法律上首尾一貫したものになると指摘したところ、厚生労働省も、保護の決定のために必要な事項については、現在の厚生労働省令でも規定されているところでもあり、特段の異論はなく、結局、24条1項、2項として規定することになったという[8]。

　しかし、厚生労働省が、この条項が審議会ではまったく問題にもなっていないことや、これが法律化され提案されれば、いわゆる「水際作戦」の法定化として、これまでそれを戒めてきた厚生労働省の方針にも反すること、したがって野党の反発にあうことは必至であるなどを考慮しないことは考えられない。まして、法制局はアドバイスしたとはいえ、この24条1項、2項は、法制局長官自身が「実は、このような規定がなければ論理的には誤りというものではございません」と明言している条項なのだ[9]。この条項がなくても、法案の趣旨は十分いかされていたのである。にもかかわらず、条文化されたのは、厚生労働省の積極的意思があるとしか考えられない。すなわち、現在、保護の申請、変更には書面を要するとしている施行規則2条[10]の格上げ・法律化である。

C　申請者の挙証責任強化

　これまで保護の申請権は、生活保護法7条の申請保護の内容として位置付けられてきた。また、同条の解釈として、口頭の申請が認容され、施行規則2条にもかかわらず、申請書以外の書類を要求することによる保護申請権の侵害を疑われ

るような行為を厳に戒めてきた。そうして、改正前の24条は、もともと、実施機関、すなわち福祉事務所が、申請を受けて行う調査、決定、通知義務を迅速に行うことを定めた規定である。法案24条は、これまでの実施機関の調査義務を軽減し、反対に申請者の挙証負担を強化して、保護の決定などが遅れたり、書類不十分を理由に却下となった場合の責任がすべて申請者に押し付けられることになりかねないものであった。これでは、生活保護法7条の解釈として長年是認されてきた、迅速な保護や困窮者を積極的に発見する対応[11]がないがしろにされるおそれがあった。

D 「水際作戦」法制化の危惧〜「書類」を持ってこなければ申請として認められない〜

改正法によれば、福祉事務所は保護申請者に対して、「まず、法律にあるように、必要書類を持ってきてください。話はそれからです」という対応となり、書類が揃うまで申請を認めない傾向が強まるだろう。これまで数知れず繰り返されてきた「水際作戦」による悲劇の再発、多発が懸念された。

2 修正案について

(1) 修正案の成立と参議院での廃案

前項で述べたような改正法案24条の問題の大きさや、世論の反発から、衆議院で4党(自民党、公明党、民主党、みんなの党)による**図表3-2**の修正案が成立し、参議院に送付された。いったん廃案となったが、前述のように、そのまま2013年12月成立に至った。

図表3-2 生活保護法改正案についての修正案（申請関係。下線部が修正部分。このまま成立）

第二四条　保護の開始を申請する者は、厚生労働省令で定めるところにより、次に掲げる事項を記載した申請書を保護の実施機関に提出<u>し</u>なければならない。<u>ただし、申請書を作成することができない特別の事情があるときは、この限りではない。</u> 2　前項の申請書には、要保護者の保護の要否、種類、程度及び方法を決定するために必要な書類として厚生労働省令で定める書類を添付しなければならない。<u>ただし、書類を提出することができない特別の事情があるときは、この限りではない。</u>

(2) 修正案の解釈

提案者は、「<u>申請する者は</u>（中略）申請書を（中略）<u>提出しなければならない</u>」として、申請行為＝申請書の提出であったものを切り離し、時間的にズレがあってもよいという解釈を可能とし、口頭での申請を現行どおり認めるものであると説明した[12]。また24条2項の改正についても、必要書類の提出について、本人に

よって可能な範囲であればよいことを明確にしたと説明しており、政府もこれを認め、時期も申請書提出から保護決定までの間でよいとしている[13]。政府は、2項但書きは、「隠匿などの意図もなく書類を紛失したり、あるいは必要書類を本人が所持していない場合なども、書類を添付できない特別な事情に当たるものと理解をしております」と答弁している[14]。

(3) 修正案の評価

修正案が、口頭での申請や提出書類について現行の扱いを認めたことは、その答弁どおり現場で実践されれば、当初案と比べて1歩前進と評価できよう。そして、前述のように本修正案はそのまま臨時国会で再提案され可決成立した。よって、改正後は、国会での修正案提案者の趣旨説明や政府答弁に従って、現場での運用や市民への対応がなされなければならないことはいうまでもない。

3 省令（施行規則）案での政府答弁からの後退にパブリックコメントで異論続出

国会審議や附帯決議（章末参照）の趣旨をふまえて施行規則が制定されるかと思いきや、2014年2月に示された、改正法を具体化する省令案[15]は、こうした答弁に反するものであった。すなわち、「保護の開始の申請等は、申請書を（中略）保護の実施機関に提出して行うものとする」とされ、当初案に戻っていた。これでは申請は書面で行わなければならなくなる。また、口頭申請を認める24条1項但書きについても、「ただし、身体上の障害があるために当該申請書に必要な事項を記載できない場合その他保護の実施機関が当該申請書を作成することができない特別の事情があると認める場合は、この限りではないこととする」とされ、口頭申請が認められる場合が身体障害などの場合に限定されるように読める内容となっていた。本来、口頭申請は申請意思が確定的に表示されれば認められるものであるにもかかわらず、省令案は、申請書を物理的に書けるかどうかの問題にすり替えられていた。

このような省令案に対しては、市民からの異論が続出した。国会での政府答弁、改正法成立時の附帯決議などに基づき、省令案の抜本的修正、撤回を求める1166件という多数のパブリックコメント（以下「パブコメ」）が寄せられ、結局これらの意見に沿う形で2014年3月18日に修正のうえ、公布された。案とはいえ、いったん公表された省令案が大幅に修正されたのは異例のことである。また、これまでのパブコメに対する意見数では、例えば2009年度ではパブコメを募集した765項目中、500件以上の意見が寄せられたのは10項目にとどまっており、いかに本省令案に対する市民の怒りや関心が強かったかがわかる[16]。今回の省令案

の修正は、実務に影響する省令レベルで国会答弁などを骨抜きにしようとした、国の姑息なやり方が通用しなかった点でも大きな意義がある。国は猛省すべきである。

4 修正された省令（施行規則）[17]

申請手続について最終的には以下のように修正された。すなわち、「申請等は、申請者の居住地又は現在地の実施機関に対して行う」とされ、申請の要式行為化を排除し、法律上当然の内容に修正された。

また、省令案は、口頭による申請が認められる場合を、身体障害で字が書けない場合などに限定する内容であったが、省令では、この部分がすべて削除された。

さらに、改正法24条2項本文は、「申請書には、厚生労働省令で定める書類を添付しなければならない」と規定しており、これが「水際作戦」を法制化するものであるとの強い批判を浴びた。しかし、今回、厚生労働省は、「改正法第24条2項に基づく厚生労働省令で定める書類として規定するものがないため、改正法第24条第2項に関する規定については、省令に規定しない」としている[18]。すなわち、「厚生労働省令で定める書類」という法律の文言に関する省令の定めがない以上、改正法24条2項は何も定めていないに等しい「空文」となったのであり、「水際作戦」の法的根拠とはなりえないこととなった。これまでの運動の貴重な成果といえよう。

5 保護の申請の扱いは現行どおりであり変更はないという答弁どおりの運用を

以上のように、今般の改正は、放置すれば、現在でも根強い水際作戦が強まるおそれが十分あるものであったが、国会内外の取組みやパブリックコメントなどによって、前向きの国会答弁や付帯決議、それらを具体化した省令などによってかなりの歯止めがかかったといえる。また、本書第5章で詳述するが、保護申請権をめぐるこの間の判例や大臣裁決でも、要保護者と思われる市民に対しては、行政のほうから積極的に申請意思の確認を行い、保護に結びつけるべきであるという判断が相次いでいる。こうした成果を手がかりに、これまで以上の申請権を尊重した運用が求められる。

第3節　扶養の復古的強化（改正法24条8項、28条2項、29条）

1　改正内容

　福祉事務所は、現在一般的に行われている保護申請時の扶養照会に加えて、扶養義務者が扶養義務を履行していないと認められる場合、保護の開始の決定をしようとするときは、厚生労働省令で定めるところにより、あらかじめ、その扶養義務者に対して厚生労働省令で定める事項を通知しなければならない（改正法24条8項）とする。また、福祉事務所は、要保護者の扶養義務者その他の同居の親族などに対して報告を求めることができるとし（改正法28条2項）、さらに、現在の扶養義務者はもとより過去保護を利用していた者の扶養義務者も含めて、官公署などに対し、必要な書類、資料の提出を求め、雇主その他の関係人に、報告を求めることができるとして、官公署の回答義務を規定した（改正法29条1項、2項）。

図表3-3　生活保護法改正法（扶養関係）

> 第二四条8　保護の実施機関は、知れたる扶養義務者が民法の規定による扶養義務を履行していないと認められる場合において、保護の開始の決定をしようとするときは、厚生労働省令で定めるところにより、あらかじめ、当該扶養義務者に対して書面をもって厚生労働省令で定める事項を通知しなければならない。ただし、あらかじめ通知することが適当でない場合として厚生労働省令で定める場合は、この限りでない。
>
> 第二八条2　保護の実施機関は、保護の決定若しくは実施又は第七七条若しくは第七八条の規定の施行のため必要があると認めるときは、保護の開始又は変更の申請書及びその添付書類の内容を調査するために、厚生労働省令で定めるところにより、要保護者の扶養義務者若しくはその他の同居の親族（略）に対して、報告を求めることができる。
>
> 第二九条　保護の実施機関及び福祉事務所長は、保護の決定若しくは実施又は第七七条若しくは第七八条の規定の施行のために必要があると認めるときは、次の各号に定める事項につき、官公署、日本年金機構若しくは（略）共済組合等（略）に対し、必要な書類の閲覧若しくは資料の提供を求め、又は銀行、信託会社、次の各号に掲げる者の雇い主その他の関係人に報告を求めることができる。
> 一　要保護者又は被保護者であった者　（略）
> 二　前号に掲げる者の扶養義務者　氏名及び住所又は居所、資産及び収入の状況その他政令で定める事項（略）
> 2　別表第一の上欄に掲げる官公署の長、日本年金機構又は共済組合等は、それぞれ同表の下欄に掲げる情報につき、保護の実施機関又は福祉事務所長から前項の規定による求めがあったときは、速やかに、当該情報を記載し、若しくは記録した書類を閲覧させ、又は資料の提供を行うものとする。

2　問題点

（1）　これまでの国の運用と逆の流れ～扶養を理由とした水際作戦を助長するもの～

　扶養が保護の開始要件ではなく、保護開始後の保護の程度の問題（仮に仕送り

があればその額だけ保護費が減額される）であることは国も認めるところである[19]。ところが現場では、いかにも扶養が保護の要件であるかのように説明して保護の申請を受け付けないことによるトラブルが頻発し、保護が適用されないことによる餓死者などが発生したことから、厚生労働省は、「『扶養義務者と相談してからではないと申請を受け付けない』などの対応は申請権の侵害に当たるおそれがある。また、相談者に対して扶養が保護の要件であるかのごとく説明を行い、その結果、保護の申請を諦めさせるようなことがあれば、これも申請権の侵害にあたるおそれがあるので留意されたい」との課長通知をわざわざ発出して、現場に警鐘を鳴らしてきた[20]。しかし、今般の改正は、これまでの厚生労働省の解釈とはまったく反対の流れといわざるをえず、扶養を復古的に強化するものでる。

現場では、「親族らの扶養が得られないか、同居できないかなど確認してから再度福祉事務所に来てください」というような対応で、保護を求めてきた市民を追い帰す例が後を絶たない。例えば、最近テレビ放映されたある関西の大都市の例では[21]、病気で働けない母子家庭の世帯主が、福祉事務所に生活保護の申請に行ったところ、扶養義務を理由に、病身の「75歳の父を連れて来ない限り面談しない」と4回も申請を拒否されている。このケースは、上記課長通知に照らしても保護申請権侵害であることは明らかであるが、国のマニュアルによっても、「概ね70歳以上の高齢者」には扶養は期待できない扱いとされており[22]、そもそも扶養義務を求める必要がないケースであった。このケースは、弁護士同行により保護申請となったが、本ケースにおける扶養の扱いについて福祉事務所の担当者は「ケースバイケース」と答えており、自らの非を認めていない。

そのほか、虐待により母と離婚し、35年間音信不通であった父への扶養を求められた子や、その子（孫。父母が離婚後に出生しており父はその存在を知らない）への扶養照会など、機械的に扶養可能かどうかを問い合せする現場の運用が後を絶たない[23]。

（2）「扶養義務を履行していない者」とは？（改正法24条8項）

改正法24条8項にある「扶養義務を履行していないと認められる場合」について、田村厚生労働大臣（当時）は、家事審判等で裁判でも扶養が認められる場合を想定しているとし[24]、村木社会・援護局長（当時）も、「家庭裁判所を活用した費用徴収等々の対象になるような、特に限られた方に対して行うということを考えているところでございます。ですから、一般の扶養照会よりももっと限定をされたもの」と答弁している[25]。すなわち、生活保護法77条の対象になるような扶養義務者に限定するという趣旨の回答である。しかし、77条は現場ではほとん

ど使われていないからといって、今後もそうであるという保証はない。

　本来、生活保護法77条における扶養義務の範囲は、「生活保持の義務であるか、生活扶助の義務であるかということと、扶養義務者に実際上どの程度の扶養能力があるかによって定められる。即ち、扶養権利者たる被保護者の扶養義務者に対する身分上の関係及び生活上の需要と扶養義務者の身分資力とによって具体的に定められる」とされているのであって[26]、これを見るかぎりでは、通知する範囲がごくまれなケースだけに限られる保障はどこにもない。その範囲をどのように定めるかは、関係する政省令と今後の運用次第といえる。この点では、厚生労働省は国会に先立つ全国課長会議で、「家庭裁判所に対する調停等の申立て手続の積極的活用を図るため、扶養請求調停手続の流れ等を示したマニュアルや具体的な扶養調停手続のモデルケースを示す」としており[27]、現在ほとんど使われていない77条による費用徴収を積極的に活用する姿勢が示されている。この流れが具体化していけば、「扶養義務を履行していない者」の範囲が拡大するおそれは十分にある。そうして、改正法ではそのような扶養義務者には、通知することが原則となっており、しないのは例外という扱いであるから、実施機関による通知が義務化されるおそれがある。

（3）　生活保護法77条、78条により必要があるときは報告を求める（改正法28条2項）
　生活保護法77条に関連して報告を求める場合とは、改正法24条8項と同様、77条の適用の蓋然性が高い場合に限定する趣旨の答弁がなされている[28]。
　しかし、生活保護法78条で必要があるときも扶養義務者に報告を求めるとあるが、これはどのような場合なのか。要保護者が申請に際して、扶養義務者と結託して、不実の申請などを行い、不正受給をするような場合を想定しているのであろうか。あるいは、扶養義務の照会に関して、虚偽の回答をするような場合を想定しているのだろうか。後述のように不正受給そのものの規模は金額ベースで0.5％程度である。このようなレベルの不正受給のうち、扶養義務者も関係するようなケースがどれほどあるのだろうか。明らかに行き過ぎである。

（4）　扶養の強化は障害者の地域での自立生活を後退させ、子どもの自立を阻害する
　扶養の強調は、障害者が地域で自立した生活を阻害する結果を生むことになる。障害基礎年金が1級でも月額8万1258円（2015年度）のもとでは、単身の障害者が地域で生活するには、生活保護で生活費を補足することが不可欠である。扶養が強化されれば、福祉事務所の対応は、「わざわざ生活保護を受けて、地域で生活しなくても、親御さんと実家で暮らしたらいいのではないか」、「施設での

生活が安心、安全ではないか」などの「理由」によって、ノーマライゼーションとして当然に認められる、障害者が地域で生きる権利が後退させられるおそれが十分にある。

　また、生活保護家庭の子どもが就職し、世帯から出て自立しようとしても、親が保護を利用している以上、いつまでも扶養義務の履行を迫られる。生活保護家庭の子どもは自分の意志でその家庭を選んだわけはない。親にしても、せっかく自立しようとしている子どもに扶養を頼まねばならないとしたら、自分が子どもを苦しめる存在になっていると感じてしまうだろう。子どもが親を恨むことにもなりかねず、家族間の不和のきっかけにもなる。扶養の強化は、結局は家族の分解を促すことにつながる[29]。

3　省令（施行規則）案での政府答弁からの後退

　扶養に関しても、申請と同様に、示された省令案は、原則として扶養義務者へ通知し、「保護の実施機関が、当該扶養義務者に対して法第77条第1項の規定による費用の徴収を行う蓋然性が高くないと認めた場合」は例外的に通知しなくてよいことになっていた。国会答弁とは原則と例外が逆になっており、国会答弁を覆すといってもいい案であった。これについても申請と同様、多数のパブリックコメントが寄せられ、是正された。

4　修正された省令（施行規則）[30]

　省令では、①実施機関が扶養義務者に対して家庭裁判所の審判を利用した費用徴収を行う蓋然性が高いこと、②DV（家庭内暴力）被害を受けていないこと、③その他自立に重大な支障を及ぼすおそれがないことの、すべてを満たす場合に限って通知などを行うものと修正され、「極めて限定的な場合」に限られることが、明確にされた。

5　実施要領上の扱い

　省令の趣旨に従って、2014年4月25日付で保護の実施要領[31]が改正された（「第5扶養義務の扱い」の3）。しかし、同時に追加された課長通知では、「問5の5局長通知第5の3及び4の（1）における『明らかに扶養義務を履行することが可能と認められる扶養義務者』とはどのような者をいうか」の問いに対する答は「当該判断に当たっては、局長通知第5の2による扶養能力の調査の結果、①定期的に会っているなど交際状況が良好であること、②扶養義務者の勤務先等から当該要保護者に係る扶養手当や税法上の扶養控除を受けていること、③高額な収入を得

ているなど、資力があることが明らかであること等を総合的に勘案し、扶養義務の履行を家庭裁判所へ調停又は審判の申立てを行う蓋然性が高いと認められる者をいう」とされ、改正法24条8項に基づく通知にも、「扶養を履行していない場合」について、この課長通知と同様の記載がなされている[32]。

しかし、省令やそれとほぼ同文の実施要領第5の3と、この課長問答では、明らかに落差があり、課長通知では扶養義務の履行が可能である者の認定が緩和拡大されている。課長通知では、①交際良好、②扶養手当や税控除を受けている、③高額収入のどれかに該当していて扶養援助をしていない場合は、「扶養義務を履行していない場合」に該当するおそれがある。極端な場合は、日常生活のうえで行き来があるにもかかわらず扶養援助していない場合には、扶養義務不履行と認定されかねない。運用がどのようになされるか監視が必要である。

6　実施要領の規定を順守し、国会答弁、附帯決議などをふまえた運用を

改正法にどう対処するかという点では、扶養義務を規定する民法がまったく改正されていないことをおさえる必要がある。また民法を前提とした、生活保護法の扶養義務の範囲や程度についても一切変更はない。要は、今回の扶養に関する改正は、「扶養を履行していない」とされる認定の問題が一つの焦点であり、不履行と認定された場合の通知や報告、そのほか、実施機関の調査権限が強化されたことが主要な点である。この点をふまえて、実施機関は改正法を運用する必要がある。

また実務運用についても、実施要領は慎重な扱いを求めており、その手順を再確認する必要がある。すなわち、まず扶養の期待可能性がある扶養義務者に対して、扶養の可否・程度について照会することになるが、それまでのさまざまな経過や親子関係などから、扶養の期待可能性がないと判定された場合は、扶養照会さえする必要がない（局長通知第5の2の (1)）[33]。

実施要領は、調査すべき対象を重点的扶養義務者として、① 生活保持義務関係にある者、② ①以外の親子関係にある者のうち扶養の可能性が期待できる者、③ ①②以外の、特別事情があり扶養能力がある者をあげる（局長通知第5の2の(2)）。②③は扶養の期待可能性で判断されるわけだから、期待可能性の有無を問わず扶養の調査が求められるのは、①生活保持義務関係にある者だけである[34]。

そうすると、兄弟姉妹などは、よほどでないかぎりは照会する必要もないであろう。親子関係も同様である。結局のところ、扶養義務として調査して期待可能性があり、また効果があるのは、生活保持義務関係にある親族（夫婦相互間と未成熟子に対する親の義務）とほぼ一致するだろう。また扶養義務を要請した場合

の実際の効果もきわめて限定的である[35]。このように、実施要領を正しく読めば、兄弟姉妹などへの機械的な扶養調査などに問題があることが、自ずと明らかになる。

　いま求められるのは、扶養の範囲、程度に変更がないことを前提に、扶養義務に関する実施要領の慎重な運用を順守し、今般の改正にあたっての国会答弁や附帯決議の趣旨に沿って改正された実施要領を運用することである。

第4節　要保護者への報告の求め（改正法28条1項、5項）

　今般の改正では、ほとんど議論にならなかった**図表3-4**の改正があった。

図表3-4　生活保護法改正法（「要保護者への報告の求め」関係）

> 第二八条　保護の実施機関は、保護の決定若しくは実施又は第七十七条若しくは第七十八条（第三項を除く。次項及び次条第一項において同じ。）の規定の施行のため必要があると認めるときは、要保護者の資産及び収入の状況、健康状態その他の事項を調査するために、厚生労働省令で定めるところにより、当該要保護者に対して、報告を求め、若しくは当該職員に、当該要保護者の居住の場所に立ち入り、これらの事項を調査させ、又は当該要保護者に対して、保護の実施機関の指定する医師若しくは歯科医師の検診を受けるべき旨を命ずることができる。
> （略）
> 5　保護の実施機関は、要保護者が第一項の規定による報告をせず、若しくは虚偽の報告をし、若しくは立入調査を拒み、妨げ、若しくは忌避し、又は医師若しくは歯科医師の検診を受けるべき旨の命令に従わないときは、保護の開始若しくは変更の申請を却下し、又は保護の変更、停止若しくは廃止をすることができる。

1　改正趣旨と運用

　本条の趣旨は、これまで要保護者に対して、立入調査と検診命令以外は、保護の決定と実施に必要な事項などについて直接必要な報告を求める規定がなかったため、要保護者に直接必要な報告を求めることができることを規定し、報告をしなかった場合には、保護の申請却下や停廃止ができることにしたとされる[36]。

　具体的な運用としては、「別冊問答集」において「被保護者から正当な理由なく正確な報告がなされず、また法第29条による調査によっても状況の把握が困難な場合には、まずは、法第27条により被保護者に対して指導指示を行い、それに従がわない場合に、法第62条により弁明の機会を付与したうえ保護の変更、停止又は廃止を行うことが適当」とされ、さらに「ただし、緊急に対応することが必要な場合など個別の事案において、法第28条第5項の規定により保護の変更、停止又は廃止を行うことを否定するものではない」としている[37]。

2 問題点

　改正前は、理由なく収入申告を行わない被保護者に対しては、「収入申告の口頭指示→文書指示→指示違反であれば弁明の機会を供与したうえで変更、停廃止」という手続きが必須であった。しかし、改正法の解釈指針では生活保護法27条による指導指示を行うことを求めてはいるが、緊急の場合には必ずしも必要とされていない。検診命令に従わないときと同様、文書指示などの手続きを経ずにいきなり処分ができることになった。福祉事務所の権限が強化されたといえる。法律が改正されたとはいえ、指導指示における手続きを順守し、保護利用者の権利を守る運用が求められる。改正後の運用について注視する必要がある。

第5節　調査権限の拡大（改正法29条1項）と官公署等の回答義務（29条2項）

　生活保護法29条による調査範囲の拡大も問題だ。現行法29条の調査範囲では、「保護の決定または実施に必要があるときは、要保護者又はその扶養義務者の資産及び収入の状況」について銀行その他の関係人に報告を求めることができるとされている。しかし、改正法では、77条、78条の実施に必要な場合にも拡大し、調査対象者も、「要保護者又は被保護者であった者」と過去に保護を利用したものを加えるとともに、その扶養義務者、すなわち過去の保護利用者の扶養義務者にまで拡張している。これでは、いったん保護を利用すれば、扶養義務者も含めて未来永劫いつまでも調査される可能性が続く。調査内容が、収入、資産などプライバシーに関するものであることを考えると、調査対象は必要最小限に限られるべきであり、過去の利用者はもとよりその扶養義務者まで無限定に調査対象にするのは明らかに行き過ぎである[38]。

　また、官公署の回答義務も、不正受給の規模からして均衡を失するほど膨大な官公署があげられている。改正法別表1によれば、14所管官公署、45情報にのぼり、加えて「その他政令で定める者」が所管する「その他政令で定める事項に関する情報」という一般的補完条項がある。新たに政令を発すれば無限に情報を得ることができる。調査対象者同様、これも行き過ぎであろう。

第6節　稼働年齢層に対するワークファースト（まず就労ありき）的指導強化

1　改正内容

　法案では、第8章を新設し、就労自立給付金の項を設けた（改正法54条の4、5）。
　しかし、現実の就労指導の強化は、すでに2013年5月15日付の社会・援護局長通知（「就労可能な被保護者の就労・自立支援の基本方針について」）により一部具体化されている。主な項目は以下のとおりである。

○保護開始時点で6カ月を目途に、集中的就労支援を行い保護からの脱却をめざす。
○その対象者は、就労による自立に向け支援が効果的な者である。
○すべての対象者と、本人の同意を得て、自立活動確認書を締結する（確認書には、仕事の例として、清掃・調理・整備・工場があげられている）。
○保護からの脱却困難な場合、低額（例えば月収5万円）であってもいったん就労することが基本である。
○稼働能力活用に問題ある場合は、法27条による指導指示の対象となる。
○保護脱却可能な者に対しては、就労活動促進費（月5000円）を支給する。
○保護脱却時の社会保険料等の負担等一時的な生活レベルの低下を防止するため、就労自立給付金（仮想積立）を創設する（改正法第8章、55条の4～5）。

※なお、2015年度から、改正法55条の6の被保護者就労支援事業が施行された。また、被保護者就労準備支援事業なども同時に実施される。これらの検討は、本書第4章第2節3を参照されたい。

2　問題点～「ムチ」による保護からの追い出しになるおそれ～

（1）「鉄は熱いうちに打て」論は根拠があるか？～低額でも就労せよ！～
　A　期限を区切れば就労は保障されるか
　保護開始後6カ月という期限を設定した理由を、前記課長会議資料は「生活保護の受給に至った者が、就職できないという状況が長く続くと、自立が困難になってくる傾向がある」と述べている。しかし、保護期間の長期化の理由は、稼働

年齢層で特に病気などがない人では、低賃金・不安定雇用のため、保護基準以上の安定した収入の確保が困難な方が多いからである。また、保護利用条件の厳しさ（貯金は認められず、自動車保有も原則不可、大学生なら資格なし）のため、保護申請者は、保護開始段階ではいわば「丸裸」状態になっており、精神的にも肉体的にも疲弊している。このような人に、「6カ月」と期限を区切って就労指導しても、はじかれた雇用市場に単純に押し戻すだけであって、仮に就労できても、仕事が続かなかったり、収入が低かったりして、再度生活保護の門をたたくことになりかねず、とても効果のある方針とは思えない。

B　稼働能力活用要件の見直しが先

　それよりも、利用者や申請者の「稼働能力を活用する意思」を「真摯に求職活動を行ったかどうか」で評価する現行の稼働能力活用判定基準（社会・援護局長通知、第4の3）を早急に改めるべきである（本書第6章第5節実施要領改正案参照）。

　稼働の判定に関して、「真摯な意思」判定に偏重した現在の実務運用の欠陥についてはすでに司法の場では決着はついているといってよい。重要なことは、非正規雇用など不安定雇用が常態化するもとで、自己責任に偏した実施要領や就労指導の改善であって、けっして期限を区切って、要保護者を就労へ駆り立てることではない。

C　求められる支援

　求められる支援は、保護利用者の健康状態や精神状態の回復はもとより、職歴、学歴、資格の有無、家族関係、これからの希望（職種含む）を正確に把握し（アセスメント）、将来の希望を尊重した、本人同意のもとでの、ステップバイステップによる、関係機関との連携による寄り添い型の支援である。これらの支援が有効なことは、釧路をはじめ、各地で国が推進している自立支援プログラムによって立証されている。今回の「保護開始直後からの集中した就労支援」は、これまでの国の方針とも明らかに矛盾する「期限を切った保護からの追い出し」となる危険性のある政策といえよう。

（2）　自立活動確認書の締結（2013年7月までに全対象者と締結すべきとされていた）

　本節1の局長通知によれば、福祉事務所が「就労可能と判断する被保護者」であって、「就労による自立に向け、本支援が効果的と思われる者」と、本人の同意を得て、自立活動確認書を締結し、原則6カ月以内の一定期間を活動期間と定め、福祉事務所は集中的な就労支援を行うという。就労していない人は、毎月、

求職活動・収入申告書を提出しなければならない。そのうえ、清掃、調理（補助含む）、整備、工場・倉庫作業が、自立活動確認書に国が示した職種例として示されているように、職種を問わず、このような仕事も含め求職活動を行うように福祉事務所が指導することになる。また、直ちに保護脱却が困難な場合には、「月5万円程度の収入でもまずは就労」[39]という考え方が示されているように、低額であってもいったん就労することを求めており、低賃金でもともかく働けという指導が強化されるおそれが強い。

（3）稼働能力の活用に問題ある場合は、27条による指導指示対象となる
　さらに、これらの指導を3カ月程度継続しても、なお、正当な理由もなくこれに従わない場合には、27条に基づく文書による指導指示を行うこととされており、最終的には、保護の停廃止について検討することとされている。

（4）「アメ」は効果があるか
A　就労活動促進費（2013年8月実施）
　積極的に就労活動に取り組んでいる保護利用者に対して就労活動促進費（月5000円、原則6カ月）を支給するとしているが、その対象は「保護脱却可能な者」とされており、現下の非正規労働が拡大する雇用状況のもとで、対象者がどれほどいるのか疑問である。

B　勤労控除の「改善」（同上）
　勤労控除（①勤労に伴う必要経費の補てんと②就労インセンティヴを目的として就労収入から一定額を控除する制度。従来①が70％、②が30％とされてきた。改正前は収入額月8000円までは全額控除。最大は収入24万円以上の場合で3万3190円）は、全額控除となる水準や控除率を見直すとしている（全額控除8000円を1万5000円へ引き上げ、控除率の低減率の廃止〔控除率一律10％〕）。しかし、この措置で就労インセンティヴにどれほど効果があるかも疑問だ。1級地の1（東京など大都市部）でみると、就労収入10万円の場合、改正前では、控除額2万3220円→改正後2万3600円と380円の増、同じく収入15万円の場合、2万6660円→2万8400円と1740円の増、同じく収入20万円の場合、3万380円→3万3600円と3220円の増にとどまっており、特別控除（収入の10％）の廃止[40]と抱き合わせて考慮するとむしろ全体の控除額が減額される場合も発生する。

C 就労自立給付金（就労収入積立制度）（改正法55条の4〜5）

生活保護廃止直後は国民健康保険（国保）料などの減免されていたものが一挙にかかってくるため、生活自体は保護受給中に比して苦しくなる。本給付金がそうした問題点を緩和する意味があることは確かだろう。

具体的な条件は、まず「安定した職業（おおむね6月以上雇用されることが見込まれ、かつ、最低限度の生活を維持するために必要な収入を得ることができると認められるもの）に就いたこと」とされている。最低生活費以上の収入が得られる安定した職に就かねばならない。支給金額は、保護を要しなくなった月の前月から原則6カ月とし、各月の就労収入認定額に、12%から30%をかけた額と、単身世帯10万円、複数世帯15万円を比較し低い額とする[41]。

この給付金自体は保護から脱却時のニーズに対応するものといえる。しかし、特別控除の廃止などの現に就労しているときのインセンティヴを弱体化させておいて、保護から抜け出すという将来のメリットの強調がどこまで効果的かは疑問がある。また、最低生活費以上の収入が安定的に6カ月継続する仕事に就くまでの支援の充実抜きに（実はそれが大変である）、本給付金だけで保護から脱却できるインセンティヴとして効果的とは思えない。

（5） 小　括〜生活保護だけ厳しくしても、問題は解決しない〜

「稼働年齢層の人々が生活保護を頼りにせざるを得ないのは、（中略）労働市場の激変の下で、第1、第2のセーフティネットがあまりにも弱いからである。そうした根本的問題を横に置いて、生活保護のみを変えても、問題は解決しないことは冷静に見ればすぐにわかること」[42]である。今回示された就労指導強化の方針は、結果的には、稼働年齢層を保護から追い出し、低賃金労働者を政策的に創出することにつながりかねない危険な政策であるといわざるをえない。

第7節　不正受給対策の強化（改正法78条1項、78条の2、1項、85条）

1　改正内容

改正前の不正受給の罰則は、3年以下の懲役、罰金30万円であるが、罰金を100万円に引き上げるとともに（改正法85条2項）、徴収金に対して加算金40%を上乗せ可能とする（改正法78条1項）。厳罰化である。さらに、不正受給に関する徴収金を保護費と相殺可能とする（改正法78条の2、1項）。

2　問題点～不正受給の過大評価～

　もともと不正受給は、生活保護法78条に、「不実の申請その他不正な手段により保護を受け、又は他人をして受けさせた者」とあるように、積極的な不正行為を要し、一般的には「不正の意図」が必要である（そこが63条による返還金との分かれ目ともいわれる）。

　第1に、不正受給の規模を冷静に見ておく必要がある。2013年度不正受給金額は約187億円だが、生活保護費総額約3兆7000億円の0.5％にとどまっている。反対に生活保護費の99.5％は適正に執行されているといえる。また、不正受給件数は約4万3000件だが、保護利用世帯数160万世帯の2.7％である[43]。

　第2に、その内容も吟味しておくべきである。確かに、ごく一部に悪質者が存在することは否定できないが、「巨悪に弱い行政」（2006年から2007年にかけて、滝川市で、暴力団組員による医療移送費の詐取が2億3900万円に達した例）がもたらしたもの、ケースワーカーの過重負担や経験年数不足のため不正が容易に発見できたのに発見されなかった例、また、ケースワーカーの説明不足に起因するもの、さらには、高校生のアルバイト収入等高校生の生活実態と世帯単位原則の矛盾等を要因とするものなどが含まれており、すべてが78条による不正受給というわけではない。

　第3に、徴収金と保護費の相殺について、改正法では、「保護の実施機関が<u>当該被保護者の生活の維持に支障がないと認めたとき</u>」（下線筆者）は相殺できると規定している。また、具体的に保護金品と調整する金額は、単身世帯は5000円程度、複数世帯は1万円程度を上限とし、さらに加算相当額、就労世帯の場合は基礎控除相当額を加えた額とされている[44]。

　しかし、被保護者である以上は最低生活を保障される権利を有することは当然であるし、「生活の維持に支障がない」生活水準を認めることは、最低生活にダブルスタンダードを持ち込むことになり、ひいては、63条による返還金などにも流用されるおそれもある。仮に徴収する場合であっても、ケースワーカーと保護利用者では、ケースワーカーが力関係で圧倒的に優位にあることを自覚したうえで、最低生活を営む権利があり、同意不同意の自由があることを十分に説明して、本人の任意かつ真摯な同意が前提となる。そうでなければ、最低生活を割ることを前提とした相殺は許されない（本書第8章第2節参照）。

　むしろ、これまで不正受給報道（マスコミの生活保護に関する報道は「A市の不正受給額が過去最高」などの不正受給報道が多くを占める。2012年のお笑い芸人がバッシングにあったときも「不正受給」と報道されたが、法に照らせばまったくそうではない）に過剰に影響され、結果として国も注意しているような、要保護者に対し

て必要な保護が行き届かないおそれの方が懸念される。また、不正受給の摘発を強調しすぎることは、ケースワーカーの利用者に対する見方が、信頼ではなく、疑いをもって見がちになることにつながるだろう。

第8節　医療扶助の「適正化」（改正法34条3項、49条の2以下）

1　改正内容

後発医薬品（ジェネリック）の使用を促進し、事実上の義務化をはかる（改正法34条3項）。また、指定取消し、更新制の導入などの指定医療機関制度の見直し（改正法49条の2以下）などである。

2　問題点

(1)　ジェネリックの原則義務化

ジェネリックは、過去にいったん義務化通知が発せられたが、撤回された後に、再度事実上の義務化通知が出され、それが今回さらに強化されたという経過をたどっている。

A　2008年に撤回されたジェネリック義務化通知

ジェネリック使用は、実は2008年にも通知[45]がいったん出されたが、撤回されている。通知では、原則として「処方医が医学的な理由があると判断した場合を除き、福祉事務所が被保護者に対して、後発医薬品を選択するように求めることができる」とし、特段の理由なく後発医薬品の使用を忌避する場合は、生活保護法27条に基づく指導指示を行い、最終的には保護の停廃止を検討する事実上の義務化に近いものであった。

さすがに国会で問題にされ、舛添厚生労働大臣（当時）は「強制的な措置ではない」[46]とし、「通知は『生活保護の人は後発品にしなさい』と受け取れる役所的文章。（後発品の使用促進は）国民全体と同じレベルでやるよう改めさせる」[47]と述べ、通知を事実上撤回した。

B　現行通知における運用[48]

ジェネリックについては、2012年に新たに発せられた通知[49]などを経て現在の通知に至っている。現行通知では、国全体で後発医薬品の普及に取り組む一環として、生活保護でも取り組むが、「生活保護受給者の便益を損なわないよう配慮しつつ」、後発医薬品のさらなる使用促進をはかるものとした。

「処方医が一般名処方を行っている場合または銘柄名処方であって後発医薬品への変更を不可としていない場合には、後発医薬品を原則として使用する」。この場合に、「先発医薬品の使用を希望する者に対しては、薬局において、先発医薬品を希望する事情等を確認した上で、先発医薬品を一旦調剤し、その先発医薬品を調剤する事情等を福祉事務所に伝達する」。福祉事務所は先発医薬品を希望する事情等を勘案し、「明らかにその理由に妥当性がないと判断される場合には、福祉事務所が行う服薬指導を含む健康管理指導の対象にする」。

しかし、当然のことながら「処方医が後発医薬品への変更を不可としている場合は、対象外」である。また「当該受給者が医学的知見に基づき医薬品の使用が必要とされていることを鑑み、この原則に反していることを理由として保護の変更、停止または廃止を行いうるものと解釈してはならない」[50]。

C　生活保護利用者だけに事実上ジェネリックを義務化してよいのか

　ジェネリックについては、「効能が同じで、安全性が担保されていれば、価格が安いものを使う方が医療費が安くて済む」ことがその使用を促進する理由である。確かにその趣旨は理解できるが、問題は「効能が同じで、安全性が担保されているかどうか」であろう。ある不安神経症の保護利用者は、「主治医から進められてジェネリックを服用したが、コーティングや大きさが異なり、体調がおかしくなった。他の薬は変えていなかったので、原因はジェネリックに変えた薬であることは明白だったので、もとに戻してもらった」という。医療関係者には、より慎重な対応を求める意見も強くある。

　また、「生活保護制度は最低限の生活保障であるから、安い薬を使って当然だ」という声が聞かれる。しかし、この意見は生活保護についてだけ劣位な扱いを持ち込むに等しいものである。「最適基準」であるべき医療扶助（命に差別があってはならないという当然の趣旨から医療扶助の給付水準は国保並みとされている。医療扶助は最低水準ながら最高水準なのである。生活保護法15条。本書第9章参照）に、ダブルスタンダードが発生することになり、保護を利用しているかどうかで医療を受ける権利に格差が発生することになる。

　しかし、Bで述べたように、現行通知はジェネリック使用を原則として義務化した。だが、ジェネリック使用によって、投薬効果の減退や副作用などがあってはならない。利用者として現実的な選択としては、主治医に不都合の内容を相談して先発医薬品の指示を依頼することになろう。また、ジェネリックによって不都合が生じる場合は、自ら希望した先発医薬品の使用は認められる。さらに前述のように先発医薬品使用によって保護に関する不利益処分はできない。

(2) 指定医療機関への管理強化

指定医療機関制度の見直しとともに、電子レセプト（診療報酬明細書）を活用した点検機能の強化が目指されている。「過剰診療」などの抽出が目的だが、生活困窮者が多数いるような地域の医療機関が「良心的に医療」を行った場合と、「悪徳病院」等の区別などに課題があるのではないか。また、医療扶助利用者だけに必要以上の管理が及ばないか、危惧が残る。

第9節　小　括～国会答弁、附帯決議、諸通知を活用した取組みの強化が求められている～

見てきたように、今般の生活保護法改正は、貧困を軽減・解消するという生活保護法の使命を忘れた、財政的見地からの生活保護の利用抑制と機能縮小であって、いささかも大義はない。

しかし、国会内外の取組みによって、現行法の運用に変更がない旨の再三にわたる国会答弁と附帯決議が確認されている。附帯決議では、①生活保護制度のさらなる国民への周知、②申請は口頭も含め現行と変わらない、水際作戦の禁止、③申請書を窓口に置くなど申請権侵害防止、相談機関の設置、④扶養は保護の要件ではないこと、⑤保護利用者の納得と理解をふまえた就労指導、⑥ケースワーカーの増員をはじめとした実施体制の充実、⑦5年後の見直しにあたっては、捕捉率や餓死・孤立死の動向をふまえ、受給者、支援団体等の意見を十分に聴取すること、などこれまでにない踏み込んだ内容となっている。これらの趣旨をふまえた政省令、通知などが一応は発せられている。改正法が施行された現在、これらの確認事項が順守されるよう市民の側からの不断の監視や働きかけが求められている。

【資料】生活保護法の一部を改正する法律案に対する附帯決議
　平成25年11月12日　参議院厚生労働委員会政府は、本法の施行に当たり、次の事項について適切な措置を講ずるべきである。
一、生活保護制度は、憲法25条が規定した「健康で文化的な最低限度の生活」を全ての国民に保障するための最後の砦であり、本法に基づいて保護が必要な国民に確実に保護を実施する必要があることから、本法の施行を機に、制度の意義や必要性、相談窓口の所在や申請の方法等について改めて国民への周知を図り、国民全体の理解を得るよう努めること。

二、申請権侵害の事案が発生することのないよう、申請行為は非要式行為であり、障害等で文字を書くことが困難な者等が口頭で申請することも認められるというこれまでの取扱いや、要否判定に必要な資料の提出は可能な範囲で保護決定までの間に行うというこれまでの取扱いに今後とも変更がないことについて、省令、通達等に明記の上、周知するとともに、いわゆる「水際作戦」はあってはならないことを、地方自治体に周知徹底すること。
三、生活保護制度の説明資料、申請書等について、保護の相談窓口に常時配備するなど、相談窓口における適切な対応について指導を徹底すること。また、相談窓口の対応等について実態調査を行うとともに、申請権侵害が疑われる事案が生じた場合に、不服のある相談者等が相談できる機関を設置するなど、制度のより適正な運営に向けた相談体制の在り方について検討すること。
四、扶養義務者に対する調査、通知等に当たっては、扶養義務の履行が要保護認定の前提や要件とはならないことを明確にするとともに、事前に要保護者との家族関係、家族の状況等を十分に把握し、要保護者が申請を躊躇したり、その家族関係の悪化を来したりすることのないよう、十分配慮すること。
五、生活保護受給者に対して就労による自立を促す際には、十分な相談・聞き取りを行い、被保護者の納得と理解を確認するなど、適切な指導を行うこと。また、就労自立給付金の支給に当たっては、就労による自立のインセンティブ付与と、被保護者の自立後の生活の安定に資するという二つの観点から、対象範囲を適正に設定し、必要な給付が行われるよう制度設計を行うこと。
六、生活保護制度の実施体制については、受給者数が急増していることや、個々人の異なる状況に時間をかけて密接に対応していく必要があることから、地方自治体に対する地方交付税措置を改善し、地方自治体におけるケースワーカー、就労支援員などの増員を図る等により、適正な配置を確保すること。
七、5年後の見直しに際しては、生活保護受給者数、人口比受給率、生活保護の捕捉率、餓死・孤立死などの問題事例等の動向を踏まえ、生活保護受給者、これを支援する団体、貧困問題に関し優れた見識を有する者等、関係者の意見を十分に聴取した上で、必要な改正を行うこと。

右決議する。

注
1 水際作戦とは、生活保護世帯の増加を抑制するため、福祉事務所が生活保護に関する違法、不当な説明、教示などによって、生活保護の相談窓口で、保護申請を抑止する手法のことをいう。
2 大阪高裁平成13年10月19日判決『賃金と社会保障』1326号は、「申請書の提出は生活保護開始申請の要件ではなく、一般論としては口頭による保護開始申請を認める余地も存在するものと認められる」と判示している。
3 2013年5月15日「保護申請権侵害による餓死、衰弱死等の主な被害事例」『賃金と社会保障』1588号、38頁以下
4 2013年3月11日社会・援護局関係主管課長会議資料（保護課自立促進・指導監査室）でも、「例えば住宅賃貸借契約書や預金・貯金通帳など、申請者が申請時において提出義務を負わないものの提出を求めることを内容とした書面を面接相談の際に使用し、それらの提出が申請の要件であるかのような誤信を与えかねない運用を行っている事例等、申請権を侵害、ないし侵害していると疑われる不適切な扱いが未だに認められているところである」（3頁）と指適している。
5 厚生労働省HP「『生活保護制度』に関するQ&A」の「Q.2　生活保護の相談・申請には何が必要ですか」に対する答え（2015年7月12日閲覧）
6 以下のように、政府は、繰り返し「現行運用と変わらない」と明言している。
　○2013年1月22日、厚生労働省社会・援護局主催、全国厚生労働関係部局長会議（厚生分科会）資料「第1の2の（1）保護の申請手続の法定化について
　　（中略）速やかかつ正確な保護の決定のためには、できる限り早期に要否の判定に必要となる資料を提出していただくことが望ましいが、書面等の提出は申請から保護決定までの間でも構わないというこれまでの取扱いには法改正後においても変更はない。
　　現在でも省令上申請は書面を提出して行うこととされており、申請していただく事項や申請の様式も含め、現行の運用の取扱いをこの規定により変更するものではない。また、資産や収入の状況についても従来から提出を求めているところであり、今回の改正で新たな資料の提出を求める事項はない。
　　現在、事務連絡に基づき事情がある方に認められている口頭申請についても、その運用を変えることはなく、従来同様に認めることにし、その旨を厚生労働省令で規定する予定としている。
　　なお、保護申請の意思が確認された者に対しては、速やかに保護申請書を交付するとともに、申請手続きについての助言を行うことや、保護の申請書類が整っていないことをもって申請を受け付けないということのないよう、法律上認められた保護の申請権を侵害しないことはもとより、侵害していると疑われるような行為自体も厳に慎むべきであることについては、法改正後も何ら変わるものではないので、ご了知いただきたい。
　　さらに、従前より『生活保護法施行事務監査の実施について』（平成12年10月25日付社援第2393号厚生省社会・援護局長通知）において、法第23条第1項に基づく生活保護法施行事務監査実施要綱を定め、都道府県及び指定都市が監査を実施する際には、福祉事務所が要保護者に対して①保護申請の意思を確認しているか、②申請の意思が表明された者に対しては、事前に関係書類の提出を求めることなく、申請書を交付しているか等を確認し、不適切な事例があった場合には是正改善指導を行うこととしているところである」
7 当然のことだが、法律によってしか国民の権利を制限し義務を課すことはできない。また法律上に規定されたことを、その下位規範である政省令や通知で否定することは論理的に不可能である。
8 2013年5月29日衆議院厚生労働委員会長妻昭議員の質問に対する山本内閣法制局長官の答弁
9 同前注8
10 生活保護法施行規則は、保護の申請に関し以下のように定める。
　第二条　法第二十四条第一項又は第五項に規定するところの保護の開始又は保護の変更の申請は、左に掲げる事項を記載した書面を提出して行わなければならない。
　　一　申請者の氏名及び住所又は居所
　　二　要保護者の氏名、性別、生年月日、住所又は居所、職業及び申請者との関係
　　三　保護の開始又は変更を必要とする事由
11 生活保護法立法時の保護課長であった小山進次郎は、「申請保護の原則は、保護の実施機関をいささかでも受動的消極的立場に置くものではない」と述べている。小山進次郎（1975）『生活保護法の解

第 3 章　生活保護法の改正

釈と運用（復刻版）』全国社会福祉協議会、165頁
12 口頭の申請について、国会では以下のようなやり取りがなされている（2013年5月31日衆議院厚生労働委員会議事録）。
○桝屋副大臣「（略）事情がある方には口頭申請を認めている現在の取り扱いを決して変えるものではない、これは大臣も御答弁を申し上げているわけであります。修正案についてお話がございました。この趣旨を明確にする観点から修正案をお出しになったんだろうと思っておりますが、この考え方につきましては政府原案でも同じでありまして、こうした取り扱いにつきましては今後省令や通知において明確にすることとし、引き続き、支援が必要な人に確実に保護を実施できるよう、関係者への周知にも努めてまいりたいと思ってございます」
○中根（康）委員「ただし書きの『申請書を作成することができない特別の事情』とは、身体障害等で文字が書けず代筆を要する場合だけではなく、申請意思が表明されたのに申請書が交付されなかった場合なども含むと理解してもよろしいでしょうか」
○柚木委員「お答え申し上げます。現状でも、生活保護の申請については、書面で行うことを原則としておりますが、口頭による保護の申請も、申請意思が明確である場合には認めているところというのは重ねて申し上げた上で、修正案の趣旨は、その取り扱いが変わるものではないことを条文上も明確化するものでございます。御指摘のような、障害などで文字が書けない方が申請される場合も当然含まれていると考えております。また、申請意思が明確になされたにもかかわらず申請書が交付されないこと、これはあってはならないことだと認識をしております。したがいまして、万々が一そのようなことが起こり得た場合であっても、そのこと自体がまさに正されるべきことであると認識をしておりまして、厚生労働省としても同様の認識であるのではないかと承知しております」
13 2013年5月31日衆議院厚生労働委員会における中根康浩議員（民主）の質問に対して、提案者である柚木道義議員（民主）は、「現在も（略）要否の判定に必要となる資料につきましては御本人からも提出いただくことになっておりますが、可能な範囲で御対応いただければよく、修正案はそのような趣旨を明確にしたものでございます」と答弁している。
　また、村木政府参考人も、「（略）基本的に、申請書の添付書類は、要否判定に必要となるため、申請者御本人からも可能な範囲で提出をしていただくことに従来からしております。その時期につきましては、迅速な保護決定のためにはできるだけ早い時期が望ましいわけではありますが、申請書提出から保護決定までの間でよいとのこれまでの取り扱いについては、今後も変更はございません」と答弁している（議事録）。
14 2013年5月31日衆議院厚生労働委員会議事録
15 『賃金と社会保障』1608号、16～19頁。省令案は2014年2月27日に示され、同年3月28日までが意見公募（パブリックコメント）の期間であった。
16 2014年4月19日『東京新聞』
17 修正後の省令（施行規則）は以下のとおり。
（申請）
第一条　生活保護法（昭和二十五年法律第百四十四号。以下「法」という）第二十四条第一項（同条第九項において準用する場合を含む。次項において同じ）の規定による保護の開始の申請は、保護の開始を申請する者（以下「申請者」という）の居住地又は現在地の保護の実施機関に対して行うものとする。
　2　保護の実施機関は、法第二十四条第一項の規定による保護の開始の申請について、申請者が申請する意思を表明しているときは、当該申請が速やかに行われるよう必要な援助を行わなければならない。
　3　法第二十四条第一項第五号（同条第九項において準用する場合を含む）の厚生労働省令で定める事項は、次の各号に掲げる事項とする。
　一　要保護者の性別及び生年月日
　二　その他必要な事項
18 厚生労働省「生活保護法施行規則の一部を改正する省令（案）に対して寄せられたご意見について」『賃金と社会保障』1610号、28～34頁
19 別冊問答集「第5　扶養義務の取扱い」の説明等参照

20 課長通知問第9の2
21 2013年6月14日放映の「生活保護改正で何が〜現場からの報告」、NHK『かんさい熱視線』
22 別冊問答集、問5-1によれば、扶養義務履行が期待できない者として、70歳以上の高齢者に加えて、長期入院患者、主たる生計維持者でない非稼働者（嫁いで主婦をしている子どものような場合。筆者注）、未成年者などがあげられている。
23 大阪市の事務所が行ったもの。近畿弁護士連合会編（2014）『生活保護と扶養義務』民事法研究会、6〜8頁
24 2013年5月29日衆議院厚生労働委員会における長妻昭議員の質問に対して、田村厚生労働大臣（当時）は「十分に扶養いただける条件の整っておられる方、つまり、家裁の方に家事審判を起こして、裁判等々でしっかりとそれまでの保護費に対して請求をさせていただける、そういうような方に関しては報告を送らせていただくということになります」と答弁している（衆議院議事録）
25 2013年5月29日衆議院厚生労働委員会における高橋千鶴子議員の質問に対して、村木局長は「保護の費用徴収の規定がこの法律の中にございます。それで、家事審判等を使って金額を決めて費用徴収をするというようなことが扶養義務者に対して行われることがございます、現在の法律でありますので、そういったようなことが将来起こり得るような、扶養が必ずできるはずで、また、そういう関係にあるというような方に限って通知をあらかじめ行おうということでございます」と答弁している（衆議院議事録）
26 前注11、小山進次郎（1975）、819頁
27 2013年3月11日社会・援護局関係主管課長会議資料（保護課）57頁
28 2013年5月31日衆議院厚生労働委員会における中根康浩議員（民主）の質問に対して、村木社会・援護局長は、「この規定の報告でございますが、この規定自体の適用につきましては、明らかに扶養が可能と思われるにもかかわらず扶養を履行していないと認められるような、極めて限定的な場合に限ることとしております。その旨は省令で明記をしたいと考えております。また、回答義務をかけるかということでございますが、扶養は保護の要件とされていないということも踏まえまして、扶養義務者に対して、回答義務や、回答がされない場合の罰則を科すことはいたしておりません」と答弁している（衆議院議事録）。
29 「私はいつになれば私の人生をいきられるのですか」生活保護問題対策全国会議編（2013）『間違いだらけの生活保護「改革」』明石書店、7頁
30 修正後の省令（施行規則）は以下のとおり。
（扶養義務者に対する通知）
第二条　法第二十四条第八項による通知は、次の各号のいずれにも該当する場合に限り、行うものとする。
一　保護の実施機関が、当該扶養義務者に対して法第七十七条第一項の規定による費用の徴収を行う蓋然性が高いと認めた場合
二　保護の実施機関が、申請者が配偶者からの暴力の防止及び被害者の保護等に関する法律（平成十三年法律第三十一号）第一条第一項に規定する配偶者からの暴力を受けているものでないと認めた場合
三　前各号に掲げる場合のほか、保護の実施機関が、当該通知を行うことにより申請者の自立に重大な支障を及ぼすおそれがないと認めた場合
2　法第二十四条第八項に規定する厚生労働省令で定める事項は、次に掲げるものとする。
一　申請者の氏名
二　前号に規定する者から保護の開始の申請があつた日
（報告の求め）
第三条　保護の実施機関は、法第二十八条第二項の規定により要保護者の扶養義務者に報告を求める場合には、当該扶養義務者が民法（明治二十九年法律第八十九号）の規定による扶養義務を履行しておらず、かつ、当該求めが次の各号のいずれにも該当する場合に限り、行うものとする。
一　保護の実施機関が、当該扶養義務者に対して法第七十七条第一項の規定による費用の徴収を行う蓋然性が高いと認めた場合
二　保護の実施機関が、要保護者が配偶者からの暴力の防止及び被害者の保護等に関する法律第一条

第一項に規定する配偶者からの暴力を受けているものでないと認めた場合
　三　前各号に掲げる場合のほか、保護の実施機関が、当該求めを行うことにより要保護者の自立に重大な支障を及ぼすおそれがないと認めた場合
31　保護の実施要領とは、昭和36年4月1日社発第123号厚生事務次官通知をはじめとする社会・援護局長通知、保護課長通知など生活保護に関する主な通知集のこと
32　社援発0425第2号平成26年4月25日厚生労働省社会・援護局長通知「『生活保護法施行細則準則について』の一部改正について」によって、新たに示された様式第25号
33　前注22
34　近畿弁護士連合会編（2014）41頁
35　なお、生活保護利用者の扶養義務者のうち、実際に扶養援助している者は2.43％で扶養援助額は月額1万1570円程度である。吉永純（2011）『生活保護の争点』高菅出版、162頁
36　2015年3月「生活保護法の一部を改正する法律について」2015年度生活保護関係全国係長会議資料、15頁
37　事務連絡平成26年4月25日厚生労働省社会・援護局保護課長「『生活保護問答集について』の一部改正について」において新設された（問11-12-2）。
38　なお、改正法によれば調査先に回答義務があることになるが、扶養義務者について、中根康浩議員（民主）の質問に対して、村木社会・援護局長は、「（29条1項2項について）扶養は保護の要件ではないということでございますので、今回、扶養義務者本人に対して情報提供を求めることができる根拠規定をいただきましたので、それに重ねて、官公署からの回答義務まではもうける必要はないのではないかと考えている」と答弁していたところ（平成25年5月31日衆議院厚生労働委員会議事録）、省令（平成26年厚生労働省令第72号）において、回答義務の対象となる情報は、要保護者または要保護者であったものに限られ、扶養義務者に関する情報は除かれた（厚生労働省社会・援護局保護課平成26年8月26日事務連絡）
39　2013年3月11日社会・援護関係主管課長会議資料「新たな生活困窮者支援体系について」
40　特別控除は2013年8月からの生活扶助費の減額に合わせて「活用の程度にばらつきがある」（2013年3月11日全国課長会議資料）として廃止された。特別控除は、ボーナスを全額収入認定することは酷であるため、臨時的需要に対応する控除という趣旨として存在していた（限度額は年収の10％、就労良好な場合19万6170円）。臨時的需要は、ボーナスのない就労者にも当然あるため、月々の収入からの10％の控除も認められ、過半数の自治体（51％）も就労インセンティヴがあると国のアンケートに回答していた（第11回社会保障審議会生活保護基準部会資料）。ところが、「ばらつきがある」という理由にならない理由で、今回ばっさり廃止された。10万円の就労収入の場合、控除額は1万円となるから、勤労控除の改善などと比べ影響額ははるかに大きい。ある利用者は、「一般就労が無理な私にとって、2012年まであった特別控除の制度は、少ない収入でも年収の一割が控除対象になっていたことで、随分と助かっていました。なぜ急に全廃になったのか未だにハッキリ分かりません。少しでも働くこと、年に二回お盆越しが無事にこなせていたと思います。特別控除が無くなったことで、ややもすれば就労意欲さえ削がれる思いです。文化的最低限度の生活はどこかに行ってしまった」と述べている（（2015年5月29日北海道生活と健康を守る会『生活保護制度を良くする会ニュース』））
41　社援発0425第3号平成26年4月25日厚生労働省社会・援護局長通知「生活保護法による就労自立給付金の支給について」
42　岩田正美基準部会長代理『SYNODOS』2013年6月4日
43　2015年3月10日『日本経済新聞』
44　社援保発0425第4号平成26年4月25日厚生労働省社会・援護局保護課長通知「『生活保護費の費用返還及び費用徴収決定の取扱いについて』の一部改正について」
45　平成20年4月1日社援発第0401002号厚生労働省社会・援護局保護課長通知「生活保護の医療扶助における後発医薬品に関する取扱いについて」
46　2008年4月29日『毎日新聞』
47　2008年4月28日『共同通信』
48　平成25年5月16日社援保発第0616第1号厚生労働省社会・援護局保護課長通知「生活保護の医療扶助における後発医薬品に関する取扱いについて」

49 平成24年4月13日社援保発第0413第1号厚生労働省社会・援護局保護課長通知「生活保護の医療扶助における後発医薬品に関する取扱いについて」
50 なお、2015年度は、生活保護におけるジェネリックのシェアを75%（現在61.0%、ただし医療全体では54.5%）まで到達させるため、生活保護受給者の健康管理、レセプト管理システムの活用、医療扶助の適正実施（①長期入院患者、②高頻度の入院者、③向精神薬の重複処方、④頻回受診等に対する取組み）を強化する方針が示されている。2015年3月9日社会・援護局関係主管課長会議資料

第4章

生活困窮者自立支援法

　生活困窮者自立支援法は、同法が日本で初めて、不明確ながらも「生活困窮者」という新たな支援のカテゴリーを認めたことや、法に規定された支援事業は、これまで「寄り添い型支援」として釧路や埼玉をはじめ先進的な地域での実践が法定化されたこともあって、低所得者支援の新たな展開として評価しうる側面もあった。しかし、福祉事務所のある自治体で必須事業とされる自立相談支援事業が、生活保護に該当する人（要保護者）を生活保護から排除するために機能するのではないかと懸念された。本法については、要保護者の生活保護への確実な結びつけをはじめ、どのような支援が可能かつ効果的なのか、またどのような課題があるのかを検証し、今後の運用に生かす必要がある。

第1節　問題の所在

　2013（平成25）年12月に成立し、2015年4月に施行された生活困窮者自立支援法（以下「支援法」）は、反貧困・生活困窮者支援に携わるグループの中でも評価が分かれた。
　期待する立場からは、生活困窮者という、社会的排除や孤立への対応を含む新たな救済すべきカテゴリーが認められたことを評価する。また雇用の不安定化と雇用保険をはじめとする社会保障が脆弱ななかで、生活保護制度しか生活困窮者に対する有効な救済制度がなく（いわゆる「すべり台社会」[1]）、支援法を生活保護に至る前の第2のセーフティネットとして期待する。すなわち、ワンストップの

生活困窮者自立相談事業（以下「自立相談事業」）により、生活困窮者が掘り起こされ、さまざまな既存の救済メニューや、支援法によって具体化された生活困窮者住居確保給付金（以下「住居確保給付金」）や就労支援、学習支援などの救済手段の拡大による効果を期待した。さらに、こうした支援は、生活保護の自立支援プログラムなどによって広がってきた、利用者本位の寄り添い型支援の実践であると評価された。

　他方、批判する立場からは、自立相談事業が、いわゆる生活保護の申請を抑制する「水際作戦」に使われるのではないかとし、福祉事務所の窓口での申請抑制ではなく、それより前の自立相談事業の段階で生活保護抑制となる危険性を「沖合作戦」と命名し、危険性が指摘された[2]。すなわち、支援法は生活保護法の改正と一体のものとして推進されたから、生活保護法の改正自体が、前章で検討したように保護の申請抑制と扶養の強化、そして就労指導強化であるならば、支援法は、生活保護を使わせないため、すなわち国や自治体の生活保護費の負担を軽減するためのツールとして機能するのではないかと批判された[3]。また、自治体の必須事業は自立相談事業と住居確保給付金の2事業だけであって（国の補助率は3/4）、他の事業は任意事業にとどまる（国の補助率も2/3〜1/2）ことから、自治体間格差の発生は必至である。さらに、中間的就労の名による生活困窮者の「搾取」などの懸念や、労働基準法や最低賃金法等の潜脱の危険性などもあわせて指摘された。

　本書の立場は、支援法が施行されたいま、水際作戦などの危険性を極力抑えながら、生活保護制度の積極的活用など生活保護との有機的連携をはかり、生活保護利用者も含めた、就労自立に偏しない自立（日常生活自立、社会生活自立も含めた3つの自立）を支援目標の中心にすえ、支援法を貧困や孤立、社会的排除の軽減解消を目指すツールとして活用し、利用者本位の支援を実現していくところにある[4]。本章ではそのための条件は何かを明らかにしたい。

第2節　生活困窮者自立支援法の概要

1　制度趣旨

　全体像（**図表4-1**）にあるように、生活保護自立支援法は、社会保障に関する第1のネット（社会保険、労働保険）、最終的な第3のネット（生活保護制度）との間に、求職者支援制度とともに第2のネットを形成する。生活保護に至る前にネットを張り、貧困に至ることを防止するという制度の位置付けそのものは肯定されるべきものだ。しかし重要なことは、「生活保護制度の見直し及び生活困窮者

図表4-1　生活保護制度の見直しと新たな生活困窮者対策の全体像

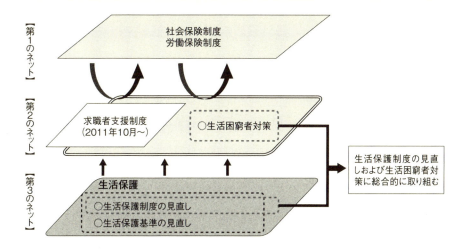

出所：2015年3月9日社会・援護局関係主管課長会議資料「生活困窮者自立支援法の施行について」。

対策に総合的に取り組むとともに、生活保護基準の見直しを行う」とされている点である。すなわち、生活保護制度の見直しと支援法、基準の引下げは一体のものとして構想され、その根本には「家族相互及び国民相互の助け合い」を強調し、公的責任を後退させる、社会保障制度改革推進法（2012年8月成立）の附則2条による生活保護制度の見直し（抑制）条項がある[5]。

前章まで詳細に検討したように、基準引下げと制度改革は、生活保護制度の利用抑制や生活保護からの排除、すなわち生活保護の機能縮小に作用する。そうすると、生活保護に至る前の第2のセーフティネットである支援法は、そうした生活保護の機能縮小を前提として、生活保護から排除された生活困窮者を、生活保

護という所得保障抜きに支援するということになりかねない。すなわち、支援の土台（生活の保障）抜きの支援になる危険性を指摘せざるをえない。生活保護の積極的活用なしには、支援法の目的である生活困窮者の自立の促進は成功しないだろう[6]。

また、生活困窮者が生まれる原因にメスを入れることなしには、社会構造的要因によって増加する生活困窮者を事後的に受け止める支援となってしまう。元を絶たなければ事後的弥縫策（一時逃れ）の繰返しとなる。この意味では、特に非正規労働者が4割にもなっているなどの雇用の劣化を防止することや、第1のネットである雇用保険のカバー率の拡大・改善などを視野に入れなければならない。

2 制度概要と問題点（図表4-2、図表4-12）

（1） 生活困窮者の定義と範囲

制度の対象者である生活困窮者とは、「現に経済的に困窮し、最低限度の生活を維持することができなくなるおそれのある者」（支援法2条）である（**図表4-12**）。または「現在生活保護を受給していないが、生活保護に至る可能性のある者で、自立が見込まれる者」（**図表4-2**）である。すなわち、条文の定義では所得・資産など経済的な観点による定義付けとなっており、社会的な孤立状態の解消などの視点は強くない。加えてその対象範囲が不明確である[7]。また、生活困窮者は、「要保護者以外の生活困窮者」であるから、原則として生活保護利用者は対象外とされた[8]。

図表4-2によると、主な対象者の例としては、「福祉事務所来訪者のうち生活保護に至らない者は、高齢者等も含め年間約40万人（2011年度推計値）」とされ、「参考」として、非正規雇用労働者（36.7%、2013年）、年収200万円以下の給与所得者（24.1%、2013年）などがあげられている。しかし、生活保護非該当の40万人は、生活に困窮し生活保護を求めて自ら福祉事務所に足を運んだ人であって、困窮の程度としては生活保護にはならないが深刻な状態の人と考えてよい。また水際作戦によって違法に保護を受けられかった人も含まれるだろう。非正規労働者やワーキングプアがあげられていることはよしとしても、事業対象者は次項（2）の要件によって絞られる。絞られるとしても、それらの人が自ら相談に来るとはかぎらない。制度の周知とあわせて、アウトリーチ（訪問支援）によって掘り起こす取組みが必須となる[9]。

また、具体的事業における対象者の要件（次の(2)のＡ）によると、おおむね市民税均等割非課税世帯となっており、収入要件だけだと相当広範囲に及ぶ（最大で2000万人程度）。

図表 4-2　新たな生活困窮者自立支援制度の主な対象者

> ○　生活保護受給者や生活困窮に至るリスクの高い層の増加を踏まえ、生活保護に至る前の自立支援策の強化を図るとともに、生活保護から脱却した人が再び生活保護に頼ることのないようにすることが必要であり、生活保護制度の見直しと生活困窮者対策の一体実施が不可欠

【主な対象者】

現在生活保護を受給していないが、生活保護に至る可能性のある者で、自立が見込まれる者

・福祉事務所来訪者のうち生活保護に至らない者は、高齢者等も含め年間約40万人（2011年度推計値）

（参考：その他生活困窮者の増加等）
・非正規雇用労働者　2000年：26.0%→2013年：36.7%
・年収200万円以下の給与所得者　2000年：18.4%→2013年：24.1%
・高校中退者：約6.0万人（2013年度）、中高不登校：約15.1万人（2013年度）
・ニート：約60万人（2013年度）、引きこもり：約26万世帯（2006年度厚労科研調査の推計値）
・生活保護受給世帯のうち、約25％（母子世帯においては、約41％）の世帯主が出身世帯も生活保護を受給。（関西国際大学道中隆教授による某市での2007年度の調査研究結果）
・大卒者の貧困率が7.7％であるのに対し、高卒者では14.7％、高校中退者を含む中卒者では28.2％。

出所：図表4-1に同じ

　さらに国は、「制度のめざす自立には、経済的な自立のみならず、日常生活における自立や社会生活における自立も含まれる」とし、「新制度では、生活困窮者支援を通じた地域づくりも目標の一つであり、孤立状態の解消などにも配慮することが重要」とも述べ、そのような目標に照らし、「複合的な課題を抱える生活困窮者を幅広く受け止める」としている[10]。支援法2条の定義よりも対象者の範囲は明らかに広い。社会的排除や孤立が、経済的な貧困と重なっており、また貧困が排除や孤立の主要な原因であることを考えると、生活困窮者の定義は、所得・資産にとらわれない定義が制度趣旨に合致すると考えられる。そのうえで、それらの数量的把握と、いかにして、どこまでそうした人を減らすのか（数値目標）、またどのような手法や指標で支援の効果測定をするのかが問われている。

（2）各事業の要件と支援内容（**図表4-3、図表4-4**）
A　対象者の要件〜要保護層との交錯〜
　各事業の対象者はそれぞれ異なる。相談支援事業、家計相談事業、学習支援事業、そのほかの支援事業、中間的就労について対象要件は特にない。住居確保給

図表4-3　各事業の対象者要件、支援内容、国庫負担一覧

支援事業	対象者要件	支援内容	国庫負担
①自立相談支援事業（必須事業）	具体的な所得・資産等の要件の定めない	生活と就労に関するワンストップ型の相談。事業利用のためのプラン作成	3／4
②住居確保給付金（必須事業）	離職により住宅を失った者 収入：世帯収入が「基準額（住民税非課税限度額×1/12）＋住宅扶助額」以下。 資産：基準額×6≦100万円 求職活動：要件支援相談員と週1回面接、ハローワークでの月2回以上の職業相談、週1回以上の求人応募	就職活動を支えるため、家賃費用を有期（原則3カ月）で給付	3／4
③就労準備支援事業（任意事業）	収入、資産とも②に同じ	一般就労に向けた日常・社会的自立の訓練（6カ月）、就労支援（6カ月）	2／3
④一時生活支援事業（任意事業）	収入：②に同じ 資産：基準額×6以下 ※上限額は設定しない	住居喪失者に対し、一定期間、宿泊所や衣食の提供等	2／3
⑤家計相談支援事業（任意事業）	具体的な所得・資産等の要件の定めない	家計に関する相談、家計管理に関する指導、貸付のあっせん等を行う	1／2
⑥子どもの学習支援事業（任意事業）	地域の実情に応じ、事業実施主体が対象者を設定	生活保護世帯の子どもを含む生活困窮世帯の子どもに対する学習支援や居場所づくり。保護者へ養育助言	1／2
⑦その他の支援（任意事業）	具体的な所得・資産等の要件の定めない	地域の実情に応じた、生活困窮者の自立に必要な取組み	1／2
⑧就労訓練（中間的就労）の認定	具体的な所得・資産等の要件の定めない	直ちに一般就労が困難な者に支援付き就労の場を提供	なし

出所：2015年3月9日社会・援護局関係主管課長会議資料「生活困窮者自立支援法の施行について」より、筆者作成

付金、就労準備支援事業と一時生活支援事業は、世帯収入が住民税非課税相当以下とされている。この理由は、「生活保護に至る前の段階にある生活困窮者に対する給付等であることを勘案し、収入要件は生活保護基準とほぼ同様以下としつつ、資産要件は一定の資産の保有を認める」としたとされる。

　住民税非課税基準は生活保護基準を参酌（さんしゃく）して決められており、連動関係にあるからほぼ同水準と考えてよい[11]。資産も、生活保護を廃止できる目安として、臨時的収入が最低生活費を6カ月以上確保できることとされているから[12]、生活

図表 4-4　新たな生活困窮者自立支援制度

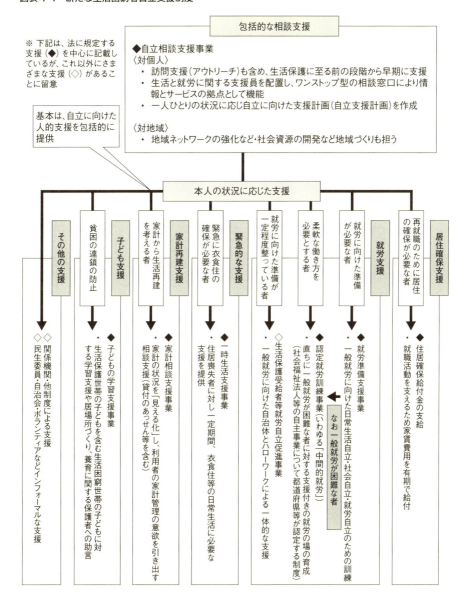

出所：図表 4-1 に同じ。ただし横向きを縦向きに変更

保護を廃止できるかどうかの微妙なレベルである。いずれにしても生活保護基準をかろうじて上回る収入か、生活保護基準未満の収入であるが自動車を保有しているなど、生活保護の資産条件などから外れるため生活保護を利用できない人、あるいは生活保護基準未満の収入だが生活保護利用を忌避する人などが対象となっている。生活水準としては要保護層とクロス、交錯する層と考えられる。

B 任意事業における地域格差の可能性

それぞれの事業は必須事業（**図表4-3**の①②）と任意事業（同①②以外）に分かれ、国の補助率に相違がある。当然ながら、自治体によっては、持ち出しの多い任意事業の実施に消極的になるところが出てくる。また、任意事業を担う法人やNPOも地域に偏在しており、やろうとしても手がかりがない自治体もある。地域による事業格差をなくすため、本来は必須事業も含め、補助率を法施行前のモデル事業や元の事業のように全額を国庫負担とすべきである[13]。少なくとも任意事業について国庫負担を3/4に引き上げるとともに、事業の立上げとその後の運営について支援を強化すべきであろう。

C 権利性の保障

これらの事業の性格も問題となる。支援法自体が、事業法としての色合いが濃く、不服申立ての仕組みも規定していないことからすれば、各事業は生活困窮者の側から権利として請求できるものとなっていない。支援法が憲法25条に基づく生存権を根拠にしていることは自明であろう。また、実施主体においても、公的な性格が強く、国と自治体の租税により運営される。各事業は実施主体と生活困窮者との合意によって実施されると思われるが、少なくとも第三者機関への苦情申立て制度や不服申立て制度などを設けるべきである。

(3) 各事業について

A 相談支援事業（**図表4-5**）

相談支援事業は、「所得や資産に係る具体的な要件を設けるものではなく、複合的な課題を抱える生活困窮者が『制度の狭間』に陥らないよう、幅広く対応することが重要」とされている[14]。また委託する場合でも、「包括的な支援が可能であるか、就労に向けた支援が期待できるか、逆に支援内容が就労支援に偏らないか、などに特に留意」し、「丸投げ」にならないように、「行政には支援決定や支援調整会議への参画が求められる点や、不足する社会資源の強化・開発には行政が主導的役割を担う必要がある」と、行政が要めとして責任を果たすように、

図表4-5　自立相談支援事業の体制について（案）

○　自立相談支援事業については、以下の3職種を配置することを基本とすることを考えている。
※　各職種には主に以下のような役割が求められるが、自治体の規模等によっては、相談支援員が就労支援員を兼務することなども考えられ、配置のあり方について、今後更に検討する予定。自立相談支援機関においても、それぞれの役割に縛られ過ぎるのではなく柔軟に対応することも重要である。

職種	主な役割
主任相談支援員	○相談業務全般のマネジメント、他の支援員の指導・育成 ○困難ケースへの対応など高度な相談支援 ○社会資源の開拓・連携　など
相談支援員	○生活困窮者への相談支援 ・アセスメント、プラン作成 ・社会資源の活用を含む包括的な支援の実施 ・相談記録の管理や訪問支援などのアウトリーチ　など
就労支援員	○生活困窮者への就労支援 ・ハローワークや協力企業などとの連携 ・能力開発、職業訓練、就職支援、無料職業紹介、求人開拓　など

出所：図表4-1に同じ

特に注意を喚起している[15]。ここまで求めるならば、貧困問題やさまざまな支援に熟練した生活保護ケースワーカーや社会福祉士などの公務員を、主任相談支援員として配置するなどの措置が取られるべきである。

B　住宅確保給付金（**図表4-6**）

　本給付金は、2014年度までの住宅支援給付事業を制度化したものである。同事業と同じく、本制度の支援対象者は、「離職後2年以内かつ65歳未満の者」で「現在住居がない又は住居を失うおそれがある者」である。職を失った稼働年齢層が対象であって、一般的に住居喪失者（おそれのある者も含む）への住宅保障制度ではない。すなわち、ハウジングファースト（住まい第一）ではないのである。離職後2年を超える長期失業者や、高齢者こそ住まいのニーズはより強いはずである。「離職後2年以内かつ65歳未満の者」という要件は削除すべきである。
　また、支給期間が「原則3カ月（最長9カ月）」ではあまりに短い。その間に、仕事を見つけ、住まいも確保しなければならないことになるが、非正規雇用が広がる現下の雇用状況では相当困難である。支給期間の抜本的な延長が望まれる。

C　就労準備支援事業（**図表4-7、図表4-8、図表4-9**）
(A)　事業趣旨と内容
　雇用による就業が著しく困難な生活困窮者に対して、6カ月から1年程度にわ

図表4-6 住居確保給付金について

目 的
○ 離職等により経済的に困窮し、住宅を失ったまたはそのおそれがある者に対し、住居確保給付金を支給することにより、安定した住居の確保と就労自立を図る
※ 現行、緊急雇用創出事業臨時特例基金(住まい対策拡充等支援事業分)事業として2001年10月から行われている住宅支援給付事業(2014年度末までの事業)の制度化を図る

住居確保給付金の概要

➡支給対象者
　○申請日において65歳未満であって、離職等後2年以内の者
　○離職等の前に世帯の生計を主として維持していたこと
　○ハローワークに求職の申込みをしていること
　○国の雇用施策による給付等を受けていないこと

➡支給要件
　①収入要件：申請月の世帯収入合計額が、基準額(市町村民税均等割の非課税限度額の1/12)＋家賃額以下であること。家賃額は、住宅扶助特別基準額が上限
　　(東京都1級地の場合)単身世帯：13.4万円、2人世帯：20.0万円、3人世帯：24.1万円
　②資産要件：申請月の世帯の預貯金合計額が、基準額×6(ただし100万円を超えない額)以下であること
　　(東京都1級地の場合)単身世帯：50.4万円、2人世帯：78万円、3人世帯：100万円
　③就職活動要件：ハローワークでの月2回以上の職業相談、自治体での月4回以上の面接支援等

➡支給額
　賃貸住宅の家賃額(上限額は住宅扶助特別基準額)
　(東京都1級地の場合　単身世帯：5万3700円、2人世帯：6万9800円)

➡支給期間
　原則3カ月間(就職活動を誠実に行っている場合は3カ月延長可能(最長9カ月まで))

期待される効果
○有期の代理納付という仕組みの中で生活保護に至らないためのセーフティネットとして、効果を発揮
○自立相談支援事業や就労準備支援事業との組合せにより更なる効果を目指す

出所：図表4-1に同じ

たり、就労に必要な知識と能力の向上のために必要な訓練を行う事業である（下線筆者）。訓練の内容は、生活習慣形成のための指導・訓練（生活自立段階）、就労の前段階として必要な社会的能力の習得（社会自立段階）、事業所での就労体験の場の提供や、一般雇用への就労活動に向けた技法や知識の取得などの支援（就労自立段階）の3段階が想定されている。

図表4-7　生活困窮者の状態に応じた就労支援（案）

対象者の状態	支援主体・事業	支援内容
１．自主的な求職活動により就労が見込まれる者	ハローワークの一般職業紹介	一般的な職業相談・職業紹介 ※公共職業訓練、求職者支援制度も利用
２．就労に向けた準備が一定程度整っているが、個別の支援により就労が見込まれる者	生活保護受給者等就労自立促進事業 ※自立相談支援事業の就労支援員とハローワークの担当者による支援チーム	（ハローワーク） 担当者制によるキャリア・コンサルティング、職業相談・職業紹介、公的職業訓練による能力開発、個別求人開拓、就労後のフォローアップ　等 （自立相談支援事業の就労支援員） 対象者の選定、ハローワークへの支援要請等
３．２の者と比較すると就労に向けた準備が不足しているが、ある程度時間をかけて個別の支援を行うことで就労が見込まれる者	自立相談支援事業の就労支援員	就労意欲の喚起を含む福祉面での支援とともに、担当者制によるハローワークへの同行訪問、キャリア・コンサルティング、履歴書の作成指導、面接対策、個別求人開拓、就労後のフォローアップ　等
４．生活リズムが崩れている、社会との関わりに不安がある、就労意欲が低いなどの理由で、就労に向けた準備が整っていない者	就労準備支援事業 ※自立相談支援事業の就労支援員が、ボランティア、就労体験などの場を提供することもあり得る （就労準備支援事業に比べ簡素・軽微なものを想定）	就労に向けた準備としての基礎能力の形成からの支援を、計画的かつ一貫して実施
５．就労への移行のため柔軟な働き方を認める必要がある者	就労訓練事業（中間的就労）	支援付きの就労・訓練の場の提供 ※自立相談支援事業の就労支援員は、就労訓練事業者の開拓を実施

※　自立相談支援事業の就労支援員は、上記のほか、利用者の状態の定期的・継続的な確認を行う。
　　また、就労意欲が希薄等の理由により就労準備支援事業の利用に至らない者に対する就労意欲の喚起、セミナーの開催等必要な就労支援を実施。
出所：図表4-1に同じ

(B) 問題点

① 就労に偏した目標設定

　本事業の目的はあくまで一般雇用におかれている。そして、事業の形態は「訓練」とされている。生活困窮者の例としてあげられている、引きこもりの人などは、まずは居場所的なところでの他人との関係復活や、自分に適した作業などを行うことで、「自尊感情」なども回復していく。そうした活動は「訓練」とは異質である。本人の自発性による活動に基づくエンパワメントが基本であって、強制的な要素は排除されるべきである。そうした人にとって、6カ月から1年程度での就労自立が目標とされると、期間限定による圧迫や、評価として、就労できなければダメという烙印を押されかねない危険性がある。そもそも3つの自立は、いずれかが上でほかはそのための手段であるわけではない。結果として就労に至るに越したことはないが、最初から就労ありきの指導では、困窮者の実状に合わ

図表4-8　就労に向けた支援の充実・強化

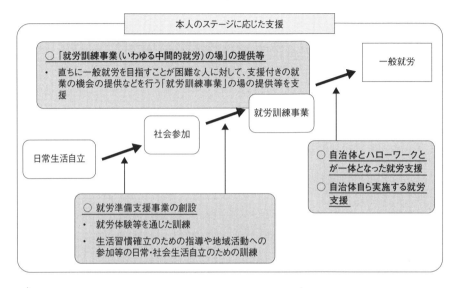

出所：図表4-1に同じ

ないおそれがある。適切なアセスメントと支援方針が求められる。

② 就労訓練事業との区別

　就労準備支援事業は、「生活リズムが崩れている、他者とのコミュニケーションをとることが難しい等の理由により、直ちに一般就労に就くことが困難な者」であり、就労訓練事業は、「生活リズムは整っており、他者とのコミュニケーションも一定程度可能だが、一般就労を前に柔軟な働き方を認める必要がある者」を対象として想定している[16]。そして、就労準備支援事業を受けても一般就労への移行ができない場合に就労訓練事業への移行が想定されている。一般就労への移行という点だけでみると、就労訓練事業の方が一般就労からは遠いと思われるが、「生活リズム等は整っている人」となっている。区分に関する考え方が実践現場で妥当性があるのかどうか、疑問なしとしない。就労訓練事業との違いを明

図表 4-9　就労準備支援事業について

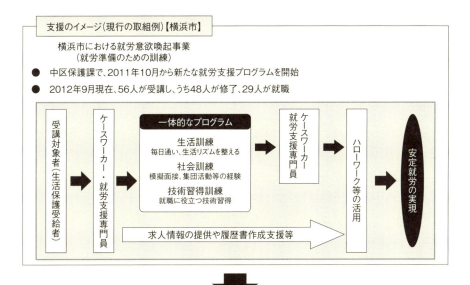

出所：図表4-1に同じ

確にすべきである。

D　就労訓練事業（中間的就労、**図表 4-10**、**図表 4-11**）

(A)　事業趣旨

　対象者は、就労準備支援を受けても一般就労への移行ができない者などが想定されている。社会福祉法人、NPO法人、営利企業などが自主事業として行い、

軽易な作業などの機会（清掃、リサイクル、農作業等）の提供とあわせ、個々人の就労支援プログラムに基づき、就労支援担当者による一般就労に向けた支援を実施する。事例としては、千葉県「生活クラブ風の村」や、和歌山県一麦会、釧路市での就労支援などが紹介されている[17]。さまざまな理由により雇用市場から排除された人々は、精神的、肉体的に疲弊し、自尊感情の喪失などにより孤立している人が多い。そうした人々に、居場所や働く場を提供し、ステップバイステップで自分をとり戻し、孤立状態を解消していくことは重要である。ただ、その際も一般就労だけが目標にならないことを押さえていかねばならない。あくまで目標は3つの自立であり、半福祉半就労も積極的に認められなければならない。

(B) 就労訓練事業は自主事業である

　知事等は、一定の基準に適合する事業者について認定する。しかし、本事業は認定事業者による自主事業としての位置付けのため、運営費補助はなく、立上げ時の支援や税制優遇などについて検討するにとどまる[18]。

(C) 就労訓練事業の内容～雇用型と非雇用型～[19]

　本事業は、一般就労と福祉的就労との間の就労形態として位置付けられ、雇用契約を締結する雇用型と、雇用契約を締結しない非雇用型に分けられる。両型とも3～6カ月程度を期間とする就労支援プログラムにより実施されるが、雇用型と非雇用型の相違点はおおむね以下のとおりである。非雇用型はあくまで訓練として実施され、そのプログラムは訓練計画であり、支援機関の中間的状況把握も比較的高い頻度で実施される。また、作業日、作業時間も対象者の自由とされ、たとえ受注量が増加しても作業の強制は行われず、欠席、遅刻などを理由として手当の減額がないなど、基本的に利用者の能力に合わせ、その自発性を尊重したプログラムが想定されている。他方、雇用型は、一般の労働者に求められるような一定期間ごとの個人目標の形式での自立支援プログラムとなる。雇用型、非雇用型のいずれの型を選択するかは、対象者の意向や、その業務内容、受入事業所の意向などを勘案して、相談支援機関が最終的に決定する。

(D) 就労条件

　本事業が補助金なしの自主事業であるため、運営資金の確保を名目にした、法外な利用料金等の設定など、いわゆる「貧困ビジネス」による搾取が懸念される。また、外国人研修生問題に明らかなように、不当に安い賃金による長時間労働など、最低賃金法（以下「最賃法」）や労働基準法などの潜脱のおそれがある。

図表4-10　就労訓練事業者の認定（第10条）

都道府県知事、指定都市市長および中核市市長は、以下の就労訓練事業を行う事業者について、一定の基準に適合するものを認定する

事業概要	一般就労が困難な生活困窮者に対して、個々人ごとの就労支援プログラムに基づき、清掃、リサイクル、農作業等の作業機会の提供を通じた訓練等を行い、就労に必要な知識および能力の向上を図る
対象者要件	具合的な所得・資産等の要件は定めない（自立相談支援事業において、就労訓練事業の対象とすることが適当であるかどうかを判断する）
国庫補助	なし ※　認定事業者による自主事業としての位置付けのため、運営費補助はなし。ただし、今後、本事業の立上げ支援や税制優遇等については検討

出所：2014年3月3日社会・援護局関係主管課長会議資料「新たな生活困窮者自立支援制度について」

図表4-11　（事例）就労訓練事業（いわゆる中間的就労）の取組み

○これまでも、地域において、一般就労に就くことが難しい者に簡易な就労の場等を提供する独自の取組みや、地域の関係者によるネットワーク形成が行われてきており、そうした支援の広がりを求める声は高まってきている

千葉県「生活クラブ風の村」の「ユニバーサル就労」

【事業概要】「はたらきたいのにはたらきにくいすべての人」を対象に、雇用による就労のほか、「コミューター」（支援付き就労。必ずしも雇用契約によらない）等の就労形態を提供することで、対象者の同一職場での継続したステップアップを図る

【実績】2012年度は、「コミューター」15名のうち、無償コミューターは100％のステップアップ、有償コミューターは、10名中6名が雇用による就労。（ステップアップできなかった4人のうち3名は障害者手帳所持）ユニバーサル就労の総数は、マッチング中を含め77名

和歌山県—麦会での6次産業を通じた就労支援

【事業概要】障害者の就労支援の一環として、地域農業を中心に6次産業化を推進することで雇用創出を図るなかで、ひきこもりの若者等も対象者として受け入れ、支援を実施

【実績】ひきこもりの者の就労に向けた支援と併せ、地域の耕作放棄地化の歯止めとしても役立っている

北海道釧路市での就労支援

【事業概要】地域のNPO等の事業者と協力し、有償・無償のボランティア活動、インターンシップ等を通じた生活保護受給者の就労やステップアップを支援

【実績】2012年度参加者数：就労移行型インターンシップ16名、公園管理ボランティア55名、作業所ボランティア37名、介護施設等におけるボランティア58名

とちぎボランティアネットワークの「ワーキングスクールプログラム」

【事業概要】地域の企業80社に協力を依頼し、コーディネーターの支援のもと、ひきこもりの若者等が職場体験をできる場を開拓。（現在は「しごとれ（仕事トレーニングプログラム）」として実施）

【実績】2005～2008年に43名中32名が研修を修了し、就職率71％（正社員6名）

京都府での就労支援

【事業概要】行政機関、経済・福祉・教育関係の各団体が一体となった「きょうと生活・就労おうえん団」を設立し、中間的就労開拓への協力、ネットワークづくり、賛同者増に向けた広報・啓発を実施

【実績】「『風のとき』事業」では、京都市内の中小企業が自社の社員食堂をひきこもり者の就労支援の場として提供するなど、地域での中間的就労の場の開拓が進められている

出所：2014年3月3日社会・援護局関係主管課長会議資料「新たな生活困窮者自立支援制度について」

この点でも、国は雇用型と非雇用型とで対応を異にする。雇用型の場合は、ほかの一般労働者と同様、労働基準関係法令（賃金支払い、安全衛生、労働保険など）の適用対象となる。最賃法も適用されるが、特例による減額（最低賃金法7条）が認められる。他方、非雇用型の場合は、労働基準関係法令や最賃法の適用はない。ただ、安全衛生面、災害補償面で雇用型と同様の必要な配慮が求められ、最賃法の適用はないものの、工賃、報奨金の支払いは就労インセンティヴを高めるうえでも重要とされる。

(E) 問題点と改善方向

就労準備支援事業でも指摘したが、同事業でも就労に至らなかった人が対象であるから、就労には距離のある人が想定されている。そうであるなら、雇用型であっても3つの自立を意識したプログラムとすべきである。

また、そもそも雇用型と非雇用型をどう区分するか具体的でない。審査基準の具体化と透明性、支援手順、就労にとどまらない評価基準の具体化が求められる。また都道府県知事などの規制方法も、立入り調査権がないようでは[20]、不当な運用があっても、迅速かつ実効性ある指導監督ができるかどうか疑問である。行政による規制方法、指導監督方法の強化、充実が必要である。

また、「貧困ビジネス」による搾取などを避けるには、単に規制を強化するだけでなく、事業者の自主事業という位置付けを改め、補助事業として事業運営を安定化させるべきである。

3　生活保護との関係（図表4-12）

(1) 基本理念

「生活困窮者の生活支援の在り方に関する特別部会報告書」（2013年1月25日）では、生活保護との関係について、「新しい生活支援体系における諸施策は、生活保護の受給者であるか否かを問わず、生活困窮者すべての社会経済的な自立と生活向上を目指す」（5頁）とする。すなわち、支援法の諸施策は生活保護利用者も包含することが前提となっていた。また、生活保護の目的の一つである自立助長について、新たな方法を取り入れた再生が必要だとし、「生活保護自立支援プログラムの策定などをとおして、こうして方向での生活保護制度の改革が着手されている。これを継承し、生活保護が最後のセーフティネットとして受給者の生活を支える機能を着実に果たしつつ、なおかつ稼働年齢世代の受給者の自立を支援できる制度としていくべき」（同4頁）とし、自立支援プログラムのさらなる発展が期待されていた。

図表 4-12　新法（生活困窮者自立支援法）に基づく事業と生活保護法に基づく事業の関係

- ○　生活保護法は、現に保護を受けている者（法第6条第1項）、現に保護を受けているといないとにかかわらず、保護を必要とする状態にある者（法第6条第2項）が対象
- ○　生活困窮者自立支援法は、現に経済的に困窮し、最低限度の生活を維持することができなくなるおそれのある者（法第2条第1項）が対象（要保護者以外の生活困窮者）
  - ※　ただし、子どもの学習支援事業については、生活保護受給家庭の子どもも、将来最低限度の生活を維持できなくなるおそれがあることから、新法の対象
- ○　新法に基づく事業と生活保護法に基づく事業が連携して、連続的な支援を行うことが重要。また、自立相談支援事業において、生活保護が必要な場合には、確実に生活保護につなぐ

新法に基づく事業	生活保護法に基づく事業
生活困窮者自立相談支援事業	被保護者就労支援事業（第55条の6）
生活困窮者就労準備支援事業	被保護者就労準備支援事業（第27条の2に基づく予算事業）
生活困窮者家計相談支援事業	（個々の状況に応じケースワーカーが支援）
生活困窮者の子どもの学習支援事業　その他の自立促進事業	生活保護受給者の子どもへの学習支援については、新法の対象
生活困窮者住居確保給付金	（住宅扶助）
生活困窮者一時生活支援事業　※一定の住居を持たない者への宿泊場所供与等	（生活扶助、住宅扶助）

出所：図表4-1に同じ

（2）　基本的な関係

A　支援法の事業は生活保護法においても同様の事業が実施される

　生活保護利用者は直接的には支援法の対象とはならないが、国は「生活困窮者を幅広く受け止める」という立場から、「モデル事業においては、生活保護受給の有無に関わらず事業の対象としている。法施行後は生活困窮者自立支援制度と生活保護制度が一体的に運用できるよう、国において検討」としていた[21]。また、「新法（支援法、筆者注）に基づく事業と生活保護法に基づく事業が連携して、連続的な支援を行うことが重要」とされている。これらの説明からは、法制度としては別の制度であるが、生活保護利用者も支援法の事業と同等のものを利用できるようにする方向性が示されている。

B　水際作戦の懸念

　生活保護法との関係は、「自立相談支援事業において生活保護が必要な場合には、確実に生活保護につなぐ」とされ（**図表4-12**）、少なくとも公式の運用方針では、水際作戦は否定されている[22]。
　しかし、問題は制度的な担保である。とりわけ、支援決定や支援調整会議にお

ける行政の姿勢が決定的である。要保護者について、まずは生活保護を適用して生活を保障したうえで、諸支援を行うという立場が欠かせない。支援決定や調整会議の設置、運営要綱などに、要保護者は原則として生活保護に結び付けること、すなわち生活保護申請援助義務を明記するなどの必要があろう。アセスメントにおいても、生活保護の要否判定に準じた聞き取り、評価項目を設ける必要があろう。

また、生活困窮者が福祉事務所に直接生活保護を申請することは何ら妨げられない。福祉事務所に保護申請をした市民に対して、福祉事務所が申請を認めずに相談支援事業に回すことは保護申請権の侵害となる。

C 生活保護における事業が本人の意に反して強制されてはならない

生活保護法所定の支援法に相当する各事業をみると、被保護者就労支援事業は「被保護者からの相談に応じ」て行われ、就労準備支援事業と家計相談支援事業は、いずれも生活保護法27条の2に基づき、「要保護者から求めがあったとき」に行われるから、強制はできない。あくまで任意であることに留意しなければならない。

他方、支援法の事業、特に、就労訓練事業が生活保護利用者にも適用される場合も、本事業が生活保護法4条2項の他法にはならないこと、すなわち、生活保護に優先して活用しなければならないものではないことにも注意が必要である[23]。

(3) 諸事業について

A 被保護者就労支援事業〜就労支援への特化〜

支援法の相談支援事業にあたる生活保護での事業は、「第55条の6に基づく被保護者就労支援事業」(下線筆者、以下同)となっている。同条1項は、「保護の実施機関は、就労の支援に関する問題につき、被保護者からの相談に応じ、必要な情報の提供及び助言を行う事業(以下「被保護者就労支援事業」という)を実施するものとする」と規定する。本来、相談支援事業は、先述のように、「複合的な課題を抱える生活困窮者を幅広く受け止める」事業であったはずだが、この被保護者就労支援事業は、就労に特化した相談支援となっている。ワークファースト的な就労強化の狙いが露骨に出ている。

しかし、要保護者については、「(相談支援事業の)対象となった時点においては、当該対象者が要保護者であるか否かが不明であることが多いと考えられる中で、当該対象者が要保護者に該当する可能性があるために、同号に規定する事業(相談支援事業、筆者注)の対象としないことは考えていなかった」と国が述べて

いるように[24]、相談支援事業の直接対象となる。

　生活保護利用者については、その抱える課題は、生活困窮者と重なり、さらに深刻である。生活自身は生活保護で最低保障されているとはいえ、さまざまな生活課題を解決しないかぎり、自立支援は進まない。生活保護利用者ほど、関係の支援機関が連携した支援が必要な対象はないといってもよい。相談支援事業を、生活保護利用者に関する関係支援機関の連携協議の場として、支援を実効性のあるものにする必要がある。基本的には被保護者就労支援事業の内容を改善する法改正が必要と考える。

B　就労訓練事業

　対象者要件には、具体的な所得・資産の要件の定めはないが、生活保護利用者も就労訓練事業の利用は可能である。保護利用者が就労訓練事業を利用する場合には、その利用者が被保護者就労支援事業の対象となっていることを要件とし、就労支援事業のあっせんや、利用状況の把握については、基本的には、就労支援員またはケースワーカーにおいて実施するとされている[25]。

C　その他の事業

　就労準備支援事業、家計相談支援事業は、生活保護法27条の2（相談援助、すなわち生活保護ケースワークの根拠規定）に基づく予算事業として実施される。また、住居確保給付金、一時生活支援事業は、生活保護では住宅扶助などにより手当てされるから、特に事業化を要するものではない。

第3節　生活困窮者自立支援法の課題

　前節で、支援法の制度概要を説明しつつ、生活困窮者の定義や範囲、またそれぞれの事業の問題点や生活保護との関係などを検討した。本節では、法施行にあたって、さしあたって重要と思われる課題を提起する。

1　生活困窮者の掘り起し（発見）と可視化

　生活困窮者が自ら相談機関へ訪れるとはかぎらない。行政の腰が引けていては、「相談支援事業」に来た人だけが対象ということになりかねない。支援法の趣旨をふまえれば、「待ちの行政」からの脱却が不可欠である。例えば、行政情報によって国保料滞納者、税滞納者、後期高齢者医療の対象であるが長期にわたる未受診者などをリストアップし、アウトリーチによって生活問題などの相談を

行い、必要な施策を紹介することなどが考えられる[26]。また、生活困窮者を抽出するための地域調査なども行うべきである。こうして生活困窮者を可視化することは、孤立死や生活苦による自殺などの防止にも有効である。

2　公的責任を軸としたネットワークの確立

　生活困窮者への有効な支援を行うには、支援法所定の事業を準備することのほか、その地域でのネットワークによるワンストップの支援が重要である。その際、相談支援に熟練した生活保護ケースワーカーなどが軸となって相談にあたるのが望ましいと考えるが、それができない場合であっても、相談事業体と福祉事務所は常時緊密な連絡調整を行い、ネットワークの中心とならねばならない。

3　水際作戦の防止と生活保護の最大限活用

　現在の貧困状況からすれば、相談支援事業で対応する生活困窮者は、生活保護に該当する人が相当数含まれるとみなくてはならない。前述のように、各事業の対象者自身が要保護層とクロスする。そうした生活困窮者で生活保護の条件に合致する市民は、運用方針に従い、確実に生活保護制度につながねばならない。先述のように、相談事業体の運営、設置要綱などに、生活保護申請支援援助義務を明記し、生活保護へのつなぎに漏れがないようにする必要がある。

4　包括的な寄り添い型支援を担う人材の確保・養成と支援手順の確立

　国も指摘するように、現代の生活困窮の原因は、非正規労働者、ワーキングプア、高校中退者、中高校不登校、ニート、引きこもり、生活保護利用者における貧困の連鎖など多様である。また、こうした状態に至る背景や要因には、若者の生きづらさや、うつなどの精神的な疾患や発達障害なども考えられる。こうした多様かつ深刻な生活問題をアセスメントし、適切な機関・人と連携して、困窮者に寄り添いながら支援することが相談支援の趣旨である。そのためには、社会福祉士や精神保健福祉士などを中核として支援体制を構築し、アセスメントや具体的支援方法について支援手順を確立しなければならない。現在の国の研修案では、自立相談支援事業従事者は6日間（42時間）、就労準備支援従事者と家計相談支援事業従事者は3日間（21時間）の研修が予定されているが[27]、生活困窮の多様さから考えると、さらなる充実が必要ではないか。また、相談員となった後の現任訓練（仕事をしながらの研修）も必要であろう。

注

1 「すべり台社会」とは、一度転んだらどん底まですべり落ちていってしまう社会のことをいう（湯浅誠（2008）『反貧困』岩波新書）。日本では、失業、病気、高齢、離別などのアクシデントが起きた場合、通常は社会保険などによって支えられ、そのうち雇用市場などに復帰することが想定されていたが、社会保険などの機能が弱くなり、一度そのようなアクシデントに遭遇した場合、途中で社会保険などにより止まらず、すべり台のように、最後のセーフティネットである生活保護まで行きついてしまうことを指す。

2 このような批判には根拠がある。例えば、支援法の必要性や内容を検討してきた「社会保障審議会生活困窮者の生活支援の在り方に関する特別部会」（以下「特別部会」）の当初の報告書案（2013年1月16日）では、支援対象者について、「生活保護制度の見直しと相俟って、就労可能な人が可能な限り<u>生活保護を利用することなく</u>、就労により自立できるようにするという今回の制度改正の目的を踏まえると、新たな相談支援事業の対象者は、生活保護の一歩手前の経済的困窮者を中心に検討すべき」（下線筆者）と述べていた。これには、水際作戦の道具となるという委員の批判があり、最終報告書（2013年1月25日）では、「生活保護制度の見直しと相俟って、生活保護受給に至る前の段階から早期に支援するということで、就労を実現するなど社会的経済的自立が可能になるように支援するという今回の制度改正の目的を踏まえると、新たな相談支援事業の対象者は、生活保護の一歩手前の経済的困窮者を中心に検討すべき」と修正された。なお、批判的論点は、森川清「生活困窮者自立支援法は、生活困窮者を支援するか」『賃金と社会保障』1590号、4～9頁に整理されている。

3 奈良市長は、支援法に規定する事業と趣旨を同じくする、「なら福祉・就労支援センター事業」の実施にあたり、「安易に生活保護を受給する方を水際で止める」と露骨に述べていた（2013年8月27日『毎日新聞』）。

4 本書の問題意識は、2013年10月23日日本弁護士連合会「生活困窮者自立支援法案に対する意見書」と重なるものである。

5 麻生太郎財務大臣は、より露骨に、第6回経済財政諮問会議（2014年4月22日）において、「『生活困窮者自立支援法』は、生活保護制度の見直しと一体で、生活保護に頼らない自立を促進するものであり、その財源は、生活保護制度の更なる見直しにより確保する必要」という意見を提出している（同議員提出資料）。

6 2012年10月17日第9回特別部会で、「『生活支援戦略』に関する主な論点案」が示された。そこには、「新たな生活困窮者支援体系に関する論点」と「生活保護制度の見直しに関する論点」の2つがあり、後者では、生活保護法改正案の中心的な論点であるワークファースト的見直し（保護開始直後からの早期で集中的な支援や、開始後3～6カ月段階では「低額・短時間であってもまず就労すること」〔月額5万円程度〕）が示された。櫛部武俊委員（元釧路市役所、自立支援プログラムにおける釧路モデルの創設者）は、生活困窮者支援と生活保護の見直しを、ケンタウルス（人馬）に例え、「上が人間で下が馬」と評した。生活支援体系は「人間の顔」をしているが、生活保護の見直しは「暴れ馬」であるとの評価であろう。また、「まずは5万円を稼ごうということなのだけれども、私たちはまず4万円をどう生み出すかで非常に苦心惨憺している状態なので、余りこういうものがぽんと出てくるとつらいなという感じです」とも述べ、期限を区切り低賃金でも稼ぐべきという生活保護見直しの考え方にも危惧の念を表明している（特別部会議事録）。

7 韓国の基礎生活保障法では、同法の所得ラインの100～120％を「次上位層」として、同法の自活事業の対象とし、同法への落込みを防ぐ（防貧）運用が行われている。所得による線引きではあるが、対象者は明確である。日本の支援法では、生活保護に至らない点だけは明らかだが、それ以上は不明確である。

8 学習支援事業については、生活保護受給家庭の子どもは、将来最低限度の生活を維持できなくなるおそれがあることから、支援法の対象とされた（**図表4-12**）。

9 厚生労働省としても、「生活困窮者は、自ら積極的に相談に訪れることが困難な場合も多いことから、早期支援につながるよう訪問支援等のアウトリーチも含め、積極的に対象者を把握することが重要である」という認識が示されている。2015年3月9日社会・援護局関係主管課長会議資料「生活困窮者自立支援法の施行について」

アウトリーチの具体的な例としては、大阪市東淀川区では、モデル事業において、相談窓口のチラ

シを、ネットカフェ、安売りスーパーなどに置く、宅建業協会に家賃滞納者がいた場合、相談窓口の案内を依頼する、民生委員協議会や地域包括支援センターと共催で出張相談を行う、公営住宅で家庭訪問を行っている。2015年3月大阪市東淀川区役所生活困窮者自立支援担当発行『大阪市東淀川区生活困窮者自立支援モデル事業相談事例集』
10 2014年3月3日社会・援護局関係主管課長会議資料「新たな生活困窮者自立支援制度について」、また前注9参照。
11 地方税法295条3項、施行令第47条の3（2）号、施行規則第9条の3
12 課長通知第10の12
13 一時生活支援事業は2015年3月までは全額国庫負担であったが、支援法では国庫負担は2/3に減る。ホームレス支援の現場では、自治体負担は自治体間の「キャッチボール」（ホームレスの方の押付け合い）の原因になりがちである。
14 2015年3月9日社会・援護局関係主管課長会議資料「生活困窮者自立支援法の施行について」
15 2014年3月3日社会・援護局関係主管課長会議資料「新たな生活困窮者自立支援制度について」
16 2013年12月10日厚生労働省「新たな生活困窮者自立支援制度について」、社会・援護局地域福祉課生活困窮者自立支援室「質疑応答集」問58への答え
17 2014年3月3日社会・援護局関係主管課長会議資料「新たな生活困窮者自立支援制度について」「（事例）就労訓練事業（いわゆる中間的就労）の取組み」、147頁。また、平田智子、斉藤懸三、藤木千草、五石敬路（2013）「就労支援、社会的事業、社会的事業、そして中間的就労」『SOCIAL ACTION』2013.6.vol.1、60頁以下で具体的な課題が検討されている。
18 社会福祉法人、消費生活協同組合などが事業を行う場合は、税制上、固定資産税、都市計画税、不動産取得税に関して減額、免除措置の対象となることなどが示されている。2015年1月26日生活困窮者支援制度全国担当者会議資料
19 以下は、2013年7月30日厚生労働省社会・援護局地域福祉課生活困窮者自立支援室「中間的就労のモデル事業実施に関するガイドライン」による。
20 2013年12月10日厚生労働省「新たな生活困窮者自立支援制度について」、社会・援護局地域福祉課生活困窮者自立支援室「質疑応答集」問80への答え
21 2014年3月3日社会・援護局関係主管課長会議資料「新たな生活困窮者自立支援制度について」
22 2015年1月26日生活困窮者支援制度全国担当者会議資料「自立相談支援事業実施要領（案）」でも生活保護に確実につなぐことが随所で強調されている。
　前注9で紹介した東淀川区では、自立相談支援事業で、「もっとも多く利用する制度の一つが生活保護です。当区の相談状況では、相談に来られた方の約15％が生活保護につながっています」、「先進諸国の中でも、異常なほど低い、生活保護の利用率（捕捉率）を改善するチャンスとして積極的に考えるべきではないでしょうか」という姿勢のもとで、生活保護への確実な結び付けが行われている。2015年3月『大阪市東淀川区生活困窮者自立支援モデル事業相談事例集』
23 2013年8月13日内閣参質184第10号、福島みずほ参議院議員の質問主意書に対する内閣の答弁書
24 前注23
25 2015年3月10日生活保護関係全国係長会議資料「平成27年度生活保護実施要領等」（未定稿）、「被保護者就労支援事業の実施について」の7の(2)
26 2015年3月9日社会・援護局関係主管課長会議資料「生活困窮者自立支援法の施行について」においても、「庁内関係部局との連携では、福祉関係部局をはじめ、例えば、税・保険料や公共料金の担当部局等と連携することで、公金債権の滞納者等の生活困窮者が自立相談事業につながることが考えられる」と強調されているところである。
27 2015年3月9日社会・援護局関係主管課長会議資料「生活困窮者自立支援法の施行について」

第2部

生活保護争訟をめぐる諸課題

　第2部では、この間の進展が目覚ましい生活保護争訟の4つの領域を取り上げる。4つの領域とは、保護の申請（第5章）、稼働能力（第6章）、外国人と生活保護（第7章）、生活保護法63条と78条（第8章）である。
　それぞれ、行政運用の実状、行政運用の指針（保護の実施要領）、主な判決と裁決を検討し、あるべき方向性を考察する。

第5章

保護の申請

　保護の申請をめぐっては水際作戦が根強く続いており、2012（平成24）年の札幌市白石区における保護申請が認められなかった姉妹の孤立死事件をはじめ、悲劇が絶えない。他方、この間の判決や裁決は、行政の発見・助言・確認・援助義務を認めるなど、市民と行政における情報格差や力関係の格差を縮めるための新たな規範が確立している。これら新たな規範を現場運用において定着させるには、保護申請における、いわゆる相談扱いをなくすなど、保護申請を広く認めたうえで速やかに審査を開始する仕組み作りが必要である。

第1節　問題の所在

　本章では、生活保護の申請についての拙著『生活保護の争点』（高菅出版、2011年）以降の主要な争訟を概観する。この間の保護申請をめぐる現場運用と争訟には次の特徴がある。
　まず、依然として行政の水際作戦が根強いことである。2012年1月に発生した札幌市白石区での姉妹孤立死事件がその典型である。この事件では、要保護状態が明らかな姉妹が、3回にわたり福祉事務所に生活保護の相談に訪れているにもかかわらず保護申請は受け付けられず、取り返しのつかない事態を招いている。白石区では、この事件の25年前にも、福祉事務所から、9年前に別れた夫からの扶養できないという文書の提出を求められた母子家庭の母親が、それから福祉事

務所に行くことなく、3人の子どもを残して衰弱死するという痛ましい事件が起きている[1]。この事件は、生活保護法123号通知[2]以降の苛烈な水際作戦を象徴する事件として、「福祉が人を殺すとき」という言葉で世間に記憶されることになった。その同じ福祉事務所で、25年前と勝るとも劣らない事件が引き起こされた。後述するように、北九州市をはじめ、水際作戦による悲劇が後を絶たないことから、国は再三にわたり保護申請権の尊重を求め、2008年には、保護の実施要領に次官通知第9を新設した。にもかかわらず、白石区で再び事件は引き起こされた。深刻な事態といわなければならない。

　他方、保護申請をめぐる争訟では、めざましいといってよい進展があった。裁判では、一審段階で保護申請の現場に即した新たな規範（法的に導かれる解釈、ルール）の定立とそれに基づく事実認定による原告勝訴判決が相次ぎ、いずれも確定した（小倉北事件〔福岡地裁小倉支部平成23年3月29日判決〕『賃金と社会保障』1527号〕、三郷事件〔さいたま地裁平成25年2月20日判決『判例時報』2196号〕、岸和田事件〔大阪地裁平成25年10月31日『賃金と社会保障』1603・1604合併号〕）。

　また、審査請求でも、2011年4月26日、2014年2月14日と2度にわたり、厚生労働大臣裁決が出され、前者では、処分庁へ保護申請書が提出された約5カ月前、後者では約2カ月前に口頭の申請があったことを認め、原処分を取り消した。第3章で述べたように、生活保護法改正によって水際作戦の強化が懸念されているが、司法判断は、実施機関（福祉事務所長）には「生活保護制度を利用できるかについて相談する者に対し、その状況を把握したうえで、利用できる制度の仕組みについて十分な説明をし、適切な助言を行う助言・教示義務、必要に応じて保護申請の意思の確認の措置をとる申請意思確認義務、申請を援助指導する申請援助義務（助言・確認・援助義務）が存する」（上記、小倉北事件判決）という水際作戦を許さない判断で固まったとみてよいだろう。

　厚生労働大臣裁決でも、「請求人が生活に困窮しており、保護の申請意思を有していることも優に推定されるにもかかわらず、処分庁が、請求人に対して保護の申請意思を確認」しなかった場合には、請求人が主張する当初の福祉事務所での面接日に口頭の申請があったと認定する裁決が相次いでいる。

　本章では、まず、札幌市白石区姉妹孤立死事件について、現地調査をふまえた問題点を明らかにする。次に、社会保障給付に関する教示・助言義務についての裁判例を概観したうえで、生活保護争訟の到達点を確認する。最後に、どうすれば水際作戦が根絶できるか、私なりの提案を行う。

　なお、本章で扱う事案はすべて、申請に関わる改正生活保護法の施行（2014年7月）より前のものである。改正法は申請の事実上の要式行為化の危険性がある

とはいえ、当初の原案が修正され、口頭の申請を認めることを明確にしたこと（24条1項但書。ただし、「特別の事情」がなくても意思解釈の問題として口頭の申請を認められる）などを考えると、申請に関する改正後の解釈枠組みは改正後も基本的には変わらない（本書第3章第2節参照）。したがって、本章で紹介する各事案で確立した申請に関する規範は、法改正後も基本的に妥当するものである。

第2節　根強く続く水際作戦〜札幌市白石区姉妹孤立死事件〜

　事件が発生した2012年は、年初から、いわゆる稼働年齢層を含み、かつ複数人数の世帯の餓死、孤立死が3月末までに11件も続いた異常な年であった。その前年から報道されていた無縁死[3]を地で行く事態となった。

　そこで、私の属する全国生活保護裁判連絡会をはじめ、生活保護関係諸団体で、全国「餓死」「孤立死」問題調査団を立ち上げ、全国調査を行った。白石区の孤立死事件は、単なる孤立死ではなく、前述のとおり、福祉事務所による申請権侵害が最悪の事態を招いていることや、25年前の事件の再来といってもいい事件であったため、2012年5月15〜17日に30名余りの関係者で現地調査を行った。調査では、白石区福祉事務所長をはじめ生活保護行政の責任者との懇談や、白石区の生活保護利用者からの聞き取り調査、また生活保護ホットラインなどを実施し、現地の生活保護行政の実状を多角的に明らかにするように努めた[4]。本節は、情報開示されている姉妹と福祉事務所面接員との面接記録や、現地での懇談を基に、白石区における水際作戦の実態を明らかにする[5]。

1　事実経過

　情報開示された3回にわたる面接記録票（面接時に行政が記録として残したもの）を時系列・項目別にまとめると、事実経過は**図表5-1**のようになる。

　相談の回を追うごとに姉妹の生活が厳しくなっていっていることが見てとれる。また、面接受付票からも、現地のテレビ報道や、私自身の聞き取りからみて、姉が懸命に求職活動をしていたことは明らかだった。また、姉が脳疾患系の病気であった疑いも濃厚だった。もし、遅くとも3回目の申請時に生活保護になっていれば治療が受けられ、亡くなることもなかったのではないかと推測される。

図表5-1　札幌市白石区姉妹孤立死事件の経過

面接日	扱い	来所目的と結果	姉の主な訴え	生活状況	主な教示確認事項
第1回目 2010年6月1日	相談	「生活保護の相談に来所」【結果】「主（姉のこと‐筆者注）、仕事も決まっておらず、手持金も僅かとのことで、後日関係書類を持って再度相談したいとして、本日の申請意思は示さず退室となった（関係書類教示済み）」	2009年10月まで洋服販売の仕事をしていたが体調不良により退職。その後5月1日から再就職したが、「4日間程で解雇となり、今後の生活が不安として相談に来た」。現在「求職活動をしており、婦人服の会社を面接、返事待ちの状況」	・「2010年3月から雇用保険を受給」。3月26日に6万70円、5月7日に11万5857円を受給。すでに解雇された再就職先からの給料は、5月25日に2万3000円支給された。 ・健保あり（任意継続）姉妹とも通院。 ・姉名義の生命保険あり。他に資産なし	「今後も継続して求職活動をするよう助言」「能力、資産の活用等生活保護制度全般について説明」「高額家賃について教示。保護の要件である、懸命なる求職活動を伝えた」【確認事項】・「急迫状況の判断」欄の「預貯金・現金等の保有状況」、「ライフラインの停止・滞納状況」、「国民保険料等の滞納状況」の各欄はいずれも「聴取に至らず」・「制度の説明」は「実施」したが「しおり」未配布・「申請意思」は「無」
第2回目 2011年4月1日	相談	「この1週間の生活相談のため来所」【結果】非常用パン14缶（7日×1食×2人）を支給。「当該食料は災害等用のものであるため、恒常的な支給はできない旨説明済み」、「食料確保により生活可能であるとして生活保護相談に至らず退室」	「主（姉）はハローワークの教育訓練給付を受けているが、先方の手違いで4月8日まで支給されない。8日に給付金2カ月分が支給され」15日には妹の障害年金（13万2016円/2カ月）が支給される。「手持金が少なく、食料も少ないため、それまでの生活の相談に来た」	・「公共料金の支払いを待ってもらっている」	「生活保護又は社協貸付については、決定まで一定の日数を要する旨伝える。主から、この1週間の生活だけがどうしても困難とのことから、非常食の支給を教示」【確認事項】・「急迫状況の判断」欄の、「預貯金・現金等の保有状況」は「1000円」、「ライフラインの停止・滞納状況」は「滞納あり」、「国民保険料等の滞納状況」は「未加入」・「制度の説明」は「未実施」・「申請意思」は「無」
第3回目 2011年6月30日	相談	「生活保護の相談に来所」【結果】「主、手持金も少なくなり、次回は関係書類を持って相談したいとのことで本日の申請意思は示さず退室となった」	「求職活動しているが決まらず、手持金も少なくなり、生活していけないと相談に来た」「主はハローワークの教育訓練給付を受け、給付金と妹の障害年金で生活。職業訓練も終了、4月下旬から生鮮工場で仕事が決まるも（略）妹が体調を崩し、仕事に行けない状態になり、研修期間で辞めた」（給料なし）その後アルバイトするも続かず、現在求職中	・姉妹とも国保未加入。健保は保険料払えず喪失。 ・生命保険も解約。活用可能な資産なし ・負債は家賃、公共料金の滞納分。6月15日の妹の年金は家賃、公共料金の支払いで消費済み	「能力・資産の活用等、生活保護制度全般について説明。高額家賃について教示。保護の要件である懸命なる求職活動を伝えた」【確認事項】・「急迫状況の判断」欄の、「預貯金・現金等の保有状況」は「残り少ない」、「ライフラインの停止・滞納状況」は「聴取に至らず」、「国民保険料等の滞納状況」は「未加入」・「申請意思」は「無」

出所：筆者作成。情報公開された面接受付票は、全国「餓死」「孤立死」問題調査団編（2012）『「餓死・孤立死」の頻発を見よ！』あけび書房、49〜51頁に掲載されている

2　生活保護法上の主な問題点（3以下で詳説）

　この事件では少なくとも以下の4点で、福祉事務所に生活保護法違反があった

と考えられる。

(1) 保護申請権侵害（その1）
　本件では、相談者は、明示的に「申請」とはいっていないが、実質的に保護申請意思を表明していると考えられる。にもかかわらず、申請を認めて審査手続きに移行していない。この点で保護申請権侵害（生活保護法7条違反）である。

(2) 保護申請権侵害（その2）
　福祉事務所は、住宅扶助と稼働能力に関する誤った説明を行い、保護申請を断念させている。この点でも保護申請権侵害（生活保護法7条違反）である。

(3) 職権保護違反
　生活保護法7条の「急迫状態」に該当していたにもかかわらず、職権保護をしなかった点で違法である（生活保護法4条3項、25条1項違反）。

(4) 最低生活保障義務違反
　(1)～(3)の結果、最低生活費を10万円以上下回る、明らかに要保護状態だった姉妹は生活保護とはならなかった。法の目的である最低生活保障義務に違反（生活保護法1条違反）し、最悪の事態を招いた。

3　本件姉妹世帯の要保護性

　通常、生活保護の開始条件は、収入が最低生活費を下回っているかどうかと、貯金などの資産がないかという2点で審査されるが、本姉妹世帯の状況は以下のとおりだった。

(1) 家族構成、収入など
　42歳と40歳の姉妹2人暮らし。妹は知的障害あり。確実な収入は妹の障害基礎年金（月6万6000円余り）。両親はすでに他界している。家賃5万円／月のアパート（生活保護基準額4万7000円）暮らし。

(2) 最低生活費と収入（第1～第3回目とも冬季加算額3万円あまりの対象期間外）
　A　最低生活費
生活扶助費
1類　　42歳：3万6460円　　40歳：3万8460円＋障害者加算1万7890円

2類　4万5910円　(注) 札幌市では、11〜3月であれば冬季加算額として2類額に月額3万110円が加算される。
住宅扶助　4万7000円
合計　　　18万5720円

B　収　入
　確実な収入は、妹の障害基礎年金約6万6000円程度と、2回目申請時の訓練生活支援給付金程度であり、あとは途切れがちな姉のアルバイト収入程度であったと推察される。

C　保護の要否
　10万円以上最低生活費を下回っており、明らかに要保護状態であった（18万5720円−6万6000円≒11万9720円≒支給されるべき保護費。姉への教育訓練給付、アルバイト的な収入があっても、これらの収入がこの保護費額を恒常的に超えるとはとうてい考えられない）。これについての、懇談時の福祉事務所側の説明は以下のとおりであった。

「記録のかぎりでは、生活困窮の状態にあったことは推測できる」
「相談時の内容から判断するかぎりでは、申請すれば（保護の）適用になった可能性はある」

　福祉事務所は要保護状態であったことを認識していたのである。
　なお、同区の当時の保護課長は、本姉妹世帯の収入が生活保護基準を下回っていたことは、テレビなどで再三にわたり認める発言をしている。例えば、2012年3月20日、NHK『追跡！真相ファイル「都会の孤立死　SOSが届かない」』では、その課長は「生活保護の基準からみると、ずっと下になる」、「申請さえあれば生活保護になったと思われる」と述べている。
　そうであるなら、福祉事務所としては、「あなたの世帯は、約10万円の保護費が支給できる困窮状態にある」という基本的な情報を伝えたうえで、保護の申請をするかどうかを聞くべきこととなる。
　この点についての当局の説明は以下のとおりであった。

> 「推測だが、生活困窮状態も担当者はわかっているので、説明していると理解している」

調査団から「相談に応じた職員からそういう説明をしたと聴取したのか」との質問に対しては、「（聴取）していない」との回答だった。つまり、当局は、当の面接員に対して確認をしておらず、推測に基づく回答であった。このため、調査団は、面接した職員への再聴取とその結果を再度回答するように求めた。その後、再調査した白石区は、最後の面接となった2011年6月30日について、「申請の意思を確認するに際して、申請があれば保護適用となる可能性があるとの説明は行っていないと思う」と回答した。10万円も最低生活費を下回っている世帯に対しては、その旨教示するとともに、申請意思を確認し、申請援助をしなければならないはずであるが（後記の局長通知第9）、白石区では、相談者が要保護状態であるという基本的な説明を抜きに面接をしていたことが明らかとなったのである。

4　保護申請権の侵害
（1）　保護の実施要領の規定
そもそも行政の生活保護運用マニュアルである保護の実施要領には、下記のように記されている。

○次官通知第9
生活保護は申請に基づき開始することを原則としており、保護の相談に当たっては、相談者の申請権を侵害しないことはもとより、申請権を侵害していると疑われるような行為も厳に慎むこと。

この規定は、保護申請における「水際作戦」による事件が相次いだため、事務次官通知という大臣の告示に次ぐ重みのある通知で保護申請権侵害を戒めている。さらに、次官通知を受けた社会・援護局長通知は次のように定める。

○局長通知第9
1　保護の相談における開始申請の取扱い
生活保護の相談があった場合には、相談者の状況を把握したうえで、他法他施策の活用等についての助言を適切に行うとともに生活保護制度の仕組みについて十分な説明を行い、保護申請の意思を確認すること。また保護申請の意思が確認

された者に対しては、速やかに保護申請書を交付するとともに<u>申請手続きについての助言を行うこと</u>（下線筆者、以下同）。
2　要保護者の発見・把握
　要保護者を発見し適切な保護を実施するため、生活困窮者に関する情報が保護の実施機関の窓口につながるよう、住民に対する生活保護制度の周知に努めるとともに、保健福祉関係部局や社会保険・水道・住宅担当部局等の関係機関及び民生委員・児童委員との連絡・連携を図ること。

　すなわち、本規定により、福祉事務所は、生活保護の相談者に対して、相談者の生活実態を把握したうえで（要保護状態かどうかの判断と重なる）、適切な助言・説明、申請意思の確認、申請手続きの援助等の義務が明記されたのである。

(2)　保護申請権侵害（その1）
　生活保護を利用したいと考え、福祉事務所に来た市民が「保護を申請します」と自ら明言するのはまれである。「申請」という言葉さえ知らない人が多い。したがって、上記の申請に関する諸通知の趣旨を生かそうとするならば、明示的に「申請します」と言わなくても、実質的に保護申請意思が表明されていれば申請と認め、生活保護の審査手続きに入るべきである。
　判例も、申請行為があるというには、申請意思を内心にとどめず、これを実施機関（福祉事務所のこと）に表示することが必要であるが、しかし、「生活保護申請をする者は、申請する意思を『明確に』示すことすらできないことがあるということも十分考えられる。場合によっては、『申請する』という直接的な表現によらなくとも申請意思が表示され、申請行為があったと認められる場合があると考えられる」という判断を示していた（前記小倉北自殺事件）。
　本件においては、少なくとも第1回目、3回目では、福祉事務所の受付記録上も「<u>生活保護の相談に来所</u>」と記載されている。市民が福祉事務所に「生活保護の相談」に行くのは、生活に困窮した末に、少なくとも、生活保護利用の条件に合致するならば生活保護を利用したいという意思を含む行動と理解するのが合理的であり、実態にも即している。したがって、本件の場合は、申請意思の表明があったとみなくてはならない。しかし、福祉事務所は申請と認めず、次に述べるように誤った説明により申請を断念させている。

(3)　保護申請権侵害（その2）
　前掲の面接記録によれば、本件では、住宅扶助に関して「高額家賃について教

示」している。また、稼働能力に関しては、「保護の要件である懸命なる求職活動を伝えた」と記載されている。これらの点についての、当局の説明は以下のとおりである。

> ○「高額家賃」について
> 　「推測だが5万円は基準家賃を超えるので、その分は生活扶助から出すことになり負担になるので転居してもらうことになる、という説明をしたのではないか、ごく普通の説明と理解している。また必ず転居させているわけではない」
> ○「保護の要件である懸命なる求職活動」について
> 　「生活保護制度の説明をする中で申し上げた。健康な働ける人については生活保護を受けた後も仕事をして可能な限り収入を得てもらわなければならない」

　まず、「高額家賃」については、「高額」というが、姉妹宅の家賃5万円は、わずか3000円だけ住宅扶助限度額4万7000円を超過しているにすぎない。そもそも住宅扶助額は支給限度額を示しているにすぎず、住宅扶助額以下の家賃の住居に住まねばならないということではない（本書第2章注5参照）。また、住まいは生活の拠点であり、職場、病院、学校など人間にとってさまざまな日常生活、社会関係は住まいを中心に構築されている。さらに転居に伴う物理的、精神的な負担感も考慮すれば、そう簡単に転居できるものではない。ただし、家賃が基準額を超過し、それが多額に及べばその分が生活費に食い込むことになるため、最低生活が維持できなくなるから、そのかぎりで転居指導の対象になるにすぎない。しかし、本件における福祉事務所の説明はそうではなく、転居することが当然であるような説明となっている。これは「転居してもらわないと保護にはならない」という意味か、「仮に保護になっても転居してもらわなければならない」という意味のいずれかと考えられ、誤った教示といわなければならない。こうした説明が「ごく普通」に行われているのであれば、それは重大な問題である。
　また、生活保護を受けた後の説明として、「保護の要件である懸命なる求職活動を伝えた」という説明は不自然だ。本件の場面は保護申請時である。保護の要件との関係では、申請者に対して、稼働能力をどう判定するかが問題であって、「保護を受けた後」のことは申請時には判断できないはずだ。さらに、稼働能力の活用は保護の要件ではあるが、いわゆる3要素（稼働能力、稼働意思、稼働する場）で判断することになっており（局長通知第4）、本件のような要保護性がきわめて高いケースでは、まずは保護を適用して生活を保障しなければ、求職活動自体もままならない（詳しくは本書第6章参照）。しかし本件において、福祉事務所がこのような言い方をするのは、「あなたはまだ仕事の探し方が足りない。もっ

と一生懸命探せば仕事はあるはずだ」という趣旨と受けとめるのが、通常の受けとめであろう。このような当局の説明の後で、それでも「保護の申請をします」と言えるものだろうか。

事実、前記のNHK『追跡！真相ファイル「都会の孤立死　SOSが届かない」』によれば、姉は友人に福祉事務所の対応を、「自分は生活保護の条件を満たしていない。まだまだ仕事探しに頑張らないといけない」と話している。しかし、事実は、面接票の記載にあるように、姉は病気の体をおして熱心に仕事を探しており、すでに「懸命なる求職活動」を行っていたのである。本件では、求職の努力も十分になされており、福祉事務所は速やかに保護申請への援助を行うべきであった。また、仮に福祉事務所が稼働能力活用に問題があると考えたとしても、最低生活費から10万円も下回っている困窮状態であることを認識していたのであるから、申請書を速やかに渡して保護申請を促すべきケースであった。

5　急迫状態であったのに職権保護していないこと

第1回目から第3回目に至る経過をみると、生活状態の悪化は明らかだ。特に第3回目の状態は深刻な状況であり、たとえ保護申請行為がなくても保護をしなければならない急迫状態（職権保護すべき状態．生活保護法7条但書、25条1項）であったといえる。この点は、残念ながら時間切れで調査時は追及できず、当局の見解を確認できなかった。

6　なぜ25年前と同じことが繰り返されたのか

保護申請権は、次官通知で最大限の尊重が求められているにもかかわらず、なぜ、相も変わらず、侵害事例が絶たないのか。以下の理由があると考える。なお、以下の4点は、市民の側からみれば、最初の保護申請時に顕著に表れるが、保護利用後における各給付申請においても同様である。

(1)　密室性

生活保護の申請は、通常は福祉事務所の相談面接室で行われる。4方向をパネルで囲んだ無機質の相談ブースであるような部屋が多く、俗に「取調室」と言われる。こうした部屋で、申請者は、初対面の福祉事務所面接員と、プライバシーに関わる面談を行う。面接の内容は、面接員が面接票に記録するが、それはあくまで面接員の認識や理解に基づく記録であり、申請者は自分の申立てがどのように記録されたかは確認のしようがない。

(2) 情報格差、力関係格差

　生活保護の申請は、行政通知などによれば、実はシンプルである。「生活保護の申請をします」と明確に述べればそれで成立する。ところが、本件でもそうであうように、「申請」というような行政用語を知らない市民は多く、まして、申請行為の単純さや行政側に申請意思確認義務があることを知っている市民は皆無といってよい（生活保護の知識について「無知」に等しい状態）。生活保護の知識（例えばおおよその自分の最低生活費など）も知らない市民がほとんどである。面接員が生活保護の説明をすることは当然なのだが、本件のように、市民の「不知」につけこんで、誤った説明をするならば、申請者は納得がいかなくてもそれに従ってしまうだろう。そのうえ、申請受付けの判断権は行政にあるから、市民は「お願いする」という立場に置かれており、もともと弱い立場なのだ（「無力」に等しい状態)[6]。こういう情報格差、力関係のもとでは、行政側の誤った教示が通りやすくなり、誤情報があれば市民は申請には至らない。このような場合、行政側が自らの誤った教示を棚に上げて、「申請するかどうか確認したが、申請がなかった」ということにして、面接相談票の申請意思確認欄に、本件のように「申請意思なし」と記載すると、行政側には調査義務をはじめ何の応答義務も発生しないことになる。「申請意思確認義務・面接票記入義務」が、本来の趣旨に反し、申請権侵害を糊塗するために悪用され、申請抑制の「壁」となっているのだ。

(3) 申請と「相談」

　さらなる問題は、市民が生活保護の相談に行ったとしても、申請の前に必ず「相談」の段階があることだ（**図表5-2**）。本件でも、3回とも福祉事務所に相談には来ているが、②の段階で終わっている。

図表5-2　生活保護申請の相談・審査プロセス

出所：筆者作成

　この段階があることが、(1) (2)で述べたような、行政側の違法な行為を生む温床となっている。保護申請行為が、行政通知のいうようにシンプルなものであ

るならば、本来込み入った相談は不要である。保護申請は、困窮した市民と生活保護を結び付ける架け橋の意味がある重要な行為である。そうであるなら、申請は、可能なかぎり、簡易化すべきこととなろう。

(4) 生活保護に対する根強い抑制政策と増えない生活保護ケースワーカー

格差や貧困の拡大がこれほど世間の共通認識になっても、近年では「年越し派遣村」(2008年暮れ～2009年年初め) 後のわずかな期間を除いて、政府が貧困問題を政策的な優先課題にあげたことはないといってよい。反対に、2012年に成立した社会保障制度改革推進法以降、世間に吹き荒れた生活保護バッシングもあいまって、生活保護抑制政策は強まっている。最後のセーフティネットである生活保護を活用して市民の貧困を積極的に救済するのではなく、なるべく生活保護を使わせない方向に政策は流れており、福祉事務所の面接員の対応も影響を受けざるをえない。そのうえ、生活保護ケースワーカー数が保護世帯の増加に対応して増えないことから、福祉事務所内でもこれ以上生活保護ケースワーカーの負担を増やさないような「配慮」が面接段階でも生ずる。

この問題は、国や自治体の政策や生活保護や社会保障の位置付けに関わるものであるから、根本的には、ロビー活動、市民運動、選挙や争訟などによって変えていかなければならない問題である。

第3節　社会保障給付における教示、助言義務

生活保護申請場面における教示、助言義務などを検討する前に、生活保護を含む社会保障、社会福祉給付におけるこれらの義務について検討しておく。

1　重層的な教示、助言義務

社会福祉制度やサービスの第一線の行政機関とされる福祉事務所には、社会保障、社会福祉給付の相談に来た市民に対して、いくつかの法制度、判例により、教示、助言義務が基礎づけられている。

第1には、社会福祉の共通法とされる社会福祉法である。同法75、76条は、社会福祉事業の経営者、国、地方公共団体が、福祉サービスを利用する者へ必要な情報を提供する義務を定めている。また、利用契約の申込みに対しては、契約内容の説明義務を定める。これは、福祉サービスの利用者が一般的には社会的弱者であり、複雑な福祉制度の知識・情報を知らないこと(情報格差による「無知」)と、そのため、行政担当者との対等性において劣位に置かれていること(力関係

格差による「無力」）から、事業者・行政に情報提供義務、説明義務を課したものである。また、これらの規定は、社会福祉制度の給付が、措置から契約へ変更されたことから（社会福祉基礎構造改革）、消費者契約法の影響を受けている[7]。

第2には、個別社会保障法、個別福祉法から導かれる規範としての教示、助言義務である。年金、手当、手帳に基づくサービス、生活保護など多岐に及ぶが、個別法それ自体から導き出される場合と、身体障害者手帳など個別法規定の制度を根拠にして、自治体や民間会社などが、利用料等の減額免除規定などを定めている場合の教示義務などがある。

第3には、上述の諸法令に対応して、福祉関係行政職員の職務義務にも位置付けられる（後述、大阪高裁2005年6月30日判決）。同判決は、社会保障給付の複雑さから、支給可能性のある給付について受給資格、要件などを教示する義務が福祉関係行政職員にあることを認めている。

2 社会保障給付における教示・助言義務の必要性

前項でも触れたが、第1に、行政と利用者市民の間では、情報格差、非対称性が著しい。社会保障、社会福祉制度がもともと複雑であり、政省令や通知に具体的な運用が委ねられ、改正も頻繁に行われている。正しく適切な情報提供なくして、権利行使はありえないことは自明である。とりわけ、日本の社会保障制度の多くが、申請主義を採用していることから、制度の広報義務が申請の前提として重要な意味をもつ。

第2に、行政と市民とでは対等性が確保されていない。給付決定権限が最終的に行政にあることや、根強い「お上意識」、「行政が間違うことはないだろう」という固定観念から、行政側が市民より優位に立っている。仮に市民が行政の説明を疑問に思ったとしても質問などをしにくい関係にある。これらの傾向は一方的な給付である生活保護などにおいては顕著である。

第3に、正しく適切な情報提供がない場合、深刻な被害をもたらすことだ[8]。生活保護や年金などでは、社会保障給付の欠如は生存権侵害にストレートに結びつく。また、障害者の移動の自由など、基本的人権（憲法13条など）の侵害をもたらす。

第4に、憲法25条が規定する福祉国家の理念によれば、これらの社会保障給付を漏れなく給付することは、基本的に公益にかない、生存権理念の実質的実現となる[9]。

第5に、法治国家における平等保障によっても根拠づけられる。すなわち、自ら情報を収集でき、助言なしでも社会保障給付の規定や手続きの知識をもってい

る者だけが給付を得られるとことは許されない。

3 判　例

（1）　永井国家賠償訴訟（一審：京都地裁平成3年2月5日判決『判例地方自治』81号、控訴審：大阪高裁平成5年10月5日判決『判例地方自治』124号）[10]

　母子家庭（2010年から父子家庭も対象としている）の所得保障として重要な役割を果たしている児童扶養手当は、夫が障害者である場合も支給されていた。しかし、聴覚障害者である原告は、子どもが出生したときにそれを知らず、支給対象となることを知って申請したのは、出生後約1年5カ月後であった。手当が申請月の前月からしか支給されなかったため、原告は、国・自治体の周知徹底義務懈怠を理由に、不支給期間分の支給を認めなかった支給決定の取消し、および同期間に対応する手当ないし同相当額と慰謝料の請求を求めて提訴した。

　一審は、本書前項2の第4の理由などから、手当制度の周知徹底義務を法的義務と認め、請求を一部認容した。しかし控訴審は、広報、周知義務は国などの責務ではあるが、「法的強制力」がある法的義務といえるかどうかは、法律が法的義務として規定しているかどうかによるとし、本件における法的義務を否定し、一審判決を取り消した（ただし、一切の広報活動を行わなかったり、市民が質問しているのに誤った教示を行うなどした場合には裁量の範囲を逸脱したものとして違法となり、損害賠償責任を負うこともありうると判示）。最終的に高裁判決が維持された。

（2）　神戸市垂水区児童扶養手当国家賠償訴訟（大阪高裁平成17年6月30日判決『賃金と社会保障』1402号）

　児童扶養手当は、弟の子どもを引き取って育てる場合などにも支給される。原告が、そのような状況に至り、区役所に手当の申請に行ったが、行政職員の誤った教示によって申請は受理されず、手当は支給されなかった。

　判決は、申請不受理の違法を認めたうえで、教示義務について、「社会保障給付については各種の給付が存するのであるから、相談に当たる職員としては、相談者の説明内容を的確に把握して、支給可能性のある給付が何であり、受給資格としてどのような要件が定められており、相談者の場合には、どのような問題点があるのかを常に念頭において、相談者の相談に当たることが窓口職員には要求されている」とし、したがって職員には、「最低限、相談者の相談内容から支給の可能性がある給付の種類及びその受給要件の概括的内容を教示する職務上の義務がある」ことを認めた。しかし、窓口における申請不受理と教示義務違反については違法を認めながら、職員の過失と損害との因果関係を否定し、原告の損害

賠償請求を認めなかった。原告は上告したが高裁判決が維持された[11]。

(3) 生活保護辞退届廃止処分取消・国家賠償請求事件(広島高裁平成18年9月27日[確定]『賃金と社会保障』1432号)[12]

原告は2000(平成12)年11月28日から生活保護を利用開始したが、その直後である12月14日に、2001年1月から就職が決まり自立のめどが立ったので、2000年12月末をもって保護を辞退する内容の辞退届の案をケースワーカーが作成し、原告がその文書を書き写した辞退届を提出したことから、生活保護が2000年末をもって廃止となった。原告は、廃止処分の取消しと慰謝料を求めて提訴した。

一審では原告敗訴となったが、控訴審は、「保護行政の担当者は、生活に困窮するなどして相談に来た者に対し、法に適合した説明をすべき注意義務があるが、(中略)(保護係職員の)言動は、控訴人に保護の辞退の必要性を誤解させるものであった。(中略)(同職員は)控訴人に自立の目処があるかどうかを客観的観点から顧慮しないだけにとどまらず、進んで自立の目処があるものとして本件辞退届の原案を起案し、これを控訴人に書き写させ、控訴人を錯誤に陥らせる結果をもたらしたものであって、前記職務上の義務に反する」として、原告の主張を認め、廃止処分を取り消すとともに、30万円の慰謝料を認めた。

(4) 山本国家賠償訴訟(一審:神戸地裁尼崎支部平成18年9月14日判決・判例集未掲載、控訴審で和解:和解調書・大阪高裁平成19年10月2日『賃金と社会保障』1457・1458合併号)[13]

大阪高等裁判所の和解勧告に応じ、兵庫県尼崎市が、重度心身障害者(児)介護手当支給事業について、市民への周知、広報の徹底、受給資格に該当する市民に対する手厚い説明等を約束する訴訟上の和解(後述)が成立した事例である。

同事業は、尼崎市が、要綱によって、身体障害者1、2級および重度知的障害者(児)を介護する者に対して、要介護者1人当り月額1万円を支給する事業である(同手当は生活保護では収入認定除外され最低生活費に上乗せされる)。原告は生活保護を利用しながら生活しており、子ども3人は、いずれも同事業に該当する重度の知的障害児である。しかし、知的障害が認定され療育手帳(A判定)を交付されたときには、窓口職員から同制度の説明はなく、また、原告を担当していた生活保護ケースワーカーも同手当のことは何も教えなかった。そのため、原告が同手当の支給が遅れたことから(長男分11カ月、二男分5カ月、長女分9カ月、計25カ月分。手当額は25万円)、尼崎市に支給遅れ分と弁護士費用を合算した50

万円の国家賠償訴訟を提起した。

　原告は、請求の理由を生活保護実施機関が負う保護義務（福祉事務所長は被保護者が生活保護法以外の法や制度によって手当等を受給する利益を喪失したり害されることのないように適切に配慮し援助すべき保護義務を負う）違反に求めた。そして、保護義務の根拠を、生活保護法4条2項の「他法他施策活用義務」に求め、さらに、本手当が収入認定されずに最低生活費に上乗せされることは、生活保護法の目的である自立助長に直結するものであるから、単なる公法上の義務にとどまらず、私法上の義務と解されると主張した。予備的主張として、生活保護担当職員の本手当の不教示（「不作為」）は、条理に基づく教示義務違反となる旨主張した。

　一審判決は、①生活保護法4条2項の他法他施策活用義務は補足性原理の具体化であり、生活保護費の減額に結びつくものでなければならず、またその扶助は法律に基づくものでなければならないが、本手当は生活保護費に上乗せされ、要綱に基づくものであるから、同法4条2項の扶助には該当しない、②原告主張のような義務を生活保護担当職員に課すとなれば、被保護者が受給可能な公的扶助をすべて教示しなければ国家賠償の対象となり、生活保護事務の円滑な運営に支障をきたす等の理由により請求棄却。

　その後、控訴審の場で、「被控訴人は、本件手当の受給資格者となりうる市民に接した場合には、本件事業が、その趣旨及び目的に従って実施されるように、当該市民に対し今後とも手厚い説明等を行うように留意する」という教示・助言義務では重要な内容も含む、前述のような和解が成立した。

（5）　介護者運賃割引制度不教示国家賠償訴訟（東京高裁平成21年9月30日判決『賃金と社会保障』1513号）

　身体障害者の介護者が、障害者本人だけでなく介護者にも鉄道とバスの運賃割引制度があることを、市の担当職員が伝えなかったことは、説明義務に反する違法があるとして、余分に運賃を支出した金額の損害賠償を市に対して求めた。一審（さいたま簡裁）は、市の説明義務違反を認め、原告の請求を認容した。二審（さいたま地裁）は、本件の具体的事情を総合して判断すると、本件割引制度は身障手帳交付時の医療費免除や公共料金減額免除等制度に比して付随的な制度であるとして、市は、説明義務を負っていたとはいえないとして、原告の請求を棄却した。

　上告審（東京高裁）は、憲法13条に由来する移動の自由は、障害者にとって、場合によれば健常者以上に大きな意義があると述べたうえで、一定の障害者が移

動の自由を確保するには介護者による介護が不可欠であることなどから、介護者の鉄道運賃が割引になることは、身体障害者福祉法9条4項2号により市町村が提供しなければならない「必要な情報」にあたるとして、市には本件割引制度についての説明義務があるとした。そのうえで、市の説明義務に反する違法を認定し、原告の請求には理由があるとして、二審判決を破棄し、地裁に差し戻した。

障害者の移動の自由の重要性からして、民間私鉄などが行っている割引制度であっても、公的性質をもった公共料金に関するものであり、身体障害者福祉法所定の「必要な情報」に該当し、その説明義務を認めたものである。もし義務を認めなければ、憲法13条違反となるという「侵害結果の重大性」が認識されているといえる[14]。

(6)　障害年金誤教示国家賠償訴訟（東京高裁平成22年2月18日判決『賃金と社会保障』1524号）[15]

障害年金受給資格を有していた控訴人（一審原告）が、市の年金課受付担当職員から受給資格がない旨の誤った教示を受けたため、申請を断念せざるをえなくなり、障害福祉年金と障害基礎年金の支分権を時効消滅により失うという損害を受けたとして、国家賠償法に基づき、国と市に対して損害賠償請求をした。一審は請求棄却。

控訴審は、控訴人が、障害基礎年金の申請のため、1987（昭和62）年3月ころに市の担当職員から誤った教示を受けたため、申請を断念した事実があったことを認定したうえで、市の担当職員は、法令の手続きに従って、障害基礎年金の裁定の審理を受ける機会を失わせてはならない職務上の注意義務を法的に負うとした。そして、本件職員の行為にはかかる注意義務違反に基づく不法行為が成立するとして、国と市は連帯して、国家賠償法上の損害賠償義務を負うとして、控訴人の請求を認容した。

控訴審は、①障害基礎年金の受給権がきわめて重要な権利であること、②同年金の受給要件に関する法令の規定が複雑かつ難解であること、③受給権者の請求に基づく裁定主義を取っていることに対し、被告職員は控訴人（一審原告）に比して比較にならないほどの豊富な知識を有していることを考慮すると、被告職員は、自らの判断で請求を断念させるような窓口指導をしてはならず、法令の定める手続きに従って裁定の審査を受ける機会を失わせてはならない職務上の注意義務を負うとした。そうしてこの義務は、憲法25条2項および身体障害者福祉の理念に基づき、「住民の福祉の増進を図ることを基本として地域における行政を実施する（被告である）市が担う事務を担当する本件職員が、（中略）控訴人に負う

法的義務である」とした。

(7) 小　括～社会保障判例における、教示・助言義務の発展～
　以上見てきたように、社会保障判例においては、法律上の根拠がなければ教示・助言義務を認めないという立場（(1)判決）から、本節2で指摘した、社会保障給付における教示・助言義務の必要性（情報格差〔(6)判決〕、申請主義〔同左〕、給付の重要性〔(5)(6)判決〕と義務違反結果の深刻さ等）をふまえ、福祉行政を担当する窓口職員の法令の定める手続きを保障する職務上の義務を認める判決が出るに至っている（(2)(6)判決）。
　これらの諸判例が示すところは、生活保護においては特にあてはまるものである。いうまでもなく生活保護は最低生活を保障する制度であるから、それが教示・助言義務違反によって保障されないならば、生存権侵害という深刻な結果をもたらす。その意味では、これら教示・助言義務に関する判例の蓄積は生活保護の各場面、とりわけ、保護の入口である保護申請場面で活かさなければならない。

第4節　生活保護争訟の進展

1　保護申請権の意義と解釈

　私は、前著『生活保護の争点』（高菅出版）第4章において、生活保護法1条の最低生活保障という生活保護制度の第一の目的、7条（申請は非要式行為）、25条（急迫の場合の職権保護）の趣旨、行政手続法7条の趣旨（申請受付前の「事前相談」を排除し速やかに審査に移行すべき）から、申請は最低生活を保障するための「きっかけ」に過ぎず、申請の表示行為と申請意思については、生活保護申請がもつ固有の状況・特徴（前述の「無知」と「無力」）をふまえて解釈すべきであること、たとえ申請意思が不明確であったとしても、福祉事務所には生活保護制度などについての助言義務と教示義務があり、要保護性が認められる場合には、申請手続きの援助を行い、生活保護に結び付けるための努力を行わなければならないことを述べた。このことが、国の諸通知にも合致し、水際作戦を根絶する前提になると考える。

2　国の行政運用

　申請時における水際作戦における悲劇やトラブルが絶えないことから、国は、前述の次官通知と同様の指示を、2003年から発してきた。しかし、現場での水

際作戦は止まらず、2006年には北九州市で、2度にわたり生活保護の相談に福祉事務所を訪れた市民が生活保護にならず餓死をする痛ましい事件が発生するに及び、2008年度に前述の次官通知をはじめとする諸通知を発するに至った。前出の次官通知、局長通知以外の通知を以下に記する。

(1) 課長通知

次官通知、局長通知を受けて、実施機関には原則として申請意思の確認義務があることが改めて明らかにされている。また、扶養が保護の要件ではないことが再確認され、扶養を理由に保護をあきらめさせる行為は保護申請権侵害のおそれがあると警告を発している。

問 (第9の1) 生活保護の面接相談においては、保護の申請意思はいかなる場合にも確認しなくてはならないのか。
答 相談者の保護の申請意思は、例えば、多額の預貯金を保有していることが確認されるなど生活保護に該当しないことが明らかな場合や、相談者が要保護者の知人であるなど保護の申請権を有していない場合等を除き確認すべきものである。なお、保護に該当しないことが明らかな場合であっても、申請権を有する者から申請の意思が表明された場合には申請書を交付すること。
問 (第9の2) 相談段階で扶養義務者の状況や援助の可能性について聴取することは申請権の侵害にあたるか。
答 扶養義務者の状況や援助の可能性について聴取すること自体は、申請権の侵害に当たるものではないが、「扶養義務者と相談してからでないと申請は受け付けない」などの対応は申請権の侵害に当たるおそれがある。
　また、相談者に対して扶養が保護の要件であるかのごとく説明を行い、その結果、保護の申請を諦めさせるようなことがあれば、これも申請権の侵害にあたるおそれがあるので留意されたい。

(2) 「別冊問答集」(問9-1　口頭による保護申請)
問　生活保護の申請を口頭で行うことは認められるか。
答　生活保護の開始申請は、(中略) 非様式(ママ) 行為であると解すべきであるとされている。(中略) 一般論としては口頭による保護申請を認める余地があるものと考えられるが、保護の決定事務処理関係や、保護申請の意思や申請の時期を明らかにする必要があることからも、単に申請者が<u>申請する意思を有していた</u>というのみでは足らず、申請者によって、<u>申請の意思を明確に表示</u>することによ

り、保護申請が行われたかどうかを客観的に見ても明らかにしておく必要がある。

したがって、<u>口頭による保護申請については、申請を口頭で行うことを特に明示して行うなど、申請意思が客観的に明確でなければ、申請行為と認めることは困難</u>である。実施機関としては、そのような申し出があった場合には、あらためて書面で提出することを求めたり、申請者の状況から書面で提出が困難な場合等には、実施機関側で必要な事項を聴き取り、書面に記載したうえで、その内容を本人に説明し署名捺印を求めるなど、申請行為があったことを明らかにするための対応を行う必要がある（下線筆者）。

本通知は、大阪高裁平成13年10月19日判決『賃金と社会保障』1326号の判旨と同様であり、問題が多い[16]。特に申請意思の明確な表示を求め、口頭の申請に客観的な明確性を求めるならば、結局のところ、申請書が提出されたときをもって意思が客観的に明確になったという認定になってしまい、それまでは「申請がなかった」という行政のいいわけを追認することにつながってしまう。

（3）面接票の様式改正

上述の趣旨を保護申請窓口でも徹底するため、国は、2009（平成21）年度社会・援護局主管課長会議において、「申請意思の有無について、面接記録表にチェック項目を設けるなどの方法で確実に記録」するために、面接記録票の様式を改正した[17]。

3　判　例

本項では、本章3つの地裁判決（小倉北事件、三郷事件、岸和田事件）について、主として、実施機関の義務、申請行為の意義と口頭の申請を含む認定について比較検討する。

（1）小倉北事件（福岡地裁小倉支部平成23年3月29日判決〔確定〕『賃金と社会保障』1547号）[18]

A　事案の概要

北九州市小倉北区の生活保護利用者の男性が、「辞退届」を書かされて保護を廃止されたが、その後再び生活に困窮し、福祉事務所に保護を申請したものの、窓口で拒絶され直後に自殺した。遺族が市を相手どって国家賠償請求訴訟を提起した事案。廃止処分とその後の窓口対応の違法性が認められ、市に慰謝料の支払

いが命じられた。

B　実施機関の義務

「生活保護は、憲法25条に定められた国民の基本的人権である生存権を保障し、要保護者の生命を守る制度であって、要保護状態にあるのに保護を受けられないと、その生命が危険にさらされることにもなるのであるから、他の行政手続にもまして、利用できる制度を利用できないことにならないように対処する義務があるというべきである。すなわち、生活保護制度を利用できるかについて相談する者に対し、その状況を把握した上で、利用できる制度の仕組について十分な説明をし、適切な助言を行う助言・教示義務、必要に応じて保護申請の意思の確認の措置を取る申請意思確認義務、申請を援助指導する申請援助義務（助言・確認・援助義務）が存するということができる」（根拠として、前記の局長通知や平成18年3月30日社援保発第0330001号厚生労働省社会・援護局保護課長通知「生活保護行政を適正に運営するための手引きについて」を参照する）

　また、誤った教示によって「保護の申請を断念させたりすることのないよう配慮する職務上の注意義務があるというべきである（原告らは、助言・確認・援助義務の中にこの義務も包含させて主張しているものと解することができる）」（下線筆者、以下同）

　注目すべきは、生活保護制度の意義（「生命を守る制度」）をふまえ、他の行政手続き以上に、保護申請に関する助言・確認・援助義務の重要性を強調している点である。義務違反の結果の重大性が前提にあると思われる。ほかの社会保障制度も、直接間接に「生命を守る制度」であることに変わりはないから、これらの義務はほかの社会保障制度の義務としても、多かれ少なかれ共通するものと考えられる。

C　申請行為の意義

「確かに、生活保護申請をする者は、申請をする意思を『明確に』示すことすらできないことがあるということも十分考えられるところである。法は申請が口頭によって行われることを許容しているものと解されるし、場合によっては、『申請する』という直接的な表現によらなくとも申請意思が表示され、申請行為があったと認められる場合があると考えられる」。申請について、幅を持たせて解釈すべきことを述べており、実態に即した認識といえる。

「しかし、そこにいう申請意思については、実施機関に対し法の適用を求めるものでなければならず、保護の条件に適合すれば保護の適用を受けたいとの意

思、すなわち、保護の適用を受けたいという単なる希望とは区別されるべきものである。また、被告も主張するように、申請行為はそれに対する応答義務を保護実施機関に課するものであるから、申請行為があるというには、申請意思を内心にとどめず、これを実施機関に対し表示することが必要であり、この点は、保護の実施機関が助言・確認・援助義務を怠ったか否かによって異なるところはない」、「ただし、保護の実施機関が助言・確認・援助義務を尽くしていれば申請行為がされていたであろうと認められる場合は、端的に助言・確認・援助義務違反自体によって生じた損害の賠償を認めることができる」

実施機関への「表示」は必要としているものの、前記の大阪高裁判決や、「別冊問答集」問9-1のような「客観的な明確性」までは要求していない点は注目される。

D　口頭の申請等事実認定

保護廃止後の2回の申請について、1回目は、「（職員の対応は）要保護状態にある可能性が高いことが容易に判断できる亡A（原告の父）に対し、いたずらに収入の使途を尋ね、高齢（当時61歳）で特段の資格も有せず再就職の困難であることが明らかであるのに就職活動を強く求め、申請意思を確認せず、保護の適用に向けた援助をせず、申請を断念させたものであって、（中略）漫然と助言・確認・援助義務に反したもので、国賠法上違法」とした。要保護状態が高い場合には、諸義務は強くなり、したがって義務違反の違法性も認定されやすくなる。

2回目は、亡Aは議員とともに福祉事務所を訪れたが、最終的に申請書を返戻して退所している。しかし、それは亡Aの本意ではなく、「亡Aは申請したい旨を口頭で明確に述べたのに、（職員が）受理を拒んだので、福祉事務所に対する反発や失望感」などにより、申請書を提出せずに退所したものであると認定し、口頭の申請を具体的な事案で初めて認め、国家賠償法上違法と判断した。口頭申請を認める場合を実態に即して拡大することが水際作戦根絶の方法であることからすれば、判決の認定は高く評価できる。

(2)　三郷事件（さいたま地裁平成25年2月20日判決〔確定〕『判例時報』2196号、『賃金と社会保障』1585号)[19]

A　事案の概要

埼玉県三郷市に居住していた原告（夫〔白血病〕と妻〔傷病〕、子ども2人を含む4人世帯）からの生活保護申請に対して、被告三郷市は、①1年4カ月にわたり保護申請を認めず、②保護開始後も住宅扶助を支給しないで、③市外への転居を迫

り、④転居先自治体への移管通知を怠り、⑤転居後の転居先自治体への保護申請を禁止したとして、原告らが被告に対して、国家賠償法に基づき、本来なら得られるはずであった生活保護費相当額の損害と慰謝料などの損害賠償を求めた事案。判決は、①②④⑤について請求を認容した。

B　実施機関の義務

「申請行為が認められないときでも、相談者の申請行為を侵害してはならないことは明らかであり、生活保護実施機関は、生活保護制度の説明を受けるため、あるいは、生活保護を受けることを希望して、又は、生活保護の申請をしようとして来所した相談者に対し、要保護性に該当しないことが明らかな場合等でない限り、相談者の受付ないし面接の際の具体的な言動、受付ないし面接により把握した相談者に係る生活状況等から、相談者に生活保護の申請の意思があることを知り、若しくは、具体的に推知し得たのに申請の意思を確認せず、又は、扶養義務者ないし親族から扶養・援助を受けるよう求めなければ申請を受け付けない、あるいは、生活保護を受けることができない等の誤解を与える発言をした結果、申請することができなかったときなど、故意又は過失により申請権を侵害する行為をした場合には、職務上の義務違反として、これによって生じた損害について賠償する責任が認められる」と判示した。

実施機関の義務としては、実質的には局長通知第9と同様の判断基準をもとに認めていると解され、妨害行為によって申請ができなかった場合には国家賠償法で違法となることを明示した。もっとも、小倉北事件判決のように、実施機関の義務を、助言・確認・援助義務として分けて明確にするのではなく、端的に職務上の義務とするにとどめた。

C　申請行為の意義

「生活法は生活保護の開始の申請を書面で行わなければならないとするものではないから、口頭での申請も認められると解すべきである（被告もこの点を争わない）。

もっとも、同法24条1項は、保護開始の申請があったときには、保護の実施機関は、保護の要否等について決定した上で、申請者に対して書面で通知しなければならないと規定している。このように、保護開始の申請が保護実施機関に一定の義務を課すものであることからすれば、保護開始の申請があったというためには、実施機関に審査・応答義務を課すほどに申請の意思が確定的に表示されていることが必要であると解すべきである。なお、原告らは、保護実施機関が助言・

教示義務、申請意思確認義務、申請援助義務を果たしておらず、これにより申請ができなかった場合には申請があったものと評価すべきであると主張するが、生活保護実施機関において申請権を侵害する行為があった場合には、上記説示のとおり職務上の義務違反があったとして損害賠償を認めることができるため、端的に、申請の意思を確定的に表示したこと（申請行為）があったか、仮にこれが認められないとして申請権を侵害する行為があったかについて判断すれば足りる」

　申請意思について「確定的に表示したこと」は必要としたが、大阪高裁判決や「別冊問答集」問9-1のような客観的表示までは求めていない点は、小倉北事件判決と同様であり、評価できる。ただ、小倉北事件判決のように、実施機関の義務は、助言・確認・援助義務として分けて構成すべきである。なぜなら、保護の申請場面では、申請者の生活状況を聴き取り、生活保護について「無知」の申請者へ正しい情報を助言し、そのうえで申請意思を確認するとともに、申請の意思が示されたならば、申請書への記入援助や後に必要とされる書類等の提出などの説明をして申請援助するというように、それぞれの段階で実施機関の義務の内容は異なっている。各段階でのそれぞれの義務の履行が実施機関に求められているのであり、それらの結果としての「職務上の義務」なのである。したがって、各段階で適切、適法な援助義務が履行されているかどうかが検証されねばならない。よって、義務違反が重大で一見して明らかでないかぎりは、小倉北事件判決のように段階的に精査すべきであろう。

D　口頭の申請等事実認定
①1回目の面接：生活保護受給の希望はあったが、主訴は「生活保護制度について知りたい」であるから、確定的な申請行為とはいえず、申請権侵害もなかった。

　判決は「生活保護を受給したいとの希望」はあったが、「初回の面接であり」、面接記録では主訴は「生活保護制度について知りたい」と記録されていたこと、面接後病院で原告が「（夫が）生活保護にあまり乗り気でない」と言っていたことから申請意思を否定した。

　しかし、初回の面接かどうかは無関係であって、2回、3回と回を重ねれば申請意思が明確になり、申請として認定される保証はない（本件でも1年4カ月後、弁護士同行による5回目の面接によってようやく申請が認められた）。また、原告世帯の最低生活費は27万4900円であったのに対して、預貯金・生命保険はなく、亡き夫は退院直後で働けず、原告も「未就労状態」、長男はアルバイトを始めたばかりとあり、二女は中学二年生である。資産、収入ともほとんどなく、就労収入も望めず、要保護状態は明らかであった。こうした状態のもとでは、「生活保護

制度について知りたい」という原告の意思は、条件に合えば申請したいという意思と判断するのが理にかなっている。面接担当職員が、要保護状態であることを教示すれば、申請意思がより確定的になる可能性は大きかった。実施機関の説明義務、教示義務の不履行は明らかである。

②2回目の面接：要保護状態を認識し、面接票にも、主訴は「生活費について」と書かれ申請意思を推知可能であるのに、就労指導や扶養義務について述べて申請させなかったのは、申請権侵害となる。

　判決は、<u>生活困窮の事実</u>、本人が<u>身内からの援助困難</u>と述べていること、<u>面接記録の記述</u>（<u>「生活費について」</u>相談）から、実施機関は、「原告ら世帯にこれ以上の大幅な収入、援助が見込めず、生活費に困窮していることを認識していたのであるから、原告の申請の意思の存在を推知することが可能であるのに、上記発言（「働けるのであれば働いて下さい」とか「身内からの援助」を確認するよう述べた）をしたのであるから、原告の申請権の侵害をしたことについて」、過失があると認めた。

③3回目の面接：弁護士からの助言に基づく面接であり、より困窮状態は深刻となっていたことなどから、口頭の申請を認定

　弁護士からの生活保護申請をすべきという助言に基づき、原告は、「生活保護を受けることができると考えるようになり」、役所に赴いたこと、また、家賃滞納などさらに生活困窮していることから、原告が「申請の意思を表示しなかったというのは考えにくい」、さらに原告の「申請させてもらえない、あなたが働けばいいでしょうとしか言われない」との面接後の発言などから、「生活保護を申請する旨の意思を確定的に表示したものと認められ、生活保護実施機関が原告の申請に応答していないから、審査・応答義務に違反」しているとして、口頭の申請を認めた（小倉北事件に次いで2例目）。

④4回目の申請：3回目と同様に確定的な申請意思の表示を認め、実施機関の審査・応答義務違反を認めた。

（3）　岸和田事件（大阪地裁平成25年10月31日判決［確定］『賃金と社会保障』1603号・1604合併号）

　本事件は稼働能力の活用が主な争点であるが（本書第6章第4節参照）、保護申請でも前述の従来の判決を一歩推し進めた画期的な判断を示している。本項では、保護申請に関する部分を取り上げる。

A 事案の概要

　本件原告は、生活に困窮したため、電話で福祉事務所に、仕事が見つからず相談したい旨伝えたところ、福祉事務所職員から、とりあえず福祉事務所の窓口に来るようにとの返答を受け、翌日福祉事務所を訪れ、「生活保護の相談をしたい」旨述べた。応対した被告職員は、原告に対し病気の有無を尋ね、被告が病気ではないと答えると、「そうですか。病気でもないんですから、健康だから無理です。若いし、まだ仕事を探せば見つかるので、探して仕事してください」と述べ、原告夫婦から生活状況や求職状況を聞き取ったり、要保護性を確認することすらしなかった。原告夫婦は保護の開始申請を違法に諦めさせたとして、保護申請権侵害による国家賠償を請求した。裁判所は原告の請求を認容した。

B 実施機関の義務

　「保護の実施機関は、福祉事務所の窓口等に相談に訪れる者からの生活保護の開始申請が認められない場合であっても、そのような者の申請権を侵害してはならないことは言うまでもない。そして、福祉事務所に訪れる者の中には、真に生活に困窮し、保護を必要としているものが当然に含まれているところ、そういった者の中には、受給要件や保護の開始申請の方法等につき正しい知識を有していないため、第三者の援助がなければ保護の開始申請ができない者も多いのであるから、保護の実施機関としては、そのような者が保護の対象から漏れることがないよう、相談者の言動、健康状態に十分に注意を払い、必要に応じて相談者に対し適切な質問を行うことによって、その者が保護を必要としている者か否か、また、保護の開始申請をする意思を有しているか否かを把握し、有している場合には保護の開始申請手続きを援助することが職務上求められている」

　「したがって、保護の実施機関が、相談者の言動等からその者が保護の開始申請をする意思を有していることを把握したにもかかわらず、申請の意思を確認せず、また、相談者に対して現在の生活状況等の質問等をすれば相談者が保護の開始申請をする意思を有することを容易に推知し得たにもかかわらず、申請の意思を確認せず、その結果、相談者の申請権が侵害されたものといえるときは、保護の実施機関が有する職務上の義務違反が認められ、保護の実施機関が所属する行政主体はこれによって生じた損害について賠償する責任を負う」

　判決は、福祉事務所を訪れ相談に来た市民に対しても申請権侵害をしてはならないという認識を示している。福祉事務所を訪れる市民には要保護状態の市民が当然含まれ、生活保護申請の知識も知らない者が多い（情報格差を認定）という実態に即した認識に立って、実施機関はそれらの者が保護から漏れたらいけない

という漏給防止という法の目的に従った行政運用を求めた。裁判所が漏給防止を正面から求めたのは初めてではないかと思われる。そのために、相談者をきちんと観察し、必要に応じて質問などして、要保護状態か否か、要保護状態なら申請援助をすべきとした。すなわち、福祉事務所に相談に訪れた市民に対して、具体的手法としての観察や質問、聞き取りなど、福祉事務所の積極的な行為により、要保護者を見つけるべきであることを求めた。これは、前記の局長通知第9の「2　要保護者の発見・把握」のために求められる福祉事務所職員の行為を具体化するものであり、小倉北事件、三郷事件より一歩踏み込んで、要保護と見込まれる市民に対して、行政に発見義務があることを認めたものであって、高く評価できる。

そうして、「被告職員は原告夫婦が無職状態にあり、生活に困窮しているため保護の開始申請を行うことを念頭において相談に訪れていることを把握していたと優に推認できる。(中略)

それにもかかわらず、被告職員は原告夫婦の現在の生活状態や就労、求職状況等の聴取を怠り、かつ、保護の可否については慎重な判断が要求されるにもかかわらず、原告の年齢及び健康状態のみに基づいて安易に原告は稼働能力活用の要件を充足していないと即断し、それ以上原告夫婦への対応を行わなかったものといえる。原告は保護の開始申請の意思を有していたのであるから、被告職員が原告夫婦の保護の開始申請の意思の有無を把握するために適切な聞き取り等を行っていれば、原告は保護の開始申請をすることができたはずであって、かかる被告職員の対応は原告の申請権を侵害するものである」としている。

C　申請行為の意義

「本件第1申請当時（平成20年6月24日申請。本件で争われている1回目の申請却下処分となった申請。本章で検討している申請は、第1申請以前に行われたもの。（筆者注）、原告夫婦は所持金300円、預貯金477円しか有しておらず、ガスの供給も止められ、極めて厳しい生活状態であったこと、及び、生活保護に関する相談をするために生健会（生活と健康を守る会。筆者注）が開催していた『くらしのなんでも相談会』に自ら赴き、本件第1申請をするに至ったことからすると、原告夫婦は本件第1申請に近接する本件相談時も同様に厳しい生活状態にあり、保護を必要とする状態にあったものと推認され、かかる状況下において、原告が被告の福祉事務所への相談に及んでいることに鑑みれば、原告は、本件相談時にも保護の開始申請をする意思を有していたものと認めるのが相当である」として、要保護状態にある市民が福祉事務所に相談に行く場合は、通常は申請意思を有してい

ると認めている。小倉北、三郷両事件の認定と比して一歩踏み込んでおり、画期的である。

D　口頭の申請等事実認定
　こうして近接した後の保護申請時の状態から本件相談時の困窮状態が推認できるから、そうした状況下で福祉事務所に「相談」に赴いたことをもって、保護開始申請意思（口頭）を有していたと認定した（小倉北、三郷事件に続く、口頭の申請認定の3例目）。その特徴は、①申請意思を直近の困窮状態から合理的に推論し、②福祉事務所に来たというだけの面接記録（「先週窓口での相談のみケース」）であっても申請と認定していることだ。Cの推認と相まって、これまた実態に即した認定といえよう。

(4)　小　括
　3つの事件で共通するのは、いずれも福祉事務所が申請として認めなかった事例である。裁判所が口頭の申請も含め申請行為として認めた場合には、実施機関の審査・応答義務違反が問題となり、また実施機関の誤った助言などによって申請意思が表示されなかった場合には申請権侵害が認められている。
　では、どのような要素があれば、申請行為として認められ、申請として認定しなかった場合の義務違反が認められているだろうか。

A　申請行為の認定
　申請行為については、両事件とも大阪高裁判決のように「客観的な明確性」までは求めず、「申請する」という直接的な表現でなくてもよいが、実施機関に表示することを必要とするか（小倉北事件）、実施機関に審査・応答義務を課すほどに申請の意思が確定的に表示されていることを必要としている（三郷事件）。考慮要素としては、第1に、申請時における相談者の受付ないし面接の際の具体的な言動や、過去の経過からの申請者の感情（福祉事務所への反発なども含め）などが勘案される。第2に申請前後の経過なども要素となる。申請後の第三者への言動、さらに、申請に至った経緯（弁護士の助言等）などである。第3に、面接記録票への記載も考慮される（三郷事件）。これらの考慮要素は、生活保護申請がもつ固有の状況・特徴（前述の「無知」と「無力」）をふまえた判断と思われる。
　岸和田事件では、さらに一歩進め、「厳しい生活状態にあり、保護の開始申請を望んでいる者が福祉事務所を訪れて職員に対して現在の状況等を報告し、職員から保護の開始申請に関する説明を受ける等の適切な対応を受けた場合には、そ

の場で保護の開始申請手続きを行うのが自然」という認識を前提に、直近の困窮状態や、福祉事務所に来たというだけの面接記録であっても申請意思を認めた。

B 発見・助言・確認・援助義務

　義務違反については、小倉北、三郷事件判決では、第1に、要保護状態かどうかなどの生活状況が問題となった。要保護状態が明らかな場合には義務違反の程度は重くなる。したがって、第2に、要保護状態が明らかな場合に、無関係な収入の使途を尋ねたり、困難な就労活動を求めることは許されない。また第3に、申請意思を推知しえたのに、申請意思を確認せず、無関係な扶養を求めることなども違法となる。要保護性の重視は、生活保護が「要保護者の生命を守る制度」であることに由来することはいうまでもない。岸和田事件判決は、小倉北、三郷事件判決よりも、義務違反についてもさらに一歩進め、行政機関としては、漏給防止のため、積極的に質問などを行い、要保護者の発見に努めなければならないことを明らかにした。

　以上要するに、近時の判例の動向は、大阪高裁のいう「客観的な明確性」のある申請でなければ保護の申請として認めないという規範を乗り越え、生活保護特有の状況（「無知」と「無力」）をふまえ、実施機関には、質問などによる要保護者の発見義務、適切な助言を行う助言・教示義務、必要に応じて保護申請の意思の確認の措置を取る申請意思確認義務、申請を援助指導する申請援助義務（助言・確認・援助義務）を課したということができる。そして、それらを判断するには、生活困窮状態（要保護性）、相談前後の経過や申請者の言動、相談時の同様の状況、面接記録などをもとに、総合的、合理的に推測すべきであり、それを怠った場合には、実施機関は損害賠償の責を負うことになる。これが現在までの判例の到達点といえよう。この意味では、大阪高裁判決の規範は、もはや先例たりえないと考える。また、後述のように、これらの規範は、取消訴訟でも重なるものであって、義務違反は行政処分の取消しをもたらすことになる。よって、大阪高裁判決と同様に申請行為の客観性を求める、「別冊問答集」（問9-1口頭による保護申請）は早急に改正されなければならないことになる。

C 審査請求（取消訴訟）との関係

　これら申請の規範は、審査請求（取消訴訟）においても基本的に妥当すると考えられる。これらの規範は元をたどれば申請に関する行政通知の解釈から導き出されるものである。また、これらの諸義務を申請段階で行政側が果たさないことが水際作戦の原因となっており、申請に関する開始処分の取消しを争う場面など

は、3事件の場面と実際上は重なる。
　したがって、例えば口頭による申請意思を示したにもかかわらず、実施機関が申請として認めず、後に申請書が提出された時点から保護が開始される事例（よくあるパターンである。後述の2つの大臣裁決参照）などの場合における、遅れてなされた保護開始処分の取消請求（当初の時点の口頭申請まで保護開始時期の遡及を求める）や、当初の口頭申請の応答がないことから、みなし却下処分（生活保護法24条4項）の取消しを求める取消請求などでは規範的根拠たりえる。

4　裁　決

　保護利用者にとって、審査請求制度は利用者の救済の機会をできるだけ広げ、簡易迅速な解決を図ること、また、違法な処分にとどまらず不当な処分も含めて対象となることである[20]。このような観点から、保護申請に関する、主な裁決例を見ていくことにする。

（1）福岡県知事平成19年10月9日裁決（『賃金と社会保障』1457・1458合併号）
A　事案の概要
　請求人は承継人（内妻。後に請求人が死亡したため審査請求を承継）の二人世帯であり、請求人がガンのため2007（平成19）年1月29日に入院し、収入は年金の6万3000円ほどしかなく、医療費の捻出が困難なため、同日福祉事務所に生活保護の相談に行き、国民健康保険（国保）未加入のうえ、保険料も滞納していることなどを述べた。これに対して、処分庁（福祉事務所）は、国保への加入を勧め、滞納保険料の分割納付をするよう、また医療費は高額療養費支給制度を活用することなどを助言した。請求人は翌日再度、福祉事務所で、「医療費の負担ができない。申請します」と保護申請したところ、同年2月2日付けの保護開始となったため、処分の取消しを求め審査請求したところ、処分庁は同年1月30日付けの保護開始処分に変更した。請求人はあくまで同年1月29日が申請日であるとして審査請求したもの。請求認容。

B　実施機関の義務
　裁決は、「生活に困窮している者が保護の実施機関に保護開始申請の相談に来られた場合は、<u>当該生活困窮者が生活保護制度の内容について知識を有していない場合が多く、まず実施機関において面接相談を行い、生活保護制度の内容を十分説明する必要</u>があります。当該生活困窮者は、それを理解した上で、申請を行うか否か判断することになります」と述べ、生活保護申請時の特有の状況をふま

え、実施機関の説明義務を認めた。

　また、実施機関が行った国保加入、高額療養費、医療費の支払いなどに関する助言は、「保護の開始の決定は原則として申請のあった日以降で要保護状態にあると判定された日であるとされていることを当然に知悉しているにもかかわらず行われたもので、実質的に保護の申請行為を遅延させる助言といわざるを得ません」として、実施機関の誤った助言を認め、「（申請者の）承継人が医療費の支払いができないとして、保護の申請窓口に相談に来た以上、処分庁は、適正な助言を行うことはもとより、生活保護制度の内容を十分説明の上、保護申請について適切に教示すべきであった」として、小倉北事件判決と同様の、助言、確認、援助義務を実質的に認めた。

C　申請行為の意義と口頭の申請等事実認定

　申請は非要式行為であり、口頭による申請も認める余地があるとしたうえで、「口頭による保護開始申請は、申請の意思を明確に表示することが求められますが、それが、保護の相談の中で行われる場合は、保護の実施機関の当該相談に係る対応が適切であることが前提となる」として、「承継人（内妻）が明確な申請意思の表示を行ったと判断するまでの事実を認めることはできません」が、「（請求人主張の申請日に）処分庁の適切な対応があれば、承継人は同日に申請の意思表示を行ったものと判断されます」として請求を認容した。

　保護申請に関する、前述の2008年度の諸通知以前の裁決であるが、「明確な意思表示」は認められないが、処分庁の適切な対応があれば請求人主張の日に申請の意思表示があったものと判断した。3事件の判例が申請の客観性までは求めていないことと同様の判断である。裁決の趣旨によれば、処分庁の適切な対応がなかったため、申請意思が客観的に明確にならなくても保護申請と認める趣旨と解される。あるいは、処分庁が自ら申請行為を遅延させながら、明確な申請意思がなかったとするのは行政上の信義則に違反するともいえる[21]。審査請求においては、請求人の権利利益の確保という趣旨から、違法とはいえなくても不当な処分は取り消される。また、何よりも簡易迅速な解決が望まれる。よって、国家賠償訴訟はもとより取消訴訟よりも、審査請求においては、救済の範囲は広がるし、広げる判断は可能である。本裁決はこのような審査請求制度の趣旨にかなった判断が示されたとも言えるだろう。

（2）　埼玉県知事平成21年9月3日裁決（『賃金と社会保障』1523号）[22]
A　事案の概要

2002（平成14）年10月と11月の2回にわたり、福祉事務所に対して、母子家庭（40代母親と10代後半の長女・長男）の母親が「生活保護を受けたい」と述べたが、稼働能力活用・扶養義務者の援助活用・児童扶養手当の活用などを理由に、保護申請は認められなかった。しかし、母親は高血圧の持病があり、上記申請拒絶後の翌年3月に、心臓の不調で約2週間入院している。再度保護申請すると同時に、2002年11月には申請があったが却下されたものとみなし申請却下処分の取消しを求めて審査請求した。請求認容。

B 実施機関の義務

　裁決は、「保護の実施機関が面接相談時の対応が適切であるというためには、生活保護制度の趣旨及び権利、義務等について説明を十分に行っていることを前提として、相談及び助言の内容及び申請意思の確認結果、申請に至らなかった理由等を相談記録票に記載し、面接相談時の対応の適否が事後的に確認できることが要件となる」とした。適切でない説明の場合は、「不当」な処分として取消されることを含意していると解される。

　裁決は、申請に関する次官通知、局長通知から、保護の実施機関は生活保護制度の説明義務があるとし、課長通知から、保護の実施機関は、原則として申請意思確認義務があることを確認した。また相談内容を記録し、申請権を侵害していないことを事後的に確認していくことが求められるとした。説明義務、申請意思確認義務は、局長通知から導き出せるが、相談内容記録義務は、行政の助言・確認・援助義務が履行されているかどうかを争いのない形で具体的に経過を記録しなければ、請求人の主張が通るという趣旨と解される。面接相談票の記載が申請意思判断において重視される資料となること（三郷事件）を考慮したものである。また、国が面接相談票に申請意思確認欄を設け、申請意思の存否について争いがないようにした趣旨をさらに拡充するものであって、申請権の尊重の観点からは一歩前進といえ、本裁決の特徴といえる。

C 申請行為の意義・口頭の申請等事実認定

　大阪高裁判決の「申請には表示行為を要する」という規範を前提にしつつも、「口頭による保護開始申請は申請の意思を明確に表示することが求められているが、それが、保護の相談の中で行われる場合には、保護の実施機関の面接相談時の対応が適切であることが前提になる」とし、本件における実施機関の対応を詳細に検討したうえで、「請求人が申請の意思を明示しているか否か、あるいは、申請の意思の撤回が行われているか否かにかかわらず、その対応は不適切であ

る」として原処分を取り消した。

　前述の福岡県知事裁決と同様に、この裁決が、申請意思の有無を問わないとまで判断しているかどうかは速断できない。明示的でないにしても何らかの意思の存在や、形式上撤回されていても何らかの意思が示されていたこと、あるいはそれらが処分庁の説明義務違反に起因していることなどを考慮しているとも考えられる。福岡県知事裁決と同様に、審査請求においては、不当な処分であっても取り消されることや簡易迅速な解決が望まれることなどが考慮されたものと思われる。

(3)　厚生労働大臣平成23年4月26日裁決（『賃金と社会保障』1553・1554合併号）[23]
A　事案の概要

　病気のため就労収入が月2万円程度に減少し、児童扶養手当、前夫からの慰謝料だけでは生活できなくなった母子世帯の世帯主（母）である請求人が、入院時の主治医から生活保護を勧められ、2009（平成21）年8月、9月の2度にわたり福祉事務所で生活保護の申請意思を示したが、申請書すらもらえなかった。さらに2010年1月にも福祉事務所を訪れたが申請を拒否されたため、議員同行で2月に福祉事務所を訪れ、やっと申請書を提出し、2010年1月28日から生活保護が開始された（本件処分）。請求人は、2009年8月を保護開始日とすべきとして、本件処分の取消しを求める審査請求を行ったが、審査庁が請求を棄却したため再審査請求した。請求認容。

B　実施機関の義務

　裁決は、「請求人は、平成21年8月20日、同年9月10日に福祉事務所を訪れ、対応した職員に対し、請求人の生活が困窮していることの訴えを行っていることが認められ、請求人から明確な申請の意思が示されたとの判断はできないが、『申請意思が客観的に明確でなければ、申請行為と認めることは困難』である状況（「別冊問答集」問9-1、「口頭による保護申請については、申請を口頭で行うことを特に明示して行う」必要がある状況。筆者注）であることは認められ、この場合には、処分庁が請求人に対して、保護の申請を書面で提出することを求めるなど「申請行為があったことを明らかにするための対応」（同前）を処分庁が行うことが必要であるが、処分庁が請求人に対し必要な対応を行っていることは確認できない」とした。すなわち、客観的に明確な申請意思が示されなかった場合であっても、困窮しているという訴えがあった場合には、処分庁は申請意思確認義務を果たすべきであるが、処分庁はそのような対応を行っていないと認定した。

C　申請行為の意義、口頭の申請等事実認定

「請求人が、平成21年8月20日及び同年9月10日に福祉事務所に相談に訪れた際、生活に困窮している旨の訴えを行っていること、同年9月10日に訪問した際には、通帳を持参して残高を担当職員に示していること、家賃を滞納していることを述べていることからすれば、請求人が申請の意思を示していることは確認できない一方、申請の意思を有しているものと解される」と認定したうえで、その後の2010（平成22）年1月に処分庁は申請意思が明確となったとしながら申請書を交付せず、2月になって議員同行の申請に至りやっと申請書を交付したなどの処分庁の対応は合理性を欠き、2009年8月、9月に「請求人は、明確には保護の申請意思は示さなかった」という処分庁の主張は採用しがたいとし、2009年8月に保護の申請をさせてもらわなかったため、2010年1月28日を保護開始日とする原処分は誤りであるとする請求人の主張は採用されうるとして、原処分を取り消した。

要するに、生活困窮の訴えがあった場合には、申請意思の確認義務があるがそれがなされておらず、その後の確認義務を果たすべき場合にも同様になされていないことから、処分庁の行動には合理性がなく信用できないから、請求人の申請意思を示したという主張を採用したものである。この判断も、福岡県知事裁決や埼玉県知事裁決と同様に、次官通知以下の判断基準に従うと同時に、たとえ、申請意思が客観的に明確でなくても、処分庁が申請意思確認義務を果たさない場合には（果たしていれば申請意思は明確になったと考えられる）、生活に困窮しているという訴えがあれば口頭の申請を認めると判断したものと推察される。

(4)　厚生労働大臣平成26年2月14日裁決（『賃金と社会保障』1611号）

A　事案の概要

請求人は2012（平成24）年4月9日に母、支援者とともに福祉事務所（処分庁）を訪れた。処分庁の面接相談記録の記載によれば、生活困窮の内容は、「生活費」、「住宅費」、「医療費」であり、生活困窮の理由は「失業」と「病気」であった。失業保険は2月で切れており、ほかに収入はない。請求人は病気で自分にあった仕事がなく生活が苦しい旨を説明した。処分庁の就労支援員は求人情報を示し、請求人は就労支援センターに申込みに行ってみると答えた。面接結果は「相談のみ」である。面接相談票には、申請意思の有無を記載する欄はなかった。

26日にも請求人は処分庁を訪れた。請求人は、「Ｃ型肝硬変・食道静脈瘤、居宅療養と内服薬による治療」と記載された診断書を持参したが、前回保護時の医療要否意見書（2011年7月）と内容に変化がなかったことから、面接相談員は内

容の確認にとどめた。請求人は、就労について、「投薬により頻繁にトイレに通うので自分にはあわない」と述べたが、面接相談員は体調にあった短時間の就労を勧め、5月連休明けに来所するよう教示した。面接相談記録の記載は前回4月9日と同様で、面接結果の記載はなかった。

その後、6月7日、13日も同様のやり取りを経て、6月21日に支援者同行で来所した請求人が、診断書を提示して、「保護の申請をさせてください」と申し出たことから、申請書が交付され、6月28日付で、同月21日から保護開始となった。

2012年4月9日から6月13日までの4回の面接において、請求人は毎回、生活保護申請の意思を示したと主張するが、処分庁はその意思は確認できなかったと否定した。

請求人は、2012年6月21日の保護開始決定処分の取消しを求め、原審査庁（京都府知事）に審査請求したが、棄却されたため、厚生労働大臣に再審査請求をした。請求認容。

B　実施機関の義務

「（前略）しかしながら、関係資料によれば、請求人が平成24年4月9日に処分庁に相談に訪れた際に、病気で仕事がなく、生活費、住宅費及び医療費に困窮しており、唯一の収入である失業手当は、同年2月で終了していることを申し立てていることを踏まえれば、請求人が生活に困窮しており、保護の申請意思を有していることも優に推定されるにもかかわらず、処分庁が、請求人に対して保護の申請意思を確認したことは窺えず、また、面接結果の欄に何ら記載のない日もある等、面接相談時の処分庁の対応が不適切であったものと認められる」

すなわち、裁決は、申請者の困窮状況から保護の申請意思を有していることが推定される場合には、明確な表示がなくても、保護の申請意思を確認すべき義務があるが、処分庁は申請意思を確認しておらず、不適切な対応であると認定した。

C　申請行為の意義、口頭の申請等事実認定

「（前略）そして、面接相談時においては、基本的には相談者の保護の申請意思を確認すべきものであるところ、処分庁の面接相談記録の様式には、そもそも相談者の申請意思の有無を記載する欄がなく、たとえ相談者が申請の意思を示したとしても、その旨を客観的に記録する様式とはなっていなかったこと、また、特別監査結果通知によると、相談者が申請の意思を示したとしても、申請させるか

否かを処分庁が判断していたこと等、処分庁が面接結果において極めて不適切な対応を行っていることが認められるといった事情を踏まえると、処分庁において生活保護の受給歴のある請求人が、病気による失業で収入がない状況で、処分庁に相談に訪れた際に、<u>明確に口頭で保護を受けたいとの申請の意思を示さなかった</u>とする処分庁の一連の主張は採用し難いものと言わざるを得ない。

したがって、<u>平成24年4月9日の相談時において、口頭で明確に保護の申請意思を表示したという請求人の主張を認め</u>、請求人に対する保護開始日を6月21日とした原処分については、これを取り消すことが相当である」

福祉事務所の面接記録票には申請意思の確認欄を設けるべきことを、国が2009（平成21）年度から改正しているにもかかわらず、本件処分庁は改正せず、申請意思を表明したとしても客観的に記録しようがなかった。また、京都府による処分庁への特別監査でも、申請権に関しきわめて不適切な対応が指摘されていることから考えると、申請がなかったとする福祉事務所の主張は採用できないとした。すなわち、これまで「申請意思を示す記録がない」とする福祉事務所側の反論があれば、申請があったとは認められないとする事実認定が多く見受けられたが（本件の原裁決〔京都府知事平成25年1月22日裁決も、申請書類が提出されたときをもって申請権が行使されたと認定しており、平成24年4月9日以降の請求人の主張は一顧だにしていない〕等）、本件福祉事務所の、①面接記録票の様式不備（申請確認欄の欠落）、②監査による申請権侵害の日常化という実態から、福祉事務所の主張を退けた。面接記録による申請意思の確認など客観的な資料不備を考慮要素としている点は、(2)の埼玉県知事採決と共通するものがある。申請意思の存否について、行政資料による立証責任を求めたものといえるだろう。

以上の結果、明確に「申請した」という記録がなくても、請求人の困窮状況が推認され、福祉事務所の日常的申請権侵害がうかがわれる場合には、請求人の主張に根拠があるとして、請求人が保護開始日より2カ月以上も前に口頭で申請があったことを認定した。

(5) 裁決の動向

4つの裁決を考察すると、規範的には、次官通知などに依拠し、生活困窮状態であれば、処分庁には申請確認義務があり、その違反があれば原処分は取り消されると判断している（(1) (3)）。もしくは、申請意思は、面接相談記録における申請意思確認欄もしくは詳細な申請経過によって処分庁が立証すべきであるにもかかわらず、その欄自体が欠落していたり、事実経過の記載がない場合、あるいは請求人とのやり取りなどの経過により処分庁の主張は信用がない場合には、口

頭の申請があったという申請人の主張が認容されるという判断枠組みとも考えられる（(2)(3)(4)）[24]。

いずれにしても、次官通知などの諸通知や、特に小倉北事件の規範（助言・確認・援助義務）を大前提にその義務違反や、申請意思がなかったことを処分庁が行政資料などにより立証できない場合には、厳密な意味での申請意思が認められなくても、口頭の申請があったことを認め、処分庁の開始処分を取り消し、それより以前の口頭申請時まで保護開始を遡及する判断を示して、救済の範囲を広げたものといえる。いずれも簡易迅速さが要請され、「不当」な場合にも原処分を取り消すべきとする審査請求制度の趣旨を生かした裁決といえよう。

先述のように、これまでは、(4)事件の原裁決をはじめ、実施機関が申請書を渡さないことは不問に付して、申請書が提出されたときからしか申請を認めないとする判断が多数を占め、そのことが水際作戦を追認する結果を生んでいた。本項で検討した大臣裁決2つを含む4裁決は、そうした実施機関の居直りを許さず、実態に即して口頭の申請を認め、水際作戦を排している点で画期的である。各実施機関は、これらの裁決をふまえ、みずからの生活保護運用を再点検すべきであろう。

第5節　小　括〜水際作戦の根絶と申請権の保障〜

本章では、たび重なる国による申請権尊重の通知や指示などがあっても、生活保護現場で水際作戦が根絶されるどころか、深刻な事態が根強いことを第1節に示した。他方で、社会保障給付や生活保護申請権において争訟の進展があったことも確認した。このような状況のもとで水際作戦を根絶するにはどうしたらいいだろうか。本章の締めくくりにあたり、いくつかの方策を提案する。

1　水際作戦の要因

第2節で述べたように、水際作戦を誘発させる要因としては、①密室性、②申請者と行政との情報格差、力関係格差、③「相談」段階の存在、④生活保護に対する根強い抑制政策と増えない生活保護ケースワーカーの問題がある。本節では、申請時と深くかかわる①〜③について改善案を提案したい[25]。提案にあたり、行政運用において水際作戦の元凶とされる生活保護法123号通知は廃止すべきものとする。

2 改善案

(1) 申請面接時の透明性確保

　相談面接時の密室性を打破するには、現行の申請意思確認義務の確実な履行と面接記録票に確認欄を設けることは当然として、面接終了時には、面接記録票をその場で申請者に開示し、了解を得ること（サインないし押印を求める）。また、申請者が要望した場合は面接時の録音を認める。

(2) 情報格差、力関係格差の解消

A　情報格差の解消

(A)　実施機関の広報義務と自治体生活保護担当職員の説明義務の確実な履行と、ワンストップの相談体制の構築

　保護の実施機関は、生活保護制度や保護基準について市民への広報周知に努める。特に保護基準の改定に伴い、年に1回は最低生活に関するその年度の変更内容や、いくつかの代表的モデルの生活費（高齢単身者世帯、ひとり親世帯、障害者世帯、稼働世帯など）を具体的に示して、所管内の全市民に周知することとする。

　また、自治体福祉関係職員は、市民の相談、問合せについて利用可能な福祉サービスや制度を生活保護を含め漏れなく教示する義務があることをふまえ、漏れを防ぐためのワンストップの相談・連携体制を構築する。職員には、誤った教示によって市民に損害を与えた場合には損害賠償責任が問われる場合があることを徹底する。

(B)　助言・確認・援助義務の履行

　判例でも確立している、「生活保護制度を利用できるかについて相談する者に対し、その状況を把握した上で、利用できる制度の仕組について十分な説明をし、適切な助言を行う助言・教示義務、必要に応じて保護申請の意思の確認の措置を取る申請意思確認義務、申請を援助指導する申請援助義務」を面接時に確実に履行する。

B　対等性の確保

　Aでの情報格差を解消することを前提に、申請者が同意した第三者の面接時の同席を認める。第三者には、弁護士、司法書士、社会福祉士、精神保健福祉士などの公的な資格保有者や、支援実績のある民間団体などを主なものとする。

(3)「相談」段階をなくす（**図表5-3**）

　抜本的な方法論的な改善策は、端的に「相談」段階をなくすことである。二度も申請権侵害による悲劇を起こした白石区をはじめとする現場の運用をみれば、「相談」段階がある以上、その段階での実施機関の申請意思確認義務違反、申請援助義務違反や、誤った情報による申請意思の委縮、申請断念を完全には排除できない。

　このため、申請方法は、葉書による投函かインターネットによる電子申請を原則とし、申請葉書は、自治体のすべての窓口と身近な公的機関である郵便局に常設するものとする。葉書が実施機関に到達すること、もしくはインターネットによる受信によって原則として申請行為は完了したものとし、実施機関の調査義務が発生するものとする。

　また、相談来所者に対して、相談の冒頭から、「生活保護申請意思」を確認し、「有り」であれば、その時点から申請とみなし、正式の要否判定審査に移行し、「相談」段階をなくす。25年たっても、「水際作戦」による悲劇が根絶されない現実をみるとき、このような抜本的な改革が求められていと考える。

図表5-3　「相談」段階をなくした保護申請のプロセス

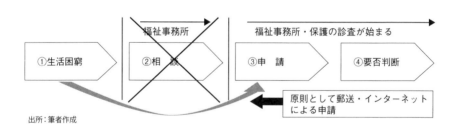

出所：筆者作成

注
1　寺久保光良（1988）『福祉が人を殺すとき』あけび書房
2　昭和56年11月17日社保第123号厚生省社会局保護課長・監査指導課長通知「生活保護の適正実施について」
3　無縁死とはひとり孤独に亡くなり引き取り手もない死のことで、年間3万2000人にのぼるという。NHK「無縁社会プロジェクト」取材班編（2010）『無縁社会』文藝春秋、2頁。なお、「無縁社会」という言葉は、2010年ユーキャン新語・流行語大賞でトップテンに入っている。
4　全国の餓死・孤立死の調査結果や白石区での調査の詳しい内容は、全国「餓死」「孤立死」問題調査団編（2012）『餓死・孤立死の頻発を見よ！』あけび書房を参照されたい。
5　本事件について、札幌弁護士会に人権救済の申立てがあり、同弁護士会は、2015年4月7日「白石区姉妹孤立死に関する人権救済申立事件調査報告書」（札幌弁護士会人権擁護委員会）に基づき、4月24日、札幌市長に対して、生存権侵害を認定のうえ、深い反省と再発防止策を求める警告書を発してい

る。同弁護士会ホームページ参照。
6 小久保哲郎（2008）「法律を『かざり』にしてはならない」『賃金と社会保障』1457・1458合併号、60頁
7 森川清（2009）『権利としての生活保護法』あけび書房、153〜154頁
8 木下秀雄（2010）「福祉行政の障害者割引制度の説明義務と損害賠償責任」『賃金と社会保障』1513号、5頁
9 木下秀雄（2008）「社会保障法における行政の助言・教示義務」『賃金と社会保障』1457・1458合併号、31頁以下
10 前注、木下（2008）は本件控訴審判決を批判的に検討している。
11 小久保哲郎（2005）「児童扶養手当の請求・相談者に対する行政窓口職員の教示義務違反を認めた画期的判決」『賃金と社会保障』1403号
12 木下秀雄（2006）「保護辞退届と保護実施機関の責任」、中田憲悟（2006）「保護辞退の意思表示と保護廃止決定の手続過程の適法性の要件を示した判決」、いずれも『賃金と社会保障』1432号
13 阪田健夫（2008）同事件解説『賃金と社会保障』1457・1458合併号、35頁以下
14 木下秀雄（2010）「福祉行政の障害者割引制度の説明義務と損害賠償責任」『賃金と社会保障』1513号
15 木下秀雄（2010）「障害基礎年金と行政の注意義務」『賃金と社会保障』1524号
16 大阪高裁判決は、「申請者において申請の表示行為を行う必要があるというべきである」、「口頭による保護開始申請については、特にこれを口頭で行う旨を明示して申請するなど、申請意思が客観的に明確でなければ、これを申請と認めることはできない」とする。本判決への批判は、吉永純（2011）『生活保護の争点』高菅出版、83〜84頁
17 2009年3月2日厚生労働省社会・援護局保護課「社会・援護局関係主管課長会議資料」30頁
18 田篭亮博（2011）「生活保護打ち切りによる小倉北自殺事件判決について」、村田悠輔（2011）「口頭による生活保護申請と助言・教示義務、および保護辞退届による保護廃止処分の違法性」、いずれも『賃金と社会保障』1547号
19 解説は吉廣慶子（2013）「三郷市生活保護裁判の勝訴報告」、村田悠輔（2013）「口頭による生活保護申請と行政の『水際作戦』による申請権侵害の国家賠償訴訟による救済」、いずれも『賃金と社会保障』1585号
20 前注16、吉永純（2011）第1章第1節参照
21 前注6、小久保哲郎（2008）
22 解説は村田悠輔（2010）「口頭による生活保護開始申請と審査請求による救済」『賃金と社会保障』1523号
23 解説は村田悠輔（2012）「口頭による生活保護開始申請と審査請求による救済2」『賃金と社会保障』1553・1554合併号
24 本文（4）の厚生労働大臣裁決の法律構成について、村田悠輔（2012）「口頭による生活保護開始申請と審査請求による救済2」『賃金と社会保障』1553・1554合併号、99頁
25 本提案は、2008年11月18日日本弁護士連合会「生活保護法改正要綱案」（同会ホームページ参照）と問題意識が重なるものである。

第6章

稼働能力
～半失業時代の生活保護・稼働能力活用要件のあり方～

　非正規労働者が4割に迫るなど半失業が常態化しているもとで、生活保護で最低生活を保障しながら就労支援を展開することが求められている。しかし現行運用においては、稼働能力活用要件（生活保護法4条）が生活保護の積極的な運用を阻害している。他方、稼働能力をめぐる裁判では、保護の実施要領の規定を基にした一般的抽象的な判断ではなく、求職実態や雇用実態に即した個別具体的判断に基づく判例が確立してきている。判例に示された判断枠組みに従い、生活保護の行政運用指針である保護の実施要領を改正することが急務となっている。

第1節　問題の所在

1　稼働能力関連裁判の注目すべき動向～能力活用規定の限定解釈～

　非正規労働者が4割に迫り[1]、ワーキングプアが増大するもとで[2]、稼働年齢層の生活保護申請や利用者が増加しており、稼働能力の活用を争点とする裁判例がこの間蓄積されている。本章第4節で紹介しているように、5地裁で提訴されたうち4件で原告が勝訴し（うち3件は確定）、1件は原告が勝利的な和解を得ている[3]。原告のほぼ全勝という勝訴率の高さはもとより、その内容において目覚ましい進展があり、実施機関の恣意を制限、抑制する規範が確立している。これらの判決の特徴や判決から得られる示唆は以下のとおりである。

（1） 稼働能力判定における生活困窮状態を前提にした「3要素」の具体的判断

　稼働能力判定の判断枠組みに関して、いわゆる稼働能力判定の3要素（稼働能力、活用意思、就労の場。第3節参照）について、定型的・抽象的解釈ではなく、要保護者の具体的・個別事情を重視した限定解釈を行っていることである。とりわけ、3要素による判断の前提として、あるいは3要素判断を貫くものとして、生活困窮状態＝貧困状態を考慮していることは、最低生活保障を目的とする生活保護法においては当然のことといえ、注目に値する。また、後述のように、3要素で特に問題となる活用意思と就労の場について、活用意思は真正の意思（単に働きたい意思であればよく、その量、質を問わない）であれば足りるとする限定を加え、さらに、就労の場と活用意思を結び付け、就労の場は本人の意思のみに基づいて直ちに利用することができるものに限っている。3要素に関する行政の解釈指針、判断枠組みの抜本的な修正といえる。

（2） 要保護者の個別事情や現実の雇用事情を重視

　裁判所が考慮している個別具体的事情については、要保護者の経歴などの個別事情や働く先を探す場合に考慮する要素[4]、また当事者が雇用契約を締結しなければ雇用は成立しないこと、要保護者の意思のみによって就労できるものでなければ能力活用はできないこと、さらに就くべき仕事についても、どのような仕事であってもいいことにはならないことなどをあげている。これらは求職活動をするうえでは当然のことである。前述（1）の判断枠組みの修正とともに、このような個別具体的な判断要素を示すことにより、福祉事務所による判断をさらに縛るものである。

（3） 現行行政解釈、運用の抜本的改正の必要性

　これら一連の判決は、これまでの行政解釈の抜本改正を求めている。判決が出た3つの裁判では、被告である行政側は、敗訴判決を受け入れ、判決は確定している。被告自治体が控訴ないし上告するかどうかは、国とも協議したうえで決めるのが通例であるから、これらの判決の流れは国も含め受け入れたものと考えることができよう。そして、一連の判決は、規範レベルで、現行実施要領の3要素判断枠組みや考慮事情に抜本的修正を迫るものであって、決して各事件個別の問題ではない。したがって、これらの判決の趣旨に従い、稼働能力に関する保護の実施要領は改正されなければならない。

(4) ワーキングプア層への生活保護適用

これらの判決はワーキングプア層への生活保護適用に大きく道を開いた。長浜訴訟、岸和田訴訟の原告は、ともに30代（提訴時）の比較的若い年齢であった。長浜訴訟の原告は健康面の制約はあったが、岸和田訴訟の原告は健康体であり、いずれも、いわゆる若年失業者、働き盛りであった。現在、完全失業率の低下傾向がみられるが、これには非正規雇用への就労が相当数含まれている。年収200万円未満のいわゆるワーキングプア層が1000万人を超えて久しい。近時の稼働能力関係の判決は、現代≒半失業時代におけるワーキングプア層への生活保護適用について、抜本的な変更を迫るものといえよう。

(5) 生活困窮者支援における生活保護の役割

生活保護における国の就労指導指針がワークファースト的な動きを強めるなかで[5]、生活困窮者自立支援法による生活困窮者への就労支援が2015（平成27）年4月から施行された。しかし、就労指導や自立支援の前提として最低生活を保障することの重要性はいささかも変わらない[6]。いわゆる「半福祉・半就労」[7]、「半失業」などの生活・雇用状況が広がりを見せるなか、市民生活は、生活保護による生活の下支えが恒常的に求められる状況にある。本章で検討する諸判決は、今後の生活困窮者支援の展開にあたっても貴重な判決といえる。

2 本章の課題～現場における根強い違法な運用と、現行能力活用規範の是正～

判例の流れとは裏腹に、福祉事務所現場においては、能力活用に関する抽象的・定型的な判断に基づく、違法な運用が絶えない。このような現場運用の要因は、実施要領における稼働能力活用要件の運用基準にある。現場の違法な運用を司法判断に沿って是正するには、林訴訟控訴審判決[8]の規範を参照して策定されている稼働能力に関する保護の実施要領の抜本的な見直しが急務である。とりわけ、稼働能力活用意思についての判定基準を、「真摯に求職活動を行ったかどうか」をふまえるとしている点は撤廃する必要がある。また、就労の場についての有効求人倍率の扱いも限定的に解釈されるように改正するべきである。

本章では、まず、現場における最近の違法な具体例を紹介する。次にそのような運用を許容している保護の実施要領を検討する。さらにこの間の各判決から、現場運用に影響を与える規範を抽出する。最後に、保護の実施要領についての改正試案を示すことにする。

第2節　根強い違法な運用事例
　　　　～大阪市保護申請時就労指導ガイドライン～

1　能力不活用と認定され申請却下された事例

　本事例は要保護者が保護申請中に、熱心に求職活動をすべきと助言指導され、それに従いハローワークなどで求職活動を行ったが、最終的に能力不活用と認定され、申請から28日後に保護申請を却下されたものである。詳細は以下のとおりである[9]。

　配管工事を行う職場で2年前過呼吸の発作を起こし、体調が悪化し仕事を辞めざるをえなくなったAさん（37歳）は、生活に困窮し、2013（平成25）年10月25日、大阪市B区福祉事務所に保護申請した。福祉事務所はすぐに検診命令を発し、Aさんは内科、精神科を受診した。約1週間後、福祉事務所から、「あなたは働ける。ハローワークで求職活動をしなさい。求職活動報告書にある6社分の応募をするように」と求められた。Aさんは診断書を見せるよう要求したが、福祉事務所はそれを拒否した。

　Aさんには、所持金はほとんどなく、交通費もなかったため、買い置きの米による1日1食だけの生活を強いられたが、それでも福祉事務所の指導に従い、1週間に3回、ハローワークで発作が起きても両立できる職場を探した。履歴書を受け付けてくれた会社は3社あったが、いずれも就職は決まらなかった。しかし、Aさんの求職活動は、福祉事務所から「少ない」と評価され、11月14日に、「熱心に求職活動を行い継続的かつ自立を目指した仕事に就くこと」という助言指導書を交付された。この指導書を見てAさんは、「自分の力だけではどうしようもないこと」だと思ったという。Aさんはその後も求職活動を続けたが就職には至らなかった。この間のAさんの求職活動に対して、福祉事務所は、「再三再四にわたり稼働能力を活用することを助言指導しているが、主（Aさんのこと。筆者注）は稼働能力を十分に活用しているとは認められない」（11月21日ケース診断会議記録）と判定し、同日付で、Aさんの保護申請を却下した。申請日から却下日まで28日間を要しているが、保護申請却下通知書には、却下通知が14日を経過した理由は「稼働能力調査に日時を要したため」と記載されていた。

　保護が認められなかったためAさんの困窮状態はさらに悪化し、追い詰められたAさんは、弁護士同行のもとに保護を再申請した。しかし福祉事務所は前回と同じく保護を開始することなく、求職活動を指示してきたため、弁護士が抗議の申入れを行い、ようやく申請後2週間で保護が認められた。保護開始後、A

さんは通院している病院で、「パニック障害」のため求職活動できる状態ではないと診断され、現在は療養に専念している。本事例を取材したNHKの質問に対して、B区福祉事務所は、「仕事に就くこと」（傍点筆者）という助言指導書の文章が不適切であったことを認めた。

　Aさんは、最初の保護申請後の福祉事務所の対応について、①なぜ検診命令による診断書を見せてくれなかったのか、②お金もないのになぜ求職活動ができると判断したのか、③最初の申請と弁護士同行した再申請でAさんの事情に変化はなかったのに、なぜ結果が違うのか、疑問をもっている。

　なお、AさんはB区福祉事務所長による2013年11月21日付保護申請却下処分の取消しを求める審査請求を大阪府知事に提起した。

2　大阪市の保護申請時における「助言指導」

（1）　大阪市「保護申請時における就労にかかる助言指導のガイドライン」[10]

　Aさんの事例は、本ガイドラインに沿ったものである。2011（平成23）年1月17日に発せられた本ガイドラインは、厚生労働省の局長通知が、「要保護者が、利用しうる資源の活用を怠り又は忌避していると認められる場合は、適切な助言指導を行うもの」（局長通知第11の1の(2)）と規定していることなどを根拠に、「平成20年9月のリーマンショック以降、大阪市において、失業（特に解雇等）が原因となっての保護開始が多く見られ、就労指導が必要な者が増加していることを踏まえ、今般、保護申請時の就労にかかる助言指導のガイドラインやその手順を設定することで、申請時における助言指導を適切に行うとともに、自立支援や就労支援の一層の推進を図ることを目的として作成」したとしている。保護申請時点をとらえた就労指導マニュアルであること、すなわち保護申請は認めるが、決定に至る短期間（原則14日以内に保護の要否を決定し通知しなければならない。特別の理由があれば30日以内。生活保護法24条3項）における指導が想定されていることが特徴である。

　また、指導内容としては、もっぱら就労支援員の活用が効果的であることが強調されているほかは、「本人が自分の働く姿をイメージできるよう具体的に援助する」としているが、その内容は、「自立に向けて、どういうふうに求職活動を行うか、どういった仕事の内容や職種を求めるのか」などで動機付けし、求職活動は、「ケースワーカーが求職内容を把握し、状況に応じた適切で効果的な助言を行」い、必要に応じて1週間に1回程度の助言指導書を活用するという。しかし、本来就労支援は本人の稼働能力や希望職種の評価、スキルや資格取得など、具体的かつ丁寧に本人の意欲を喚起することが不可欠だが、ガイドラインが想定

図表6-1　生活保護申請者に対する就労支援の手順

・生活保護の申請者

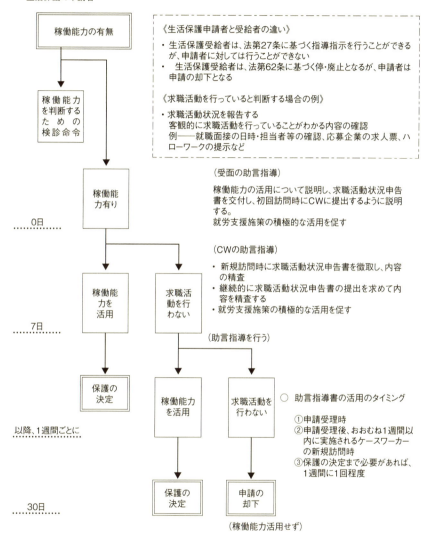

出所：大阪市「保護申請時における就労にかかる助言指導のガイドライン」

する原則14日最大30日で、所得保障もなしに（保護決定前であるから生活費などは一切支給されない）、これらの支援ができるとはとても思えない。

「助言指導書」の様式案では、「これ（助言指導。筆者注）に従わないときは、保護の要件を欠くものとして、生活保護申請の却下を含めて検討することになります」と記載されている。この文言は、ガイドラインが引用する局長通知第11の1の(2)と同様の文言であるが、とても「助言」といえるものではなく、却下をチラつかせた強制に近いものといえる。

「生活保護申請者に対する就労支援の手順」（**図表6-1**）では、「生活保護申請者と受給者の違い」として、「生活保護受給者には、法第27条に基づく指導指示を行うことができるが、申請者に対しては行うことができない」としながら、ガイドラインに基づく「助言指導」の積極的な根拠は示されず、「生活保護受給者は、法第62条に基づく停・廃止となるが、申請者は申請の却下となる」と結果だけが示される。また「求職活動を行っていると判断する場合の例」として、「求職活動状況を報告する（客観的に求職活動を行っていることがわかる内容の確認　例―就職面接の日時・担当者等の確認、応募企業の求人票）」とされ、もっぱら、応募回数や面接回数があげられている。また、ガイドラインに沿った指導の手順がフローチャート化されており、助言指導書の活用タイミングは、①申請受理時、②申請受理後、おおむね1週間以内に実施されるケースワーカーの新規訪問時、③保護の決定まで必要があれば、1週間に1回程度とされている。

(2) 問題点

本ガイドラインは、さしあたって以下の問題点が指摘できる。

A　法的根拠が不明確

前掲大阪市の「手順」が自ら記しているように、保護申請者は被保護者ではないから、不利益処分を背景にした生活保護法27条に基づく指導指示はできない。大阪市は、本ガイドラインは、保護申請時に助言指導ができることを定めている前掲局長通知を根拠としている[11]。

しかし、この点は大いに疑問である。保護申請者への「助言指導」の根拠は、27条の2ということになると思われるが、27条の2は信頼関係を前提とするケースワークの根拠規定とされており、「要保護から求めがあったとき」しかできず、せいぜい情報提供やアドバイスしかできない。また、27条の2には、27条違反に対応する62条3項のような不利益処分の規定もない。だとすれば、27条の2を根拠に、保護の申請却下という、保護の停廃止にも匹敵する不利益な処分はできな

いはずである。

B　要保護性が明らかな場合は、原則として保護を適用後に就労指導を行うべき

　Aさんが再申請で保護が認められたことから考えると、Aさんの要保護性は最初の申請時から明らかであった。このような場合、後述のように、ごく例外的な場合を除き最低生活を保障しなければならない（生活保護法1条）。本ガイドラインは、法の目的である最低生活保障にもとるものである。Aさんが追い込まれた状況は、食べる物もままならない、極限状況といってもよく、弁護士とつながらなかったらどうなっていたか危険な状況であったと思われる。

　実質的に考えても、Aさんの「お金もないのになぜ求職活動ができると判断したのか」という疑問は当然である。求職活動は、体力、気力、費用を要するハードな活動である。食べる物も十分にないなかで、しっかりした求職活動を求めることは酷に過ぎ、効果も出ない。また、求職活動にはハローワークへの交通費、応募先との面接会場への交通費なども必要である。このような求職活動の実態から考えた場合、まず生活保護を適用して最低生活を保障し、求職のための経費なども生活保護から支給して、就労指導を行うべきである。

C　生活保護法が求める迅速な保護の要否決定を否定するもの

　生活保護法は、申請後14日以内の要保護者への迅速な保護の決定通知を求めている。これは、生活困窮という事態が時には命にも関わり、病気であれば早く治療しなければならない場合も多々あり、さらに毎日の食事に事欠くようなことが長期にわたって続くようなことはあってはならないからである。しかし本ガイドラインは、そのような保護の迅速性を否定し、特別の場合の30日を常態化させるものといわざるをえない。事実、冒頭のAさんも保護の決定まで28日間を要している。

　とりわけ不思議なのは、「手順」において、決定をするまでの日数が、検診命令などにより「稼働能力あり」と判定された日を「0（ゼロ）日」＝起算日とし、それから30日以内での要否判定が想定されていることである。検診命令による能力判定には少なくとも1週間程度は要すると考えられるから、あえて起算日を後にずらしている疑いがある。

D　指導内容の違法性

　助言指導書の「仕事に就くこと」という指導は、Aさんが考えたように、Aさんだけの力ではどうしようもないことである。雇主に雇われて初めて就労できる

のであって、B区福祉事務所が後で認めたように、本件指示は「不適切」である以上に、自力でできないことを強いるものであるから違法な指示である。

E　ハローワークへの求職回数や面接回数等を中心とした機械的指導
　就労支援は、自立支援プログラムにも明らかなように、ステップバイステップの寄添い型の支援が有効であり、これにより保護利用者が自尊感情、自己有用感を回復することによってしっかりしたものになる。ところが、本ガイドラインや、実際のＡさんへの支援をみても、その内容たるや、ハローワークへの通所回数などを中心とした旧来型の支援にとどまり、それが十分でなければ保護申請を却下するという。こうした機械的指導では効果に乏しいからこそ、自立支援プログラムが創設されたのである。短期間では機械的な指導に陥らざるをえず、本ケースのように本当の就労阻害要因（パニック障害）の解明がなおざりとなり、要保護者への誤った指導に陥る危険性がある。

（3）　平成27年4月9日大阪府知事裁決（請求認容）
　Ａさんが提起していた審査請求について大阪府知事はＡさんの請求を認め、保護申請却下処分を取り消した。

A　裁決要旨
　「(保護申請時に)処分庁が、(中略)具体的な求職活動を助言し、(中略)報告を求め、その内容により請求人が稼働能力を活用しているか否かを判断することは、(局長通知第11の1 (2)等)に照らし、一定の合理性がある」
　「申請日より14日が経過した同年11月8日には、請求人の所持金は少なくなり、求職活動にも支障を来していると容易に推測できたところ、前記(中略)認定事実のとおり、処分庁が請求人の所持金の状況について確認した事実は認められない」
　「処分庁は、請求人に対して1週間に6件程度の求職活動について助言指導し、『それ以上の求職活動はより評価できるが、努めてほしい』旨、請求人に対して説明したとされる。これに対し、請求人は、処分庁の助言指導を踏まえ、処分庁から求職活動について助言指導を受けた同月8日から20日までの間に、6件の求職活動を行っており、また、その活動内容も具体的であったことが認められる。さらには、請求人が生活し、求職活動するに必要な所持金を十分持ち合わせていなかったことを処分庁も認識していたものと判断せざるを得ないことを考慮すると、請求人による求職活動が処分庁による助言指導に反しており、または不十分

であって、請求人が稼働能力の活用を図っていないとまではいえない」

B 考　察
　保護申請時の稼働能力に関する助言指導自体を否定していない点は、不満が残る。しかし、処分庁が求職活動に要する所持金を請求人が持っているかどうかを確認すべきであるとしたことは、就職活動を行うには一定の金銭が必要であることを前提としており、一般的抽象的な求職の指示が違法であることを是認したことになる。保護申請者は多くが求職に必要な金銭を所持していない実態にあることからすると（たとえ多少の金銭があったとしても申請中の生活費でも消費されてしまい、求職活動に要する金銭はたちまちなくなるだろう）、本裁決の趣旨に従えば、まずは生活保護を適用すべきことになる。実質的にみれば、大阪市のガイドラインは否定されたとみてよいだろう。

3　小　括
　本ガイドラインについて、国は、「ハローワークでの具体的な求職活動の指導等は、保護の開始決定前には認められていない。これらの指導は、保護の開始決定後に法第27条に基づく指導及び指示として行われるべきもの」として否定している[12]。大阪市も、「具体的に、何回ハローワークに行くような指導はできない。不適切な取り扱いがあった。しかし、ガイドライン自体は今後も使っていく」という見解である[13]。
　しかし、前述のような問題点がある以上、本ガイドラインは、生活保護法上も違法と考えられるため、早急に撤廃すべきである。

第3節　現行運用基準とその評価

　生活保護行政の運用マニュアルである保護の実施要領では、稼働能力活用に関して次のように規定する。

1　保護の実施要領
(1) 稼働能力の活用
○次官通知第4
　要保護者に稼働能力がある場合には、その稼働能力を最低限度の生活の維持のために活用させること。
○局長通知第4

1　稼働能力を活用しているか否かについては、①稼働能力があるか否か、②その具体的な稼働能力を前提として、その能力を活用する意思があるか否か、③実際に稼働能力を活用する就労の場を得ることができるか否か、により判断すること。
　また、判断にあたっては、必要に応じてケース診断会議や稼働能力判定会議等を開催するなど、組織的な検討を行うこと。
2　稼働能力があるか否かの評価については、年齢や医学的な面からの評価だけではなく、その者の有している資格、生活歴・職歴等を把握・分析し、それらを客観的かつ総合的に勘案して行うこと。
3　稼働能力を活用する意思があるか否かの評価については、求職状況報告書等により本人に申告させるなど、その者の求職活動の実施状況を具体的に把握し、その者が2で評価した稼働能力を前提として真摯に求職活動を行ったかどうかを踏まえ行うこと。
4　就労の場を得ることができるか否かの評価については、2で評価した本人の稼働能力を前提として、地域における有効求人倍率や求人内容等の客観的な情報や、育児や介護の必要性などその者の就労を阻害する要因を踏まえて行うこと。
〇現に就労している者についても同様の判断基準を用いることとした（課長通知（第4の1））。

（2）　保護申請時の助言指導
〇局長通知第11の1の（2）
　要保護者が、自らの資産能力の活用を怠り又は忌避していると認められる場合には、適切な助言指導を行うものとし、要保護者がこれに従わないときは、保護の要件を欠くものとして、申請を却下すること。なお、要保護者が自らの資産、能力等の活用により最低生活の需要を満たすことができると認められた場合には、保護を要しないものとして申請を却下すること。

2　問題点[14]

　1の（1）（2）とも「要保護者」を対象としているから、（1）も含め、保護の申請時と保護利用時の判断基準として適用される。
　問題点としては、第1には、活用意思という主観的要素の判定を「真摯」な求職活動に関係づけていることである。「真摯さ」とは、いわば真面目さの極致といってもよく[15]、判断権が実施機関にある以上、要保護者の実状に合わない過重

な求職活動を求めることになりかねない。判断要素として求職状況報告書などがあげられているが、単に求職活動の回数だけで判断すると、いたずらに無駄なハローワーク通いを強いる可能性もある。実際の審査請求事例においても、実施機関によって意思とか真摯さという利用者の主観に関する評価は大きく分かれる[16]。真摯な求職活動による活用意思の判断は、つまるところ、意思要素の肥大化を招き、就労の自己責任化に結びつく危険性がある。

第2には、局長通知の4における有効求人倍率は、求人数を求職者数で除した率にすぎず、1より多ければ仕事に就くことができるという確実な指標ではない。また求人内容などの客観的な情報という場合、局長通知の2で判定された要保護者の稼働能力を前提としたものということになっているが、現場では、そのような配慮抜きの指導になりがちである。

第3には、通知が示している客観的、総合的、かつ個別・具体的な判断を適切に行おうとすれば、保護申請後14日間以内での迅速な保護の判定とその結果通知（生活保護法24条3項）は実質的には難しい。保護申請時に能力活用要件の適否を判断することは、実際上は困難である[17]。

第4には、手続き的な問題であるが、本人にどのような能力があり、どのような仕事を目指すかについては、実施機関の一方的な指示によるべきではなく、本人の同意、本人の参加のうえで進められるべきである。そのためには、本人の希望があれば、ケース診断会議や稼働能力判定会議等に本人の参加を保障して判定を行うべきである。

第4節　各訴訟にみる稼働能力活用要件

1　各訴訟の概要
(1)　新宿訴訟
　2008（平成20）年6月東京都新宿区内でホームレス状態にあった原告（当時57歳）が、アパート等での居宅保護を求めたところ、新宿区福祉事務所長は、原告に対してホームレス自立支援法により東京都が実施している緊急一時施設や自立支援センターへの入所を勧めたが、原告が拒んだことから、「稼働能力不活用」を理由に保護申請を却下した。原告は、却下処分の取消しなどを求めて提訴したものである。

(2)　長浜訴訟
　2008（平成20）年6月派遣切りにあい、仕事と住居をともに失った原告（当時

37歳）は、不要となった知人宅マンションに身を寄せ、失業給付により生活し求職活動をしていたが、仕事に就けず、2009年4月生活保護の申請をしたところ、長浜市福祉事務所長が「稼働能力不活用」を理由に保護申請を却下したことから、原告は却下処分の取消しなどを求めて提訴したものである。

(3)　岸和田訴訟

　2008（平成20）年5月、失職し、仕事が見つからず、生活に困窮した原告（当時36歳男性、健康、中卒、自動車運転免許なし。フォークリフト免許あり）が生活保護の申請をしたところ、1回目は申請を認められず、2回目から5回目までは稼働能力不活用を理由に却下された。原告が新聞配達の仕事についた最初の申請から1年後の6回目の申請によって、ようやく生活保護が認められた。原告は、最初の却下決定（2回目の来所時における却下決定）の取消しと、一連の申請権侵害・却下に対して国家賠償を求めて提訴したものである。

(4)　静岡訴訟

　糖尿病と腰痛を抱える64歳の男性に対して、自立支援プログラムによる支援が行われたが奏功せず支援は打ち切られ、その後2008（平成20）年12月5日付で、原告に対して、「平成21年1月30日までに就労を開始し、就労届出書を提出すること」、「ハローワーク等を活用し、積極的に求職活動を行い、求職状況報告書を毎週1回以上提出すること」という2つの指導指示が発せられた。しかし男性が就労できなかったことから、福祉事務所が、2009年5月、稼働能力を活用していないとして生活保護を停止したため、男性が停止処分の取消しと精神的損害などの国家賠償を求めて提訴したものである。

2　保護の申請時と保護開始後における稼働能力活用要件の適用

　本節では、各訴訟の稼働能力活用要件に関する判断枠組みや判断要素について、現行運用に影響を与える主な規範を抽出する。

　なお、これまでの判決のうち、新宿、長浜、岸和田訴訟は、保護申請時の稼働能力活用要件に関わるものである。他方、静岡訴訟が唯一保護利用時の稼働能力活用要件に関わる。いずれの判決も、前述の保護の実施要領と同様に、稼働能力活用要件が保護申請前後を問わず適用されることを前提としている（静岡訴訟判決は、補足性要件は生活保護が行われるための要件であることから、生活保護開始後についても要求されると明言する）。

　本章も一応その前提に立って検討を進めるが、保護の申請時と保護の開始後で

は様相が異なることに留意すべきである。すなわち、保護が開始されいったん被保護者の地位を得た場合、正当な理由のない不利益変更は禁止される（生活保護法56条）。そして保護が廃止される場合は3つの場合に限られる。第1に、26条（被保護者が保護を必要としなくなったとき）に該当する場合、第2に、28条（報告拒否、立入調査拒否、検診命令拒否）の場合、第3に、62条3項（前2項の規定〔27条指示等〕による義務に違反したとき）である[18]。稼働能力活用要件は27条の指導指示を通して審査される。したがって、まず27条2項、3項の制限を受ける。また、仮に正当な理由が認定されても、不利益処分を行うにあたっては比例原則（違反行為と不利益処分との均衡の要請）を考慮しなければならない。さらに、手続きにおいても、法律や実施要領に従った手続きを履践する必要がある。したがって、被保護者に対する稼働能力活用要件の適用による不利益処分は、保護申請時に比べ、違反行為、処分の程度、適正手続きなどの面ではるかに限定されることになる。これは、稼働能力不活用を理由とする不利益処分が、26条のように最低生活を上回る収入があるなどの理由により保護が不要となり廃止されるものではなく、いったん最低限度の生活が権利として保障された者に対してその地位を剥奪するものであるから、実体的、手続的に慎重な扱いを求めているのである。

3　稼働能力活用要件の判断枠組み

（1）　生活困窮と要保護性の確認

いずれの判決も、生存権の趣旨と、自己責任を基調とする資本主義社会における自助努力との調和を、実施要領が示す3要素に基づき行っていくという点では、現行の行政運用を前提としている。

しかし、新宿訴訟判決が、「基本的には資本主義社会のもたらす必然の所産であるから、生活に困窮するすべての国民に対し必要な保護を行うことは国の責務である」（下線筆者。以下同）と生存権の理念を明確に述べ、原告は、「生活に困窮する者」（4条1項）に該当し、「（提訴時）健康で文化的な最低限度の生活を自ら維持することができない状況にあった」と認定していることに注意すべきである。原告が生活保護法の目的である最低生活保障の権利＝生存権が侵害されている状態にあること、すなわち要保護性がまずもって確認され、救済の対象であるとの認識が示されている[19]。

（2）　本人の意思のみによって直ちに「利用し得る」能力に限定

同判決が、稼働能力活用要件について、「法は不可能を強いることはできない」という法諺を引用して、4条1項は「資産、能力等を『その利用し得る』もの、

すなわち、本人の意思のみに基づいて直ちに利用することができるものに限定している」と解している点は注目に値する。資産がなぜ4条1項所定の補足性原理によりその活用を求められるかといえば、要保護者がその意思に基づいてその資産を換価処分して生活費に充当すれば、最低生活を上回り、生活保護を要しない結果となるからだ。ところが、稼働能力活用要件は、資産と異なり抽象的概念であるうえ、要保護者の意思のみによっては就労ができないことはもちろん、仮に就労できたとしても、日雇いなどの場合、月額にして最低生活費を上回る賃金が得られるかどうかは不確実である。また月払いの賃金は通常は就労開始後1カ月以上後に支給される。このように資産と稼働能力とは、同じ補足性の要件といっても、まったくといってよいほど様相が異なる。稼働能力要件は抽象度が高く、したがって実施機関の裁量の幅が広く、確実性に欠けるのである[20]。このことを同判決は明確に意識しており、稼働能力にも資産と同じく、要保護者の意思のみによって最低生活費に資するものでなければならないことを要求している。

(3) 活用意思をはじめとする行政解釈における3要素判定の修正

前述のように、行政解釈においては、「稼働能力→活用意思→就労の場」という判断順序が示され、活用意思については、それがなければ稼働能力活用要件を満たさないかのような理解が一般化している[21]。しかし、近時の判決による後述の活用意思の解釈を考慮すると、この場合の活用意思自体が限定的である（「真正の意思」で足りる）。さらに活用意思は、就労の場と結びついたものと解釈されており、活用意思がないことをもって単純に能力活用要件を満たさないとするケースはまれな場合に限られる。3要素における活用意思の比重は低下しており、それをふまえた判断枠組みに修正するべきである。

ただし、静岡訴訟判決は、判断枠組み自体は、ほぼ新宿訴訟判決を踏襲したものの、就労の場を得ることができない場合には、意思の有無を問うまでもなく、稼働能力活用要件は満たされるという原告の主張に対して、「稼働能力を有しながらその稼働能力を活用する意思がない者について保護を行うことは、資本主義社会の基本原則である自己責任の原則に適合しない」として、活用意思不要という主張は認めなかった。

4　稼働能力

岸和田訴訟判決が、稼働能力の存否だけではなく、「稼働能力がある場合にはその程度についても考慮する必要があり、かかる稼働能力の程度については、申請者の年齢や健康状態、申請者の生活歴、学歴、職歴等や、申請者の有している

資格等を総合的に勘案して判断すべき」としている点も留意すべきである。ここに書かれている判断要素は、局長通知第4の2所定のものとさほど変わらないが、「程度」を考慮することにより、通知のような「客観的」判断から、より具体的、緻密な判断に近づく。現場では、「客観的」判断以前に、「若いから」とか、「病気ではないから」というような感覚的、抽象的理由で即座に「仕事があるはずだが、仕事をしていない」＝稼働能力不活用という短絡的判断が見受けられるが、岸和田訴訟はそのような判断を排するものでもある。

5　活用意思

　新宿、長浜、岸和田訴訟の3判決とも、真摯な努力までは不要とした点は共通している。静岡訴訟判決も、活用意思の有無に関して「真摯な求職活動」という基準は「採用しえない」と明言している。このように4判決とも、現行の行政運用とは異なる見解を示した点は注目に値する。現場運用においては、この「真摯な努力」の判定基準として、非現実的なハローワークへの通所回数や就職面接回数を求め、それが達せられなければ、活用意思がなく、能力不活用と判定される例が後をたたない。4判決は、このような運用に警鐘を鳴らし、是正を求めるものである。

（1）　新宿訴訟判決

　判決は、能力が活用されていない場合であっても、「その稼働能力を活用する意思を有していることを求職活動の状況等から客観的に認めることができるときは、なお稼働能力の活用要件を充足している」とする。すなわち、現に就労していなくても、活用意思が客観的に認められることができれば要件を満たすとした。そうして、その意思は、「真正なものであることを必要とするというべきであるが、（略）生活保護法が社会規範を逸脱した者についても保護の対象から一律に除外することはしていないことからすると、生活に困窮する者が生活保護の開始申請前にした求職活動等がその態様等においてまじめさ又は真剣さに欠け、ひたむきな努力を伴わないなど、一般的な社会規範に照らして不十分な又は難のあるものであるとしても、当該生活困窮者が申請時において真にその稼働能力を活用する意思を有している限り、生活保護の開始に必要な稼働能力の活用要件を充足している」とする。

（2）　長浜訴訟判決

　判決は、「稼働能力を活用する意思の有無については、（略）求職活動等の状況

から客観的に判断すべきである」として、意思の客観性を求めたことや、「保護申請者がその時点までに行い得るあらゆる手段を講じていなければ稼働能力を活用する意思がないとするのは相当ではなく、多少は不適切と評価されるものであったとしても、保護申請者の行う就職活動の状況から、当該保護申請者が就労して稼働能力を活用するとの真正な意思を有していると認められるのであれば、そのことをもって足りる」としたことなど、新宿訴訟判決を踏襲している。

(3) 岸和田訴訟判決

本判決も、前記の2判決と同様、活用意思の必要性は認めながらも、申請者に不可能は強いられないという判断によって、「申請時におかれた困窮の程度も様々であること（求職活動に要する履歴書用紙の購入費用や、面接会場までの交通費等の捻出自体極めて困難な場合も少なくない）に鑑みると、申請者に対して、その時点において一般に行い得ると考えられるあらゆる手段を講じていなければ最低限度の生活を維持するための努力をする意思があるとは認められないとすることは、申請者に不可能を強いることにもなりかねず、また国の責務として生活に困窮する国民に対する必要な保護を与えるとの理念にもとる事態を生じさせかねないものであって、相当でない」とする。

(4) 静岡訴訟判決

原告の「稼働能力が相当程度低いものであること（64歳という年齢、2年近いホームレス生活、特に技能を有していなかったこと。筆者注）を踏まえれば、なお一定の評価に値」し、稼働能力活用意思を有していたと認めた。

なお、被告が、保護利用中は最低生活が保障されているのだから、保護申請者に比べ「高度な求職活動」が求められると主張した点について、「法4条は被告の主張するような区別をしていない」こと、活用意思は「各人の稼働能力に応じた意思であって、個別的に判断すべき事項であるから、一般的に被保護者に申請者より高度な求職活動が求められると解することはできない」として否定した。

ただ、活用意思を稼働能力と相関させ、稼働能力が低い場合には活用意思も低くてもかなわないとした点は疑問が残る。この解釈からすれば、稼働能力が高い場合には、相応の活用意思が求められることになる。「真摯な求職活動」という問題の多い判断基準を一方で否定しながら、他方で稼働能力と相関させるとなれば、結局、活用意思は幅をもったものとなり、活用意思判定に関する実施機関の恣意を抑制することができなくなるおそれがある。

(5) 小　括

　各判決とも、要保護者を前提にして、求職する際に考慮するであろう要素や、求職活動の具体的な困難さを考慮している。要保護者＝生活困窮者にとって、生活困窮ゆえの生活困難に加え、履歴書の購入や、貼付する写真の購入、面接会場への交通費等々がまずもって捻出困難なのであって、そのような者に、「真摯さ」という尺度で、事実上の不可能な「あらゆる努力」を要求すること自体、前提を欠くのである。先述のように「意思」に幅を持たせた尺度を導入すれば、最終的判断権が実施機関にある以上は、要保護者にとって不可能を強いることになる。よって、新宿、長浜、岸和田訴訟の各判決は、「真正の意思」をもって足りるという限定によって、実施機関による無限定な判断を排除したものとみることができよう。

6　就労の場

　この点でも、新宿訴訟判決は、雇用が雇用主との契約に基づくものという公知の事実に基づくものであることや、求職者の意思のみに基づいて就労できるような場がなければ、能力不活用とはいえないとし、岸和田訴訟もそれを踏襲した。意思の限定解釈に加えて、その意思と具体的な就労の場を結び付けている。さらに、岸和田訴訟は、抽象的な有効求人倍率だけで判断することを排するとともに、就こうとする職場についても、一定の給与と継続性を求めたことは注目される。

(1)　新宿訴訟判決

　雇用というものについて、「求人側に対する求職者からの連絡や求人側と求職者との面接等を経て、求人側と求職者との間で雇用契約を締結する旨の意思の合致があることによって初めて雇用契約が締結されるのが通常であることは、公知の事実である」という認識を示したうえで、「現に特定の<u>雇用主がその事業場において当該生活困窮者を就労させる意思を有していることを明らかにしており、当該生活困窮者に当該雇用主の下で就労する意思さえあれば直ちに稼働することができる</u>というような特別な事情が存在すると認めることができない限り、<u>生活に困窮する者がその意思のみに基づいて直ちにその稼働能力を活用する就労の場を得ることができると認めることはできないというべき</u>」とした。

(2)　長浜訴訟

　リーマンショック直前の不況を反映して、主として事実認定の問題から「有効

求人倍率の低さ、健康面からの制約、職に就くことができたのは年度替わりの繁忙期にすぎなかった」ことなどから、「原告にとって、その稼働能力を活用する場があったと認めることは困難」という認識を示した。

(3) 岸和田訴訟

雇用というものについて、新宿訴訟を踏襲し、「申請者が求人側に対して申し込みをすれば原則として就労する場を得ることができるような状況であったか否かを基準として判断すべきである」とした。

また、「求人倍率等の数値から就労する場を得る抽象的な可能性があるといえる場であっても、実際に申請者が就労を開始するためには、申請者からの求人側に対する申込み、求人側との面接、求人側による当該申請者を採用するという決定、両者の間での雇用契約の締結等が必要となるのであるから、最低限度の生活の維持のために努力をしている者であっても、求人側の意向等申請者の努力によっては如何ともし難い理由によって、就労の場を得ることができないことがあることは否定できない。そのような場合にまで、抽象的には就労の場を得ることが可能であるとして、保護を行うことを認めないとすることは、最低限度の生活の維持のために努力している者に対する保護を認めないことにほかならず、これは上記立法趣旨に反するものというほかはない」として、有効求人倍率のもつ限界を正当に指摘するとともに、有効求人倍率をことさら強調した「仕事があるはずだ」論にもとづく抽象的判断を排斥している点は、実施要領の判定基準の問題点・限界を指摘しているものといってよいだろう。

さらに、「就労の場があり、その場をいまだ利用していない場合には保護が認められないことに照らせば、ここにいう『就労の場』とは、申請者が一定程度の給与を一定期間継続して受けられるような場をいうものと解するのが相当である（例えば一日限りのアルバイト等に就労することができる場を得ることができるといったことから、保護が受けられなくなるというのはおよそ不合理であるといえよう）」と、裁判所としては初めて「就労の場」の内容に踏み込んだ判断を示した。これは、福祉事務所では、とかく「何でもいいから就労せよ」というような指導がまかり通りがちだが、ディーセントワーク（まともな労働）とまでは明示していないものの、少なくとも、安定した雇用関係や、それなりの収入のある職場を選ぶ権利が保護利用者側にあることを認めたものと考えられ、注目に値する。

(4) 静岡訴訟判決

就労の場は、「一般的抽象的な就労可能性があるのみでは足りず、具体的かつ

現実的な就労先が存在していることが認められなければならない」として、<u>有効求人倍率が1を超えていることをもって就労の場が認められるとの被告の主張を否定</u>した。

(5) 小 括

各判決は、活用意思と同じく、「原則として、探せば就労の場はあるはずだ。相当の努力を払っても仕事がない場合にだけ、就労に就いていなくても、稼働能力不活用とはいえない」という従来の解釈から、「原則として、自らの意思だけで、一定の給料や雇用期間のある仕事に就ける場合にのみ、就労の場があると判断する。そうでない場合には、稼働能力不活用とはならない」という解釈への転換であり、従来の原則と例外を逆転させるといってもよい変更である。

7　判決をふまえたあるべき運用
(1)　保護申請時の稼働能力活用要件

これまで検討してきた各判例に示された判断基準に基づき、保護申請時の能力活用の判定が行われることになる。しかし、保護申請時には、これらの考慮要素に加え、保護の迅速な決定という要請も働き、判断要素は可能なかぎりシンプルであることが求められる。このように考えると、これらの要件未充足により保護申請が却下されるケースは、実際にはほとんど存在せず、原則として保護は開始されるべきことになる。すなわち、各判例の判断規範に従うかぎり、保護開始時には、原則として稼働により最低生活を確かに維持できると認められるような場合でないかぎり、保護の申請を却下することはできず、まずは保護を開始すべきことになろう[22]。

(2)　保護利用時の稼働能力活用要件

各判例に示された稼働能力判定に関する考慮要素は、主として保護利用中の稼働の能力判定において考慮されるべきものになる。そして、保護利用時に関しては、本節2で述べたように、不利益処分に至るにはさらなる限定が加えられることになる。

A　「活用意思」を判断要素から削除もしくは限定すべき

これまでの判例の検討から、活用意思が運用上、稼働年齢層の保護からの排除に大きな役割を果たしていることが明らかとなった。もともと、意思は主観的な判断要素であり、人の内面に存するものであるから、客観的判断にはなじまな

い。そのうえ、その判定基準が「真摯な求職活動」というさらに主観的な「真摯さ」によって判断されるのだから、実施機関と要保護者では、その判断に天と地ほどの乖離が発生することは前述のとおりである。はたして、このようなあいまい極まりない判定基準で、要保護者の生存が左右されてよいものだろうか[23]。このように弊害が多い活用意思については、判断要素から削除すべきである。

仮に、活用意思を判定要素として残すとしても、判定基準としては、より簡易・形式的な判定で足りるものでなければならない。少なくとも、判決が述べているように、「真正な意思」の確認にとどめるべきである。同時に、その意思は、要保護者がその意思のみによって就労できる場と結びついたものである必要があり、その判定は、独立した要素ではなく、確かな就労の場を前提としたものとして位置付けるべきである。この点で、私見は、3要素の判断順序（活用意思の判定は最後とする）、位置付け・比重（活用意思は就労の場を前提とする）が、現行の行政解釈と異なることになる。

B 「就労の場」について

これも判決に従って、被保護者が求人側に対して申込みをすれば、直ちに就労する場を得ることができるような状況であったか否かを基準として判断しなければならない。

また、就労の場とは、どんな仕事でもよいということにはならない。原則として最低生活費を上回る給与を、継続して受けられるような場であることを要する。

第5節　実施要領改正試案

これまでの検討の結果、稼働能力に関する現行の保護の実施要領の改正は、喫緊の課題といえよう。試案を示しておこう。

1　基本的な考え方

新宿訴訟をはじめとして確立されてきた規範や判断枠組みを生かすには、保護の迅速な決定という要請をふまえると、前述のように、まずは保護申請時と保護利用時において判断枠組みが異なる。

保護申請時は、稼働能力不活用による保護申請却下は、直ちに最低生活を維持できると認められるような仕事が現にあり、申請者がその仕事に就くことが求人側に了解されている場合などのほかは、基本的には保護は開始されなければなら

ない。

　保護利用時にも、実施機関の判断は、可能なかぎり、シンプルかつ明確な指標のもとに行われなければならない。その際に、最初に問題にすべきことは、3要素中の活用意思の扱いである。「真摯な求職活動」を行ったかどうかをふまえて判定することも相まって、活用意思がいかに実施機関の恣意的な判断を許しているかはこれまで見てきたとおりである。したがって、活用意思を判定要素から外すことをまずは検討すべきである。百歩譲って活用意思を残すとしても、新宿訴訟判決などのような真正な意思（単なる働きたいという意思。その質、量は問わない）で足りるとすべきである。

2　実施要領改正試案

（1）　保護申請時の稼働能力判定（局長通知第11）

　図表6-2参照

（2）　保護開始後、保護利用時の稼働能力判定（局長通知第4）

　図表6-3参照

A　活用意思を削除した試案

　次のBの活用意思を残した試案から、**図表6-3**の2カ所の活用意思についてのカッコ部分（【　】の網掛け部分）を削除したものである。

B　活用意思を残した試案

　保護利用時には、活用意思を限定的に解釈するために、3判決に従い、判断順序を稼働能力→就労の場→活用意思に変更する。また、活用意思は、就労の場がその意思のみによって直ちに就労可能な場がある場合であることを明確にした。さらに活用意思自体も「真正の意思」であれば足りるとした。

図表6-2　保護申請時の稼働能力判定（局長通知第11）

改正案	現　行
稼働により直ちに最低生活を確かに維持できると認められるような仕事に保護申請者が就くことが、求人者によっても了解されている場合でない限り、保護を開始しなければならない。	要保護者が、自らの資産能力の活用を怠り又は忌避していると認められる場合には、適切な助言指導を行うものとし、要保護者がこれに従わないときは、保護の要件を欠くものとして、申請を却下すること。 　なお、要保護者が自らの資産、能力等の活用により最低生活の需要を満たすことができると認められた場合には、保護を要しないものとして申請を却下すること。

図表6-3 保護利用時の稼働能力判定（局長通知第4）

改正案	現行
1 稼働能力を活用しているか否かについては、①稼働能力があるか否か、②実際に稼働能力を活用する就労の場を得ることができるか否か、【③その具体的な稼働能力と稼働能力を活用する就労の場があることを前提として、その能力を活用する意思があるか否か】により判断すること。また、判断にあたっては、必要に応じてケース診断会議や稼働能力判定会議等を開催するなど、組織的な検討を行うこと。なお、本人が希望すれば、ケース診断会議等へ出席して意見を述べることができるものとする	1 稼働能力を活用しているか否かについては、①稼働能力があるか否か、②その具体的な稼働能力を前提として、その能力を活用する意思があるか否か、③実際に稼働能力を活用する就労の場を得ることができるか否か、により判断すること。また、判断にあたっては、必要に応じてケース診断会議や稼働能力判定会議等を開催するなど、組織的な検討を行うこと
2 稼働能力があるか否かの評価については、年齢や医学的な面からの評価だけではなく、その者の有している希望職種、資格（取得希望も含む）、生活歴・職歴、これからの生活設計等を把握・分析し、それらを個別、具体的かつ総合的に勘案して行うこと	2 稼働能力があるか否かの評価については、年齢や医学的な面からの評価だけではなく、その者の有している資格、生活歴・職歴等を把握・分析し、それらを客観的かつ総合的に勘案して行うこと
	3 稼働能力を活用する意思があるか否かの評価については、求職状況報告書等により本人に申告させるなど、その者の求職活動の実施状況を具体的に把握し、その者が2で評価された稼働能力を前提として真摯に求職活動を行ったかどうかを踏まえ行うこと
3 就労の場を得ることができるか否かの評価については、被保護者が求人側に対して申込みをすれば、直ちに就労する場を得ることができるような状況であったか否かを基準として判断すること また、『就労の場』とは、原則として申請者が最低生活費を上回る給与を、最低でも6カ月以上は継続して受けられるような場であることを要する	4 就労の場を得ることができるか否かの評価については、2で評価した本人の稼働能力を前提として、地域における有効求人倍率や求人内容等の客観的な情報や、育児や介護の必要性などその者の就労を阻害する要因を踏まえ行うこととされたい
【4 稼働能力を活用する意思があるか否かの評価については、被保護者について「真正な意思」（働きたいという意思）があれば足りるものとする】	

第6節　小　括～能力活用要件の欺瞞性～

　旧法にあった欠格条項を削除したにもかかわらず、「能力活用要件」を盛り込んだために、現行法は事実上、稼働年齢層（18～64歳）や、特に傷病や障害のない人への保護の適用に消極的ないしはそれらの人を事実上保護から排除してきた。こうした運用は、稼働能力判定を具体的に行って原告を勝訴させた、1995（平成7）年の林訴訟一審判決で乗り越えられたように思えたが、林訴訟控訴審判

決やその後の運用では、能力不活用による保護申請却下や保護の停廃止処分が、根強く続いている。このような法解釈や行政運用が、貧困が拡大し、半失業状態が広汎に広がっている今日においても、なお維持されるべきかどうかが、本章の問題意識である。そして本章では、この間の判例をふまえ、現行法を前提にしたうえで、可能なかぎり、ワーキングプア層の生活保護へのアクセスを容易にする、運用改善案を示したものである。

しかし、本稿のような限定的な解釈運用によっても、稼働能力判定自体が幅のある判定となることは否定できず、また実施機関に最終判断権が留保されているかぎり、実施機関による恣意的な違法、不当な事案の根絶は困難と考えられる。

振り返ると、稼働能力活用要件ほど、実施機関にとって都合のよい、「とっておきの」要件はない。例えば、林訴訟においては、要保護性が明らかなホームレス（当時は「住所不定者」と呼んだ）の排除が目的であったところ、厚生労働大臣の裁決から、原処分の認容理由が稼働能力不活用に変わった（愛知県知事平成5年10月21日裁決は、ホームレスに対しては居住地が定まらぬゆえ、資産等の把握や、自立助長のための訪問等が困難という主として審査技術的、保護開始後の支援困難を理由に申請を棄却した。ところが、再審査請求において、平成6年2月9日厚生大臣裁決は、稼働能力不活用を理由に請求棄却[24]）。ホームレスであれば、最低生活を割った生活をしていることは一目瞭然である。国としては、裁判となった場合、県知事裁決の理由は維持できないと判断したのだろう。また、新宿訴訟においても、実際の申請拒否理由は、自立支援センターへの入所拒否であったが、実施機関は、これもまた稼働能力不活用を理由に却下した。さらに長浜訴訟でも、当初は知人名義のアパートに一時的に転入した原告と知人との世帯認定が問題にされたが、それに理由がないことが明らかになると、稼働能力が持ち出されてきている。

いずれの場合にも、真の申請拒否理由は「ホームレスであるから」（林訴訟）、「ホームレスが自立支援センターへの入所を拒否したから」（新宿訴訟）、「知人と同一世帯ではないか」（長浜訴訟）であったが、それが保護申請却下理由としては成り立たないため、稼働能力不活用による却下としたものと推察される。この意味では、稼働能力不活用は「見せかけ」の却下理由である。なぜ、稼働能力不活用要件が多用されるかといえば、これまで縷々述べたように、「真摯な求職活動」をはじめとして、あまりに実施機関に有利な要件であるからである。本章で検討した諸判決は、このような要件の存在自体を問うものである。立法論としては、現行法が欠格条項を排除した経過や無差別平等原理の趣旨、そして、半失業時代における生活保護の役割を考えた場合、稼働能力活用要件の廃止、撤廃を求めなければならないといえよう[25]。

注

1 職員・従業員に占める非正規の割合は36.8％、1922万人に達している。総務省「労働力調査（詳細集計）」2014年4〜6月期
2 民間給与所得200万円以下層は、2012年で23.9％、1090万人を占め、2006年から7年連続で1000万人を超えている。国税庁「平成24年分民間給与実態統計調査」2013年9月
3 5つの訴訟とは次の訴訟である。①東京地裁平成23年11月8日判決『賃金と社会保障』1553・1554合併号（新宿ホームレス生活保護訴訟）。一審判決とほぼ同内容（原告の稼働能力について一審より劣るものと認定したがそれ以外はほぼ同じ）で一審原告が勝訴した控訴審の東京高裁平成24年7月18日判決（確定）『賃金と社会保障』1570号。②大津地裁平成24年3月6日判決（確定）『賃金と社会保障』1567・1568合併号（長浜生活保護稼働能力訴訟）、③大阪地裁平成25年10月31日判決（確定）『賃金と社会保障』1603・1604合併号（岸和田生活保護訴訟）、④那覇市で保護利用中であった高血圧、脊柱管狭窄症の60代女性が、福祉事務所の就労指導（週5日以上1日4時間以上就労すること）違反を理由に保護が停止された事件（平成23年6月21日那覇地裁へ提訴）。裁判所が保護停止処分の執行停止を認めた（那覇地裁決定平成23年6月21日）にもかかわらず、沖縄県知事が審査請求を棄却したため（平成23年8月26日沖縄県知事裁決）、本案審理が続行された。平成25年7月裁判所は、本件保護停止処分と前提である指導指示内容が法27条2項、3項に違反するとの心証を示したうえで、和解（被告による本件処分の取消、原告の訴え取下げ）を勧めたところ、那覇市はこれを受け入れるとともに、原告には稼働能力がなく当分の間就労指導しない旨決定し、平成25年9月30日の保護停止処分を自ら取り消した。原告も訴えを取り下げ、裁判は終結した。大井琢（2014）「違法な就労指導指示に基づく保護停止処分に対する執行停止と自庁取消」『賃金と社会保障』1601・1602合併号。⑤静岡地裁平成26年10月2日判決『賃金と社会保障』1623号。原告勝訴後、被告控訴。

　本章では、①（一審判決）〜③、⑤を検討する。便宜上、①を新宿訴訟、②を長浜訴訟、③を岸和田訴訟、⑤を静岡訴訟と呼ぶ。
4 長浜訴訟では、（意思の）「程度については、一般に、就職活動を行うためには履歴書作成費用や面接のための交通費等が必要となるのであるから、生活困難者に対し、採用の見込み等を度外視して、その時点で行い得るあらゆる手段を尽くさない限り生活保護を受給できないと解するときは、生活困難者に無理を強いることにもなりかねない」とする。すなわち、新宿訴訟と同様に、「法は不可能を強いることはできない」という類似の考え方をもとに、履歴書作成費用や交通費を考慮して求職先を検討するのが当然の合理的行動であることを認めている。また、「職を有しない生活困難者が就職をしようとする場合には、就職活動に必要となる費用や採用の可能性、採用された場合に得られる賃金の額や支払時期、就労のために要する費用、就職活動をする間の最低生活の維持等といった様々な事情を考慮して、これらの適切なバランスを維持しつつ就職活動を行わねばならないのであり、生活困難者がこの点を的確に判断して行動するのは必ずしも容易でないと考えられる」とする。
5 社援発0516第18号平成25年5月16日社会・援護局長通知「就労可能な被保護者の就労・自立支援の基本方針」など。本書第3章第6節参照
6 生活困窮者への伴走型支援（福岡絆プロジェクト）における貴重な支援例でも、支援開始当初の支援の方向性は、「生活保護を受けながら就労自立を目指す」36.1％、「高齢・障がい等の課題のため生活保護を受けながら自立継続を目指す」54.1％であり、計90.2％を占めている。困難ケースに焦点化したモデル事業の結果であるとはいえ、生活困窮者支援における生活保護の重要性が示唆されている。奥田知志・稲月正・垣田裕介・堤圭史郎（2014）『生活困窮者への伴走型支援』明石書店、110〜111頁
7 「半福祉・半就労」視点の重要性を強調するものに、筒井美紀・櫻井純理・本田由紀編著（2014）『就労支援を問い直す』勁草書房、8〜9頁がある。同書では、「誰もがいつでも『就労困難者』になる可能性があり、それはこの社会において普遍的なリスクである」という認識のもとに、「生活保護給付をスティグマなく受給できるアクセスしやすい制度に変えること」などが指摘され、それらの政策のうえに立った「ソーシャルワークとして就労支援」が強調されている（終章、櫻井純理執筆）。
8 名古屋高裁平成9年8月8日判決『判例時報』1653号、『判例タイムズ』969号、『賃金と社会保障』1212号
9 本事例は、2014年1月24日NHK「かんさい熱視線」で放映されたもの。筆者自身も聞き取った事例である。
10 大阪市HP中の、2011年3月22日第17回「生活保護行政特別調査プロジェクトチーム」委員会の参考資

料に、2011年1月17日「保護申請時における就労にかかる助言指導のガイドライン」、「助言指導書（様式例）」、「生活保護申請者に対する就労支援の手順」が添付されている（2014年8月8日閲覧）。
11 2014年5月29日、大阪市生活保護行政問題全国調査団との協議の場における大阪市の回答
12 2013年12月10日厚生労働省「生活保護制度の見直しに関する説明会」における「生活保護の見直しに関する説明会資料」（同省HP。2014年7月13日閲覧）。ただし同資料は、他方で保護申請時において、「保護の受給要件を満たしているかどうかを確認するために、（中略）求職活動状況報告書等の資料の提出を求めること」は認められるとしている。ハローワークでの求職活動などの積極的、具体的な指示はできないが、保護申請者からの実態把握の一環として求職活動の聞き取り程度はできるという趣旨と考えられる。
13 2014年5月29日「大阪市生活保護行政問題全国調査団」と大阪市との協議の場における大阪市本庁の回答
14 吉永純（2011）『生活保護の争点』高菅出版、139〜140頁
15 真摯とは「まじめでひたむきなさま」とされている（広辞苑）。
16 注14、吉永純（2011）144頁以下
17 同旨、前田雅子（2013）「第8章公的扶助」加藤智章他『社会保障法（第5版）』有斐閣アルマ、373頁
18 京都地裁平成5年10月25日判決『判例時報』1497号、『判例タイムズ』844号、『賃金と社会保障』1118号（柳園訴訟）
19 要保護性を認定したことによる具体的な効果として、笹沼弘志は「（要保護性を）否定する資産能力の活用要件については厳格に審査されるべきことになる」とする。笹沼弘志（2012）「生活保護法における稼働能力活用要件の解釈」『賃金と社会保障』1553・1554合併号、17頁
20 菊池馨実は、元々能力活用基準が抽象的であり、実施機関の裁量の幅が大きいことから、林訴訟控訴審判決を批判して、林訴訟地裁判決のように、「『申請者の具体的な生活環境の中で』就労の場を得ることができるかという基準で考えなければ、（中略）生活保護受給のためのハードルが殊更に高くなってしまう危険性がある」と指摘する。菊池馨実（2014）『社会保障法』有斐閣、214頁
21 菊池馨実（2013）「判例研究（新宿ホームレス生活保護訴訟）」『季刊・社会保障研究』Vol.49, No.2、238-239頁など。
22 注14、吉永純（2011）141頁、154頁、注27、前田雅子（2013）373頁
23 現行法施行後初めて生活保護制度全体の検討を行った、厚生労働省社会保障審議会福祉部会生活保護制度の在り方に関する専門委員会の報告書（2004年12月15日）において、稼働能力活用要件に関し、「自立支援プログラムの導入に伴い、就労していない者から保護申請があった場合、何らかの就労阻害要因を抱え十分な就職活動ができない状態にあるものと判断し、稼働能力を活用する意思がある旨表明されればこのプログラムの適用を積極的に進めるべきである」という意見や、「稼働能力活用の要件を見直し、就労していない者についてはとりあえず保護の対象とすることも考えられる」という意見があったことを想起すべきである。
24 いのちと権利を守れ！　林訴訟を支える会『いのちと権利を守れ！　林訴訟資料集（1）』1995年9月
25 稼働能力活用要件をなくすべきとする見解として、田中明彦（2014）「構造的失業と生活保護」『常態化する失業と労働・社会保障』日本評論社、113〜145頁。補足性ではなく補完性こそ社会保障としての生活保護に求められるとする立場から、能力活用を保護の要件としない法改正を求めるものとして、阿部和光（2012）「能力活用の法原則と保護の要件性」『生活保護の法的課題』成文堂などがある。

第 7 章

外国人と生活保護

　定住外国人への生活保護は権利としては認められず、1954（昭和29）年通知以来、法を準用した行政措置にとどまっている（留学生等の非定住外国人やオーバーステイなどの不正規滞在外国人には生活保護はまったく適用されない）。その結果、不服申立てはできないとされている。他方、1981年、難民条約の批准に伴い、ほかの社会福祉・社会保障法では国籍要件が撤廃されたが、生活保護法の国籍要件は残されたままであった。特別永住者についての生活保護の適用が争点となった事案で、2014（平成26）年、最高裁は法的権利を認めず現行運用を追認したが、特別永住者の歴史的な経緯や実態、また難民条約批准時の国会審議や1990年の厚生省（当時）の口頭指示（口頭通知）、さらに実質的に内外人平等を実現している行政実務の扱いなどからみて、最高裁判決には疑問が多い。

第1節　問題の所在

　外国人に対する生活保護の適用は、永住外国人への生活保護が法的保護に値することを初めて認めた福岡高裁判決（平成23年11月15日『賃金と社会保障』1561号）を最高裁（平成26年7月18日判決『賃金と社会保障』1622号）が破棄したことで、世間の注目を集めた。最高裁は、生活保護法の文言などを理由とした形式的な法解釈によって、日本で生れ長年日本に住み、日本語しか話せず、国籍以外は日本人と変わらない中国籍の70代の永住外国人への生活保護の適用について、

法的権利を認めなかった。最高裁は、外国人に対する生活保護の適用について、現行行政運用を追認し、その枠組みから一歩も出なかったといえる。

しかし最高裁判決は、難民条約批准による諸社会福祉法の国籍要件撤廃や当時の政府答弁などの経過からみて大いに疑問がある。また法的権利を認めないことによって、外国人に対して、審査請求や裁判に訴える途を閉ざすのであれば、その不利益は重大である。さらに、行政実務においても日本人と外国人とはほとんど差異はなく、長年にわたり事実上の「内外人平等」が実現されている。これらの諸点からみれば、福岡高裁判決こそ維持されるべきであった。

ただ、最高裁判決は、永住外国人への生活保護の適用について法的権利は認めなかったものの、日本国籍保有者と同内容・同水準の生活保護を保障する行政措置としての現行運用を前提としたものであった。最高裁判決によって、現行運用がいささかも影響を受けるものではないことに留意する必要がある。

しかし判決に関するマスコミ報道の一部には、「永住資格持つ外国人に生活保護受給認めず　最高裁」（2014年7月18日18:54、テレビ朝日）であるとか、「外国人生活保護／自治体裁量で支給／受給者増・対応に苦慮」（2014年7月19日『産経新聞』）など、判決によって、あたかも外国人への生活保護が否認されるかのような報道があった。明らかなミスリードである。このような報道は、判旨を曲解するものであると同時に、ヘイトスピーチ[1]に見られる外国人に対する排外主義的言動や行動を助長するものと言わざるをえない。

本章では、外国人とりわけ行政措置として準用されている定住外国人と生活保護について、実務運用を中心に考察し、少なくとも定住外国人に対しては生活保護法を正規に適用し、法的権利としての生活保護を認めるべきであることを述べる。

第2節　行政運用（その1）～「54年通知」などが示す運用指針～

現行行政運用について、外国人への生活保護に関する行政運用を定める昭和29年5月8日社発第382号厚生省社会局長通知「生活に困窮する外国人に対する生活保護の措置について」（以下「54年通知」）と「別冊問答集」をもとにみていく。

1　行政措置としての生活保護の準用

本通知によれば、外国人は法の適用対象とはならないが（第1条）、当分の間、一般国民に対する生活保護の決定実施の取扱いに準じて必要と認める保護を行

う。事務の性格は自治事務とされている[2]。

また、外国人に対する保護は、法律上の権利ではなく、単に一方的な行政措置として行っていること、したがって、不服申立てができないことである。ただ「保護の内容等については、別段取扱上の差等をつけるべきではない」とされる（同通知4の問6）。

ところが、外国人の保護申請の却下処分に関して、「生活保護法による保護の適用を求める申請」に対する応答である以上、外国人に対するものであっても処分性は否定できないとした大分地裁判決（平成22年9月30日『賃金と社会保障』1534号）が確定したことから、国は外国人についての不服申立てについての運用を以下のように変更した[3]。

(1) 外国人が生活保護法の適用を求めて保護申請した場合

「当該申請に対する処分庁の決定は同法に基づく処分（原処分）であり、同法に基づき不服申立てをすることができる旨教示をすべきである。しかし、この場合の処分通知は、生活保護法による保護は『国民』ではないから却下となる。ただ、その上で54年通知に基づき行政措置の対象となるかどうかを判断する。すなわち要保護である場合には54年通知に基づく生活保護の措置（支給）を通知する。要保護でない場合には、同通知に基づく生活保護の措置（不支給）を通知する。すなわち、外国人から生活保護の申請があった場合、まず『却下決定』が行われた上で、さらに行政措置に基づく準用による保護の支給決定ないしは不支給決定という2つの決定が行われ通知されることとなる。

不服申立てに関しては、外国籍であることを理由とした棄却裁決を行う」

(2) 54年通知に基づく行政措置について

「この場合の不支給決定は、行政措置に関する応答であり、法令の規定による処分ではないため不服申立てはできない。したがって、不服申立て等ができる旨を教示することは適当ではない」

つまり、法律上の保護を求めてきた場合は、不服申立てはできるが、日本人ではないから棄却裁決となり、行政措置としての保護を求めた場合には、処分性がないから不服申立てはできず却下裁決となる。いずれにしても、請求人の主張が実体判断されることはなく排斥されることには変わりない。

前記(1)の二段構えの論理は、正直いって、生活保護に長年関わってきた私でさえ容易に理解できなかった。生活保護行政の現場を担うケースワーカーにと

っても、すぐには理解できないだろうし、まして一般的には生活保護の知識に詳しいとはいえない当の外国人にも理解しがたいだろう。あまりに技巧的かつ複雑怪奇な論理であって、実務をいたずらに煩雑にするだけである[4]。そのうえ、申請した外国人にとっては結果的に不服申立てが否定されるのでは、何のために不服申立ての教示なのかわからない。処分性を認めた大分地裁判決を逆手に取った国の"悪知恵"と評されるゆえんである[5]。

2 保護実施における外国人と日本人との相違

　生活保護の申請に関して、前述の1の(1)(2)に従った手続きとなるが、現実的には、外国人があえて「生活保護法に基づく申請」をすることはまれであるため、結局は行政措置としての申請を行うことになる。この申請は、これらの手続きを指示した前記の平成22年10月22日保護課長通知以前と実質的には変わらないため、それまでの申請書を加工する程度で対応することになる[6]。また、給付決定も「措置保護支給(又は却下)決定通知書」などとなる[7]。
　「保護の実施責任及び申請手続きに関して、在留カード又は特別永住者証明書に記載された居住地の実施機関(福祉事務所)に対して保護の申請を行うとともに、在留カード又は特別永住者証明書を呈示しなければならない」(同通知1(1))。
　このように、外国人保護の実施責任は在留カードなどの居住地を基準として決められる。日本人の場合には、居住地か現在地のいずれかを管轄する実施機関が実施責任を負い(生活保護法19条1項)、その認定は事実判断の問題とされている[8]。居住地の認定においても、必ずしも住民票所在地が決め手となるわけではない。この点は日本人と外国人との大きな違いである。
　外国人の場合は、前述の運用によって、「実際上は(生活保護)法による居住地と外国人登録上の居住地とは、ほとんどの場合一致する」ことになるから[9]、居住地と外国人登録上の居住地が異なるとか、現在地保護となることはない。例外的に外国人であるDV(配偶者からの暴力)被害者などの場合に留意が必要とされる[10]。

3 保護の対象となる外国人

　どのような範囲の外国人を保護の対象とすべきかは、54年通知では明確ではなく、自治体は、1990(平成2)年までは在留資格を問わず広く外国人を保護の対象としてきた[11]。しかし、1990年6月からの入管法改正に伴い、国は同年10月の厚生省主催の全国ブロック会議で、厚生省保護課企画法令係長が口頭で説明し

た「外国人に対する生活保護上の取扱について」という指示によって、生活保護の適用対象を、入管法別表第二のいわゆる「定住外国人等」に限ることとし、以降その運用が定着している。この指示以降、入管法別表第一の外国人やオーバーステイ外国人に対して生活保護は適用されなくなった。この口頭指示は、2009年になってやっと「別冊問答集」問13-32で明文化された。

対象となる外国人は、適法に日本に滞在し、活動に制限を受けない永住、定住等の在留資格を有する外国人である。

具体的には、①入管法(出入国管理及び難民認定法)別表第2の在留資格を有する者(永住者、日本人の配偶者等、永住者の配偶者等及び定住者)、②特別永住者、③入管法上の認定難民である。なお、入管法別表第1の5の特定活動の在留資格を有する者のうち日本国内での活動に制限を受けないもの等の前記①~③以外の者について疑義がある場合には、厚生労働省に照会することとされている。

以上をふまえ、外国人に対する生活保護の適用関係を略記すれば、**図表7-1**のとおりである。

図表7-1 外国人と生活保護

		生活保護の扱い	不服申立ての権利
日本人		○(法的権利あり)	○
外国人	定住外国人(特別永住者等)	△(行政措置として準用。給付内容・水準とも日本人と同等)	×
	非定住外国人(留学生等)	×	×
	不正規滞在外国人(オーバーステイ等)	×	×

出所:筆者作成

国がこのように外国人への生活保護の適用を限定する主な理由は、第1に生活保護法の趣旨からみて、適用対象は「自立助長」の対象となる者でなければならないことや、第2に、資産調査や扶養調査を行うことが可能でなければならないこと、第3に、「不法就労外国人」などの場合は、「そもそも日本で生活することは許されないから」、当然に適用できないこと、第4に財政負担の問題などがあげられる。

しかし、生活保護の準用を定住外国人に限定する理由は希薄である[12]。第1の理由については、生活保護法の最大の目的である最低生活の保障にもとることになる。自立助長は第2次的目的であって、「保護受給の絶対的必要要件ではない」[13]。また、実際にも入院患者などの場合、入院しているかぎりは、就労自立は当面は困難であっても、生活保護は当然に適用されている。

第2の理由についても、少なくとも定住外国人への調査は可能である。また調査が直ちにできない場合でも、急迫状態の場合には、日本人と同様に生活保護法63条の適用を前提に生活保護の適用をすることは可能である。

　第3の理由も、入管法の秩序と外国人の生命・生活の保護は次元を異にする[14]。また不正規滞在者が、いわゆる3K労働などの過酷な労働に従事して日本の経済を支えている事実、さらに所得税や消費税を納税している事実を忘れてはならない。仮に実効性がある緊急医療制度などにより対応するとしても、そうした制度ができるまでは生活保護の急迫保護などにより対応すべきである。

　第4の財政負担については、第3の理由への批判と同様、外国人であっても日本人と同様に納税の義務を果たしている以上、租税を財源とする生活保護を制限する理由はない。さらに政府は2020年の東京オリンピック開催に向けて、インフラ整備のため外国人労働者の活用を進めようとしている。こうした外国人労働力の活用政策によって来日した外国人が、事故や病気になった場合にも、財政負担を理由に生活保護を拒否できるのだろうか。労働力として必要なときは活用するが、その人たちの社会保障、とりわけ最後のセーフティネットである生活保護についてはその適用を拒否するというのでは、いかにも公平性に欠ける。

第3節　行政運用（その2）～運用実態～

　前節でみたように、外国人への生活保護の適用については、定住外国人に関するかぎり、原則として日本人と変わるところはない。生活保護ケースワーカーにとって、日本人と定住外国人との差異は、国籍や生年月日、扶養義務者の確認を戸籍によるのか在留カードによるか、また保護決定書に関しても若干の違いはあるが、実質的には教示欄に不服申立ての教示があるかないかの違いぐらいであって、給付内容、給付水準などの生活保護の本体では特に変わるところはない。結局、主な相違点は不服申立てができるかどうかの違いとなる。そこで本節ではまず不服申立てが実質的に認められないことの意味について検討する。その後、定住外国人への生活保護の「準用」の実態を見ていくなかで、法的権利を認めず不服申立てや裁判を否定する見解が、行政実務上も維持が困難であることを示すものである。

1　不服申立て（審査請求）の今日的意義

　行政の透明性や説明責任が強調される今日、日本人に対しても、外国人に対しても、生活保護法や通知に基づく法的根拠のある行政が細部まで求められる。ま

た、生活保護制度が最低生活を保障する最後のセーフティネットであるため、生活保護が適用されなければ、後に頼るべき制度はないから、生活保護が適正に運用されるかどうかは、時には、申請者の生命を左右することにもつながる。こうして、現代における行政のあり方や、貧困が拡大している今日、最後のセーフティネットである生活保護において不服申立てを含む争訟権はますます重要となっている。

　この理由は、行政が間違いをおかすこともありうるという一般論にとどまらない。生活保護では、行政と市民の力関係は圧倒的に行政が優位にあり、不服申立てなどの制度がなければ、市民は常に権利が侵害される危険と隣合せといっても過言ではない。

　このことは、記憶に新しい、苛烈を極めた北九州市生活保護行政をみれば明らかである。2007年から北九州市を被告とする生活保護裁判が計5件提起されたが（うち1件は遺族が提起した国家賠償訴訟）、うち4件は原告が勝訴している（敗訴は保護基準に関する老齢加算減額廃止処分取消訴訟）。当時の北九州市生活保護行政の異常さは、司法の場でも決着がついている。これらの裁判の原告は日本人であったが、もし外国人であったならば、違法な処分に対して、簡易・迅速に争う手段である審査請求ができず（できたとしても必ず棄却され）、したがって審査請求前置主義（生活保護法69条）の要件を満たさないため、行政訴訟の途が閉ざされてしまうか、実体審理ができないことになるのだろうか。

　さらに、このことは本章第4節で検討する最高裁平成26年7月15日判決の事案においても妥当する。すなわち、原告の生活保護に関しては、実は福岡高裁判決の直前から大分市福祉事務所長は認めている。しかし当初の保護申請却下時から保護開始時までの原告の収入状況に変わりはなく、要保護状態は継続していた。この間の原告の苦難は筆舌に尽くしがたいものがあった。病気のため入院した原告は、病院費用の支払いができず、その分は病院側が被るという状況であったが、滞納金がかさみ、とうとう原告は退院しなければならなくなった。しかし行くあてがなく、民間NPOの一時宿泊施設で預かるということになり、そこの支援者がサポートしてやっと生活保護が認められたのであった。もし、当初の保護申請却下処分に対して審査請求ができていたら、生活保護が認められた可能性があり、原告や関係者の労苦はいち早く解決に向かっていたかもしれないのである。

　前述の国の通知のように、形式的に審査請求自体ができても国籍要件により棄却するか、あるいは処分性がないから審査請求さえできないとするような、無意味な区分による実体審理の拒否は、審査請求の意義を実質的に没却するものである。現在の国の解釈は、福祉事務所にとって、「外国人は煮て食おうと焼いて食

おうと自由」な存在であり、福祉事務所は保護の申請却下や保護費の減額、保護の停廃止などでいかなる不利益処分を行ってもよいことになりかねない。

2 生活保護利用のための手続きと要否判定、決定書

　外国人に対する生活保護の扱いを申請時から具体的にみていこう。申請時の相談事項、申請の扱い、収入、資産などの調査、それに基づく要否判定とその通知、生活保護になった場合の保護費の支払方法などについては日本人と変わりはない。ただ、前述のように平成22年10月22日保護課長通知以降、申請手続きや書類に若干の変更が行われた。また保護申請時に在留カードなどの呈示を求められ、カード記載の居住地を所管する実施機関が生活保護の実施責任を負う。

　また、生活保護申請時の資産調査（生活保護法29条に基づく調査）の方法は日本人とまったく違いはなく、29条の調査権限に基づき関係機関への調査依頼がなされている。同意書も同じものが使われる。稼働能力判定の資料として使われる検診命令書や、扶養調査なども同じものである。次に、このような調査に基づく保護の要否判定も日本人と同様な方式で行われる（生活保護法4条、8条）。また、各保護決定書（申請に基づく要否判定の通知、保護受給後の保護費の増減、保護の停廃止などに伴うもの）の決定内容は日本人と変わりはないが、決定通知書は不服申立てできない旨記載された外国人向けのものが使用されるか、日本人向けに通常記載されている処分に対する不服申立ての教示が外国人の場合には抹消される。

3 生活保護利用中の給付内容と指導指示

　生活保護が開始されてからの生活扶助、医療扶助などの給付内容にも変わりはない。ただ、いわゆる民族学校に通う外国人に対して、教育扶助が制限される場合がある（54年通知の4、問4）。もっとも、民族学校の費用が支給対象とならないだけである。民族学校に通学する者が、別に教育基本法に定める義務教育を受ける学校に通学している場合の経費は、教育扶助の対象となる[15]。

　保護受給中に問題となるのが27条に基づく指導指示である。実施機関から被保護者に対して稼働能力活用などを求めて発せられることがある。この指導指示は、62条により受忍義務が定められ、従わない場合には保護の変更や停廃止などの不利益処分が課されることがある。すなわち、この指導指示は、不利益処分を背景とした強制力のある指導指示といえる。この指導指示は、外国人に対しても発せられ、同指示違反についての不利益処分の手続きも日本人と同様の手続きによって行われる。東京地判昭和53年3月31日判決・行政事件裁判例集29巻3号は、外国人に対する生活保護法27条違反による保護廃止処分が争われた事案

であるが、同判決は27条指導指示違反による不利益処分が外国人にも適用されることを前提としている。

4 生活保護法63条、78条などの費用返還、徴収事務

　生活保護の実施上、いったん支給された保護費の返還や、不正受給の場合の費用徴収などが発生することがあるが、これらも日本人と外国人を区別していない。

　また、このような債権管理については、外国人に関する債権であっても公法上の債権としてなされており、私法上の債権としては管理されていない。

　地方自治体の債権については、「公法上の債権」と「私法上の債権」に分類され、公法上の債権は「強制徴収公債権」と「非強制徴収公債権」に分類される。それぞれ、法令上の根拠や督促の方法、滞納処分（強制執行）の可否、消滅時効などの取扱いが異なっており、その債権がどのような性格のものであるのかという確認は、地方自治体が債権管理をするうえできわめて重要で、基本的な事項である。

　生活保護法63条や78条による返還金・徴収金は、上記の分類でいえば非強制徴収公債権であり、公法上の原因（処分）に基づいて発生する債権として、行政庁の処分により発生し、相手方の同意を要せず、行政庁の一方的な意思決定により発生するもので、地方自治法第231条の3第1項に該当するものとして督促などの債権管理がなされている。

　外国人に対する保護の給付が、仮に先述の最高裁判決平成26年7月18日の一審判決である、大分地裁判決平成22年10月18日（『賃金と社会保障』1534号）がいうように贈与であるとすれば、非強制徴収公債権とはならず、単に私法上の債権（地方自治法施行令第171条）となり、債権管理上はまったく違う扱いをせざるをえない。しかし、外国人の生活保護給付の返還金・徴収金だけについて違う取扱いはなされていないし、そのような例は聞いたことはない。このことは、外国人への生活保護の適用（準用）が公法上の原因（処分）に基づいて行われていることの証しだということができる。

　また、そもそも、外国人に対する保護の給付が贈与であるなら、民法第550条の規定などから、保護費の返還決定という取扱いが可能であるかどうか疑問である。

5　権限の委任、予算や国庫負担金の清算、生活保護統計

　通常、生活保護に関する事務は、実施機関である知事、市長、町村長から、そ

の管理下の福祉事務所長に委任されるのが一般である（生活保護法19条1項、4項）。この委任についても、日本人と外国人の区別はない。先述の最高裁判決の一審被告大分市においても同様である[16]。

同様に、自治体での予算編成や生活保護費の支出においても区別はなく、国への生活保護費国庫負担金の請求に際しても、外国人を別扱いせずに、すべて一体で請求する手続きによっている[17]。

さらに、統計の扱いも、別途外国人の保護受給者数などは計上されてはいるが、保護率や保護受給者数、保護世帯数の取扱いなど、外国人と日本人は一体のものとして公表されている。

6　小　括

以上みてきたように、外国人に対する生活保護運用は、在留カードなどに関するもの、不服申立関係、いわゆる民族学校通学子弟に関するものを除き、生活保護の受給手続き、給付内容、不利益処分手続きなど、生活保護実施上のほとんどは日本人と何ら変わるところはない。このような運用実態を反映して、現場の生活保護ケースワーカーには、外国人に対する生活保護は基本的に日本人と同一のものとして意識されている。先述の最高裁判決の事案でも、処分庁（大分市福祉事務所長）は、通常の生活保護申請として受け付け、日本人と同様の調査を行い、同じ基準に基づき要否判定を行い、保護申請却下処分を行った。外国籍とは認識していたとしても、日本人と異なる扱いをするつもりはまったくなかった。そのうえ処分庁は、54年通知によれば保護申請却下決定書の不服申立ての教示を抹消すべきところを、そうせずにいったんは発しており、後にわざわざ謝罪のうえ、教示部分を取り消している。このことにも明らかなように、処分庁には外国人と日本人を区別する意識はなかった。

内外人を実質的に区別しない扱いは、生活保護法が施行された1950（昭和25）年からのものであり、現場では長きにわたって定着している。65年という長期間にわたる日本人と区別のない行政運用を顧みるだけでも、外国人に対する生活保護の適用を行政措置とし、不服申立てを制限する合理的な理由はない。先述の「保護の内容等については、別段取扱上の差等をつけるべきではない」という54年通知の取扱いは、実態に合わせて、外国人に対する保護を正規の適用とし、不服申立てへの途を開いて初めて実質的に担保される。少なくとも定住外国人に対しては、生活保護を直接適用すべきであり、不服申立てについても認めるべきである。

第4節　判例

1　判例の動向[18]

最高裁平成26年7月18日判決までの主な判例としては、①非定住外国人に関するゴドウィン訴訟、②不正規滞在外国人についての宋訴訟、③前述の保護申請却下裁決取消訴訟（大分地裁平成22年9月30日判決）、④神奈川外国人生活保護住民訴訟などがある。いずれも、基本的には、本章第2節で紹介した現行の行政運用を追認するものである。③を除き、簡単に振り返っておこう。

（1）　非定住外国人（留学生）に関するゴドウィン訴訟

1990（平成2）年、スリランカ留学生であったゴドウィンさんが、くも膜下出血のため神戸市の病院に入院した。医療費の捻出が困難であったため、神戸市は生活保護を準用して医療扶助（162万円）を給付したが、厚生省が1990年の口頭指示を理由に本件は生活保護の対象外としたことから、神戸市は医療扶助費の3/4に当たる国庫負担金（121万円余）を自己負担した。このため、神戸市民が、市に代位して国庫負担金分を国が神戸市に支払うよう請求する住民訴訟（地方自治法242条1項）などを提起したもの。一審（神戸地裁平成7年6月19日判自1395号）は、国庫負担金は代位請求の対象外であるから不適法として認めず、ほかの請求もしりぞけたが、傍論で、憲法ならびに国際規約の趣旨、さらに生存権が「人の生存に直接関係すること」を考えると、「法律をもって、外国人の生存権に関する何らかの措置を講ずることが望ましい。特に重大な傷病への緊急医療は、生命そのものに対する救済措置であるから、国籍や在留資格にかかわらず、このことが強く妥当する」と判示した。控訴審（大阪高裁平成8年7月12日・判例集未搭載）、最高裁（最高裁平成9年6月13日判決・同前）とも棄却。

（2）　不正規滞在外国人（オーバーステイ）に関する宋訴訟

中国籍外国人の宋さんは、就学目的で入国し、在留期間が切れたが更新せずに在留していたところ、交通事故に遭い重傷を負った。治療費610万円余の支払いが困難であったため、1994（平成6）年生活保護の申請をしたが、福祉事務所は不法滞在であることを理由に生活保護申請を却下したため、この原処分の取消しを求めた裁判を提起したもの。一審（東京地裁平成8年5月29日判決『判例タイムズ』916号）は、外国人への生存権保障の第1次的責任は母国にあること、憲法25条には立法府の広い裁量があること、生活保護法が全額公費負担であること、

要保護者が日本で適法に社会生活・活動ができなければならないこと、外国人には資産・能力の調査が不能であることなどを理由に、裁量権の逸脱濫用はないとして原告の請求を棄却した。控訴審（東京高裁平成9年4月24日判決『判例時報』1611号）、上告審（最高裁平成13年9月25日判決『判例時報』1768号、最高裁判所裁判例情報）とも棄却。ただし、最高裁判決は、「生活保護法が不法残留者を保護の対象とするものではないことは、その規定及び趣旨に照らし明らか」とし、「不法残留者を保護の対象に含めるかどうかが立法府の裁量の範囲に属することは明らか」として請求を棄却したが、不法残留者以外の外国人については言及していない。

(3) 現行運用（行政措置による給付）を追認した神奈川外国人生活保護住民訴訟

神奈川県の住民らが、生活保護法上の「国民」に含まれない外国人に対して福祉事務所長が生活保護費を支給していることは、生活保護法1条に違反して違法であるとして、受給者に対して不当利得返還請求をすることを知事に求める住民訴訟を提起したもの。

一審（横浜地裁平成22年10月27日判決『賃金と社会保障』1622号）は、「（生活保護法は）日本国籍を有する者に対する生活保護扶助費の支給について定めているにとどまり、国や地方公共団体が、外国人に対して、生活保護法による保護とは別に必要な保護を行うことまでを禁じているものではない」、外国人に対してはあくまでも「（生活保護法に）定める基準を準用するにとどまるものであって、対象を限定しているほか、権利として保護の措置を請求することができず、保護が受けられない場合に不服申し立てをすることもできないなど、日本国民と同一の保護が保障されているものではない」から、生活保護法1条には違反しない。この行政上の措置は法定受託事務ではなく、54年通知は法的効力のない技術的助言にとどまる。控訴審（東京高裁平成23年3月24日判決『賃金と社会保障』1622号）も同様の理由で請求棄却（確定）。

2 永住外国人についての最高裁平成26年7月18日判決

本判決は、永住外国人（特別永住者）に関する初めての最高裁判決であった。

(1) 事案の概要

原告は中国籍ではあるが、日本に生まれ育ち、日本語しかしゃべることができない70代の女性である。処分庁（大分市長）は、原告の生活保護申請に対して、原告名義の預金口座に預金があったことから保護申請を却下したが、その預金口

座や通帳は原告の管理下になかったことなどから、原告がその意思に基づいて処分できる預金ではなかった。ところが、保護申請却下処分の取消しを求める原告の審査請求に対して、審査庁（大分県知事）は、外国人であるから不服申立てはできないという理由で却下したため、原告は提訴に及んだ。

(2) 大分地裁平成22年10月18日判決（『賃金と社会保障』1534号）[19]

一審は、生活保護法の受給権は日本国籍を有するものに限られるとし、外国人が、生活保護法に基づく保護の申請の場合には審査請求できるが、外国人への生活保護は権利ではなく行政措置であるから、審査請求は棄却されるとした。さらに行政措置としての生活保護を求める場合には、法的権利ではないから不服申立て自体ができず、審査請求は却下されるとし、行政措置の法的性格は民法上の贈与と理解すべきであるとして、原告の請求を認めなかった。日本人とほとんど変わらない生活歴、生活実態、社会関係にあり、納税の義務も果たしてきた永住外国人に対して、実施機関がいかなる不当、違法な処分を行っても、棄却であれ却下であれ、少なくとも審査請求によって簡易迅速に処分を争う途を閉ざすというものであった。

(3) 福岡高裁平成23年11月15日判決（『賃金と社会保障』1561号）[20]

控訴審判決は、「国は、難民条約の批准等及びこれに伴う国会審議を契機として、外国人に対する生活保護について一定範囲で国際法及び国内公法上の義務を負うことを認めたものということができる。すなわち、行政府と立法府が、当時の出入国管理令との関係上支障が生じないとの認定の下で、一定範囲の外国人に対し、日本国民に準じた生活保護法上の待遇を与えることを是認したものということができるのであって、換言すれば一定範囲の外国人において上記待遇を受ける地位が法的に保護されることになることになったものである」として永住的外国人への法的保護を認め、一審原告の請求を認容する逆転勝訴を言いわたした。従来の判例から一歩踏み出し、外国人の生活保護受給権について、権利性を認めた画期的な判決であった。

(4) 最高裁平成26年7月18日判決（『賃金と社会保障』1622号）

最高裁は福岡高裁判決を破棄し、上告人（大分市長）の主張を認める判決を言いわたした。判旨は以下のとおり。

A 法令上、生活保護法の適用ないし準用は国民に限られる

「(生活保護法1条、2条の)「国民」とは日本国民を意味するものであって、外国人はこれに含まれない」、「現行の生活保護法が制定された後、現在に至るまでの間、同法の適用を受ける者の範囲を一定の範囲の外国人に拡大するような法改正は行われておらず、同法上の保護に関する規定を一定の外国人に準用する旨の法令も存在しない」。

B　54年通知や難民条約批准によっても外国人は生活保護法に基づく保護の対象ではない

「(54年通知は)行政庁の通達であり、それに基づく行政措置として一定範囲の外国人に対して生活保護が事実上実施されてきたとしても、そのことによって、生活保護法1条及び2条の規定の改正等の立法措置を経ることなく、生活保護法が一定の範囲の外国人に適用され又は準用されるものと解する余地はな」い。「我が国が難民条約等に加入した際の経緯を勘案しても、(54年)通知を根拠として外国人が同法に基づく保護の対象となり得るものとは解されない」。

C　結　論

「外国人は、行政庁の通達等に基づく行政措置により事実上の保護の対象となり得るにとどまり、生活保護法に基づく保護の対象となるものではなく、同法に基づく受給権を有しない」、「本件却下処分は、生活保護法に基づく受給権を有しない者による申請を却下するものであって、適法である」、「原判決中上記請求に係る部分以外の部分（被上告人敗訴部分）は、不服申立てがされておらず、当審の審理の対象とされていない」。

(5)　検　討[21]

生活保護問題対策全国会議の意見書にもあるように、最高裁判決は以下の理由により失当といわざるをえない。

A　法の文言だけから日本国民に限ると判断すべきではない

社会保障が貧困の救済などの経済的保障を根幹としていることからすれば、生存権の保障は、国籍の有無が重要ではなく、その国家の基礎となっている社会の実質的な構成員であるか、「共同体の一員として生活している」[22]点に着目した判断がなされるべきであろう。したがって「国民」の意味は、広く「その国に住む全ての人」を包含するものとして解釈すべきである。

B　他の社会保障法の国籍条件撤廃との整合性

　社会保障法においては、すべての社会福祉法と被用者についての社会保険法では外国人へも早くから適用されてきた。1979（昭和54）年の国際人権規約の批准により公営住宅などの公共住宅関連の国籍要件が撤廃され、続いて1981年の難民条約批准に伴う法整備により、1982年1月1日以降、国民年金法、児童手当法、児童扶養手当法、特別児童扶養手当法の国籍要件が次々と撤廃され、社会保障法上、明文で国籍要件が残るのは援護法や恩給法程度となった。一方的給付である公的扶助の外国人への適用が社会保険や社会手当より遅れる傾向は否定できないとしても、ほかの社会保障法との整合性がまったくとれていないことが明らかである[23]。「今日、社会保険の公的扶助化は顕著であるし、社会手当も公的扶助との差異は微妙である」[24]ことからすれば、公的扶助だけを特別扱いする理由はますます乏しくなっている。

C　難民条約批准時の国会での審議内容

　1981年3月の難民条約などへの加入とこれに伴う国会の審議のなかでは、難民条約23条が、「公的扶助及び公的援助に関し、自国民に与える待遇と同一の待遇を与える」と規定しているところから、生活保護法の国籍要件を撤廃するかどうかが問題となったが、政府は改正の必要がないという見解であった。その理由は、外国人に対して実質的に日本人と同等の待遇をしていることから、条約批准には問題ないというものであった[25]。さらに、国籍要件を撤廃したほかの社会保障法と生活保護法との違いについて、出入国の拒否事由として貧困者があげられていたことと、生活保護の補足性原理（扶養など）があげられていた。しかし、難民条約批准により出入国管理令は改正され、退去強制事由にあった「公共負担者」（生活保護受給者）が削除された。また、扶養についていえば、扶養はそもそも保護の開始要件ではなく、外国人すべてにおいて扶養調査が困難なわけではない。したがって、この当時、国によって生活保護法で国籍要件を撤廃しなかった理由はなくなっている。

　さらに当時の国会答弁において、政府委員は、審査請求適格は否認したが裁判上の訴えの利益を明確に認め、外国人の生活保護の給付に関する訴訟における原告適格をはっきりと認めていたことは注目される[26]。

D　難民条約批准と90年口頭指示は永住外国人の権利性を強化した

　福岡高裁判決が述べたように、難民条約などへの加入とこれに伴う国会審議を契機として、国が外国人に対する生活保護について一定の範囲で法的義務を負

い、一定の範囲の外国人に対し日本国民に準じた生活保護法上の待遇を与えることになったことは明白であり、そのうえで1990（平成2）年に生活保護の対象となる外国人の範囲を、前述のように、永住的外国人等（「永住者」・「定住者」・「永住者の配偶者等」・「日本人の配偶者等」のいずれかの在留資格を有する者、「特別永住者」、入管法による難民認定を受けた者。なお、これら以外の外国人で保護の対象とならないか疑義のあるケースは厚生労働省に照会することとされている）に限定したことは、永住外国人等の持つ生活保護の利用について、権利性をより強めたものと解すべきである。

E　最高裁判決でも外国人が生活保護について訴訟等で争う道は否定されていない
①最高裁における審理対象

　今回の最高裁判決は、あくまで「生活保護法による保護の適用を求める申請に対する却下決定」について判断したものであり、54年通知に基づく行政措置としての保護費の支給に対する却下については、審理の対象とならなかったことに留意すべきである。

　すなわち、原告側は、予備的請求として厚生労働省通知に基づく行政措置としての保護を行うことも求めていたのであるが、福岡高裁においては、主位的請求である生活保護法による保護を求める申請の却下処分取消請求が認容された一方、行政措置として保護費の支給を求める請求は棄却された。これに対し、行政側が主位的請求部分について上告したが、原告側は敗訴部分について（附帯）上告をしてはいない。原審での原告の請求のうち、行政措置としての保護費の支給を求める申請に対する却下決定に対して訴訟で争えるかは、最高裁では審理の対象とはなってはいない。

　したがって、外国人が、「生活保護法による保護に準じた行政措置」による保護費の支給を求める申請の却下や廃止に対して、審査請求しても内容を問わずに門前払いする現在の運用が正しいかどうかや、訴訟が提起できるかどうかは、今回の最高裁判決の射程外であることに留意すべきである[27]。

②行政措置としての事実上の保護について審査請求や訴訟で争う余地は十分にある

　行政事件訴訟法9条1項によれば、処分や裁決の取消しの訴えは、その処分や裁決の取消しを求めるについて、「法律上の利益を有する者」であるとされている。百歩譲って、生活保護法に基づく保護の受給権が認められないとしても、通知などに基づく行政措置により、事実上の生活保護の対象となりうる立場にあることは、これまでの最高裁の判例が認めてきたところである[28]。今般の最高裁判決が、2度にわたり（1度目は、判決文の3の第1段落のカッコ内。2度目はわざわざ

判決の5の末尾部分)、「なお、原判決中上記請求に係る部分以外の部分（被上告人敗訴部分）は、不服申立てがされておらず、当審の審理の対象とされていない」と注意を促しているのは、この部分については、争いの余地が残されていることを示唆するものである。

3　外国人が原告の老齢加算減額処分取消訴訟で最高裁が本案判決を維持

前述2の最高裁判決後、外国人が原告となった裁判で、最高裁は、却下判決ではなく、棄却判決という注目すべき判断を示した（最判平成26年10月6日『賃金と社会保障』1622号)。

本件は、生活保護・老齢加算の減額処分に対して、処分の取消しを求めた行政訴訟であるが、原告の1人Aは外国籍であった。審査請求において、京都府知事は2006（平成18）年10月4日、Aが外国籍であることを理由に審査請求を却下したが、一審判決（京都地判平成21年12月14日『賃金と社会保障』1622号)は、「原告Aについては、国籍を理由に本件処分の処分性が否定されることはなく、審査請求の前置に欠けることもない。また、国が永住者に生活保護を実施してきたこと、原告Aが永住者として生活保護を受けてきたこと等の経緯に照らせば、原告Aの国籍を理由に、本件の原告の各請求につき、原告適格が否定されることもない」と述べ、本案審理を行ったうえで、請求を棄却した。控訴審（大阪高判平成24年3月14日)、上告審とも原告の国籍にまったく言及することなく本案判決を維持した。一審判決は、厚生労働省の見解と真っ向から反するものである。一審、控訴審の本案判決を是認した本件最高裁判決は、外国人が取消訴訟によって生活保護の不利益処分を争うことができることを示している。厚生労働省は、54年通知を撤廃しこれまでの運用を変更するとともに、生活保護法の国籍要件を速やかに撤廃すべきである。

第5節　小　括

これまでみてきたように、定住外国人について生活保護を正規に適用しない理由は乏しい。また前節2、3の両最高裁判決は、定住外国人に対して訴訟提起が可能であることを認めていると解する余地が十分にある。生活保護という生活困窮者に対する最後のセーフティネットという制度趣旨からすれば、定住外国人に対しても生活保護の法的権利性を認め審査請求ができると解すべきである。またそのほかの外国人に対しては、仮に命にかかわる事態に対して実効性ある緊急医療等の対策が講じられるべきだとしても、そのような措置がとられるまでは、生

活保護の急迫保護（第4条3項）による対応がなされるべきであろう。

注
1 ヘイトスピーチとは、人種や民族などの属性を理由に社会的な少数派への差別や憎悪をあおる表現をいう。単に憎悪表現ともいう。国連の人種差別撤廃委員会は2014年8月、日本政府に「毅然（きぜん）と対処」し、法整備を促す見解を出した（朝日新聞デジタル版、2015年5月11日）。なお、「在日特権を許さない市民の会」メンバーなどによる京都朝鮮第一初級学校に対する拡声器を用いた怒号や在日朝鮮人に対する侮蔑的発言などについての損害賠償請求事件において、京都地裁平成25年10月7日判決『判例時報』2208号、控訴審（大阪高裁平成26年7月8日判決『判例時報』2232号）とも原告の請求を認めた。最高裁平成26年12月9日判決は被告の上告を棄却し控訴審判決が確定している。
2 横浜地裁平成22年10月27日判決『賃金と社会保障』1622号、東京都保健福祉局『生活保護運用事例集2013』問12-1
3 社援保発1022第1号平成22年10月22日厚生労働省社会・援護局保護課長通知「生活保護に係る外国籍の方からの不服申立ての取扱いについて」、事務連絡平成22年10月22日厚生労働省社会・援護局保護課審査係長「外国籍の方からの生活保護法による保護申請に対する応答について」。いずれも『賃金と社会保障』1534号。
4 奥貫妃文（2012）「外国人の生活保護の法的権利に関する考察」『賃金と社会保障』1561号、21頁
5 田中宏（2011）「外国人の生活保護受給権、その前後左右」『賃金と社会保障』1534号、9頁
6 東京都保健福祉局『生活保護運用事例集2013』問12-2-2に記載されている事務の流れのフロー図参照
7 京都市の場合は、外国人向けには不服申立できる記載がない別の保護決定書を使用する。
8 『別冊問答集』問2-1
9 『別冊問答集』問13-32、同問答が引用する54年通知4の問8（現在地保護の場合の4分の1の費用負担を一般市ではなく都道府県知事が負担することで、一般市間での現在地保護に関する実施責任の係争を防止する趣旨の生活保護法第73条1号の適用はないとする）
10 『別冊問答集』問13-33
11 例えば、京都市がケースワーカー向けに作成した『生活保護の手引き』（1987年）では、「その他の外国人（難民等を含む）から、生活困窮を理由として保護の申請があった場合は、観光ビザによる一時的滞在であるかどうかにかかわらず、全て同上通知（54年通知のこと。筆者注）に基づいて取り扱うものである」とされていた。
12 木下秀雄（1996）「これが国際化？」尾藤廣喜、木下秀雄、中川健太朗編著『生活保護のルネッサンス』法律文化社、参照
13 高藤昭（2001）『外国人と社会保障法』明石書店、239頁
14 前注13
15 『別冊問答集』問7-90
16 平成5年3月29日規則第41号「大分市福祉事務所長に対する事務委任規則」
17 平成20年3月31日社援第0331012号厚生労働省事務次官通知他「生活保護費等の国庫負担について」
18 外国人と生活保護法を含む社会保障法に関する近年の判例の動向は、前掲注13、高藤昭（2001）第3部で概観できる。また、最高裁平成26年7月18日判決、その後の外国人原告を含む老齢加算減額処分取消訴訟に関する最高裁平成26年10月6日まで含む生活保護と外国人に関する判例については、村田悠輔（2014）「外国人に対する生活保護に関する基礎知識と関連判例」『賃金と社会保障』1622号を参照されたい。
19 本判決を批判的に検討したものとして、前注5の田中宏（2011）。
20 本判決に関する論稿として、前注4の奥貫妃文（2012）のほか、田中宏（2012）「貧しきを憂えず、等しからざるを憂う」、瀬戸久夫（2012）「永住的外国人が生活保護の対象となることを認めた控訴審判決」、いずれも『賃金と社会保障』1561号。また、控訴審への意見書として清水泰幸（2012）「生活保

護法『準用』の法的性質と当事者訴訟における確認の利益」、木下秀雄（2012）「生活保護申請開始決定義務付け等請求事件意見書」、吉永純（2012）「生活保護実務からみた外国人と生活保護及び本件の問題点」、いずれも『賃金と社会保障』1562号がある。
21 本項は、筆者も関わった生活保護問題対策全国会議「外国人の生活保護訴訟に関する最高裁判決についての意見書」（2014年7月28日）『賃金と社会保障』1622号と問題意識が重なるものである。最高裁判決に関する論稿として、田中宏（2014）「最高裁判決がJapanese onlyでは、国連・安保理常任理入りは無理？」、奥貫妃文（2014）「大分外国人生活保護訴訟最高裁判決の検証」、前注18、村田悠輔（2014）、いずれも『賃金と社会保障』1622号がある。
22 山田省三（2000）「非定住外国人への生活保護適用」『別冊ジュリストNo.153社会保障判例百選（第三版）』有斐閣
23 前注21、田中宏（2014）、7頁の別図参照
24 前注13、高藤（2001）、114頁
25 昭和56年5月27日衆議院法務委員会・外務委員会・社会労働委員会連合審査会で、山下社会局長は，「昭和25年の制度発足以来、実質的に内外人同じ取り扱いで生活保護を実施いたしてきているわけでございます。去る国際人権規約、今回の難民条約、これにつきましても行政措置、予算上内国民と同等の待遇をいたしてきておるということで、条約批准に全く支障がないというふうに考えておる次第でございます」と答弁していた。
26 昭和56年5月29日衆議院法務委員会での加藤説明員は、「保護の請求権ということでございますが、昭和25年以来安定的に、外国人に対しましても行政措置として生活保護を適用しております。こういう安定した関係を裁判等におきましても考慮いたしまして、確かに生活保護法上の審査請求にはなじまないわけでございますが、最終的には裁判上の訴えの利益というものも認められております。最終的な保護の受給というものは、外国人に対しましても確保されるというふうに考えております」と答弁している。
27 同旨、遠藤美奈（2015）「永住外国人と生活保護受給権」『ジュリスト臨時増刊平成26年度重要判例解説』
28 最高裁平成21年2月27日判決（優良運転免許証交付等請求事件）、最高裁判所裁判例情報

第8章

生活保護法63条、78条の再検討

　保護費の返還（63条）や不正受給（78条）についての行政運用は、法改正（第3章参照）も相まって厳格化を強めており、保護世帯と実施機関との間でトラブルになることが多い。他方、乱暴な行政運用を戒め、高校生のアルバイトの評価をはじめ保護世帯の自立助長を重視する争訟例がこの間、蓄積されている。実施機関にあっては、保護世帯の生活改善のニーズを把握するとともに、進学保障などを含む豊かな自立像に基づく保護費の返還や、不正受給への対処が求められている。

第1節　問題の所在

1　裁判所によって相次いで取り消される63条による保護費返還請求
（1）　トラブルの元になっている63条

　生活保護利用中に、保護利用者が年金などを一括受給した場合や、交通事故の賠償金を受けとった場合、あるいは福祉事務所長の過誤払いの場合、生活保護世帯にとっては、最低生活費を上回る収入となる（あるいは、過去にそうした収入があったことになる）ため、保護費の払いすぎ（過払い）となり保護額の返還問題が発生する。行政運用では、こうした場合の調整規定として、生活保護法63条を適用して返還請求を行うのが一般である[1]。63条は、「被保護者が、急迫の場合等において資力があるにもかかわらず、保護を受けたときは、保護に要する費用

を支弁した都道府県又は市町村に対して、すみやかに、その受けた保護金品に相当する金額の範囲内において保護の<u>実施機関の定める額</u>を返還しなければならない」と規定する（下線筆者。以下同）。そうして実施機関が返還額を定める際は、生活保護法の目的である自立助長（生活保護法1条）を考慮することが要請され、控除できる項目、金額の目安などが通知に示されている。一般的には、月々支給される経常的保護費では購入できない耐久消費財の購入費や、子弟の就学費用不足分、家屋の補修やバリアフリー工事費などが可能である（返還金の控除という形をとる。以下「自立控除」）。家計規模が小さく、家計の弾力性の乏しい生活保護世帯にとって、これらの費用のために、遡及年金などのまとまった金銭をあてることができれば、自立に近づく[2]。

ところが、ケースワーカーが、自立控除を検討することなく、あるいは検討しても、とおり一遍の形式的な検討にとどまり、これら年金などの全額を返還請求する例が後を絶たない。これは、生活保護法が「実施機関の定める額」として全額返還を規定していないにもかかわらず、実務マニュアルによって、全額返還が原則とされているためである[3]。

しかしながら、全額返還の原則は保護利用者の実感からかけ離れている。例えば年金を5年分遡及して受け取った場合、その受給権が5年間遡って「資産」としてあったことになる。これは障害年金などのように、要件が複雑で専門的な判定を要する年金であればあるほど、遡って資産があったと観念するのは違和感が生ずる。また、行政上の信義則に反する場合も多々発生する。福祉事務所長の過誤払いが典型である。この場合、渡された保護費が正当なものとして信用して、生活費に費消するのが当然であるにもかかわらず、後になって、「あの支給額は実は間違いだった」として、保護利用者には何の責任もないのに返還を求められる。また、過誤払いなどの場合、返還請求に応じることは、通常は最低生活費から返還金を捻出することになるから、憲法で保障された健康で文化的な最低生活水準を下回る生活を余儀なくされる。このような理由から、63条による保護費の返還は、利用者の納得が得にくいため、トラブルの元になってきた。

(2) 63条の運用にあたっての視点

63条に関する紛争を解決するには、次の2つの視点が重要である。一般的な不当利得との相違でもあるが、第1には、生活保護法が自立助長を目的としており、63条による返還額の決定においても、そのことが考慮要素として要請されることである。第2には、返還請求の相手方が生活保護利用者であるため、返還は時に最低生活費以下の生活を強いることになることである。

（3） 63条の運用にあたっての論点

　第1に、その対象資産の資産性である。これには質と量の側面がある。質の点では、前述のような支給要件が複雑な障害年金などの場合である。本章第3節で紹介する尼崎市の事案で争点となった障害年金は、最初の社会保険事務所への裁定請求が却下されたため、それを不服として審査請求をしたが認められず、再審査請求後に初めて認容されるというまれな経過をたどった。すなわち2回の不服申立手続きを経て初めて認められた年金であった。量の点では、返還の対象となる資産がすでに費消されて残っていないような場合である。例えば、一括して支給された年金などが、返還の可能性がある資産としての認識がなく、それまでの借金などの返済にあてられた場合（尼崎市の事案）や、福祉事務所長の保護費過誤払いの場合（本章第3節大野城市の事案）などである。

　第2に、自立控除に関して、自立控除の聞取りの内容や範囲である。利用者にとっては、自立控除といわれても、生活保護制度でどこまでが控除可能かどうかは、ほとんどわからない。ケースワーカーが、保護世帯のニーズをしっかり調査・把握し、自立のイメージをその世帯に即してどれほど豊かに描けるかが鍵となる（本章第3節八幡東区の事案）。また、過誤払いなどで、過払い分の金銭がすでに費消済みの場合には、現在残っている金銭からの自立控除は不可能であるが、返還金の減額が可能かどうかが、次に検討されなければならない（大野城市の事案）。

　本章第3節の各判決、裁決は、63条の返還について、近時連続している原告勝訴判決（確定）や、請求人の請求が認容された裁決である。第3節ではこれらの争訟例が、いかなる観点からそのような結果を導いたかを検討する。

2　78条の拡大解釈を否定する争訟例

　生活保護の不正受給の根拠規定である78条は、運用上は63条と隣接するが、時に交錯する。78条は、「不正の意図」がある場合であり、63条はそれがない場合、あるいは立証できない場合の費用返還（費用徴収）規定として機能する[4]。

　しかし、現場運用においては、保護利用者さえ忘れているような休眠口座に僅少な預金が残っていたような場合にも、保有していたわずか150円の未申告を不正受給として認定するような事例がある[5]。150円でなぜ「不正の意図」が認定できるのだろうか。きわめて疑問である。

　また高校生のアルバイト収入なども、未申告であれば一律に不正受給と認定する取扱いが見受けられる。家計を助けるための高校生のアルバイトはむしろ褒められるべき行為である。またその高校生に、どれほどの「不正の意図」があった

のか疑問があるケースが多い。

　第3章でも触れたように、今般の生活保護法改正も、狙いの一つは不正受給対策の強化であり、厳罰化によって不正受給を抑止しようという意図が露骨である。しかし、金額ベースでわずか0.5％である不正受給をことさら取り上げて、法改正までする必要があったのだろうか[6]。マスコミなどの不正受給キャンペーンに悪乗りした、生活保護の抑制ではないか。第4節で紹介する78条に関する判決や裁決は、78条の肥大化に警鐘を鳴らす意味で重要な意義がある。

第2節　63条、78条運用の厳格化

　本節では、63条、78条に関する行政の判断枠組みを簡単に整理し、会計検査院の処置要求を受けて発せられた、平成24年7月23日厚生労働省保護課長通知「生活保護費の費用返還及び費用徴収決定の取扱いについて」（以下「平成24年通知」）と、2013年の法改正に伴い、同通知を一部改正した平成26年4月25日保護課長通知（以下「平成26年通知」）の問題点を検討する。

1　63条、78条の判断枠組み

（1）　生活保護法63条（「別冊問答集」問13-5）

　もともと63条による返還額の決定は同問答集が指針であった。問答集によれば、「原則として当該資力を限度として支給した保護金品の全額を返還額とすべきである」。しかし、「保護金品の全額を返還額とすることが当該世帯の自立を著しく阻害する」場合には、次の範囲においてそれぞれの額を本来の要返還額から控除してもよいとされている。その範囲とは、以下のとおりである。

　　A　盗難等の不可抗力による消失額
　　B　家屋補修、生業費等の一時的な経費
　　C　当該収入が次官通知第8の3の（3）（収入認定除外費目）に該当するものにあっては、課長通知第8の40（自立更生のための用途に供される額の認定基準）に基づき実施機関が認めた額
　　D　当該世帯の自立更生のためのやむを得ない用途にあてられたものであって、地域住民との均衡を考慮し、社会通念上容認される程度として実施機関が認めた額。ただし、①浪費、②贈与等当該世帯以外のために当てられた額、③保有否認物品の購入費は自立更生の範囲には含まれない。
　　E　当該収入があったことを契機に保護から脱却する場合には今後の生活設計

等から判断して自立更生のための必要額

　課長通知第8の40は、一般的に収入認定除外項目中の自立更生のために控除できるものの認定基準を示しており、63条の自立控除にも適用される。同通知の自立控除には、災害による生活基盤回復経費等（通知（1））、事業開始資金等（（2）ア）、医療費（（2）イ）、介護費（（2）ウ）、家屋補修費（（2）エ）、就学費（（2）オ）、結婚費用（（2）カ）、弔慰費（（2）キ）、生活用品購入費（（2）ク）、保有容認自動車の維持費（（2）ケ）、国民年金受給権取得のための保険料（（2）コ）などがあげられている。このうち、ア、ウ、エは生活福祉資金の福祉資金貸付限度額まで、カは寡婦福祉資金の結婚資金貸付限度額まで、キは公害健康被害補償法の葬祭料まで認められる。

　このように、自立控除対象項目は広範囲に及んでおり、保護世帯の自立への好機として積極的に活用することが望まれる。

(2)　生活保護法78条（「別冊問答集」問13-1）

　78条1項は、「不実の申請その他不正な手段により保護を受け、又は他人をして受けさせた者があるときは、保護費を支弁した都道府県又は市町村の長は、その費用の額の全部又は一部を、その者から徴収するほか、その徴収する額に百分の四十を乗じて得た額以下の金額を徴収することができる」と規定する。ここでいう「不実」とは、刑法246条にいう詐欺、すなわち、人を欺罔することよりも意味が広く、「不正手段」とは、刑法の詐欺罪に至らない程度の不正手段とされているのみで[7]、何ら限定がなく、不正受給の一人歩きを許している原因の一つとなっている。

　63条と78条の区別は、「別冊問答集」問13-1に示されている。同問答集によれば63条は、「実施機関が、受給者に資力があることを認識しながら扶助費を支給した場合の事後調整についての規定」である。そして、63条と78条の区分は、前述のように「不正の意図」の有無による。また、78条を適用すべき場合の標準例は次のように示されていた。

(a) 届出又は申告について口頭又は文書による指示をしたにもかかわらずそれに応じなかったとき。
(b) 届出又は申告に当たり明らかに作為を加えたとき。
(c) 届出又は申告に当たり特段の作為を加えない場合でも、実施機関またはその職員が届出又は申告の内容等の不審について説明等を求めたにもかかわらずこれに応じず、又は虚偽の説明を行ったようなとき。

2　平成24年通知の概要

　本通知は、会計検査院の処置要求（下記(1)）に従い厚生労働省が改善策（同(2)）を示す形をとっている。

(1)　会計検査院の検査結果と処置要求

　検査結果は次のとおりである。まず会計検査院は、返還金の額の算定が不適切であったものとして、第1に、①世帯員に申告義務を十分に周知していなかったこと、②世帯員が申告義務を理解していなかったこと、③世帯が収入未申告を反省し未申告判明後の調査に協力的であったこと、④世帯員が高校生の場合一律に63条を適用していることなどから、「不正の意図」がなかったとして78条ではなく63条を適用していたものをあげた。第2に、返還金から控除すべきでない費用（保護開始前の債務に関する弁済金など）を自立控除していたもの、第3に、保護から脱却することを理由に生活費を返還金などから控除していたもの、第4に、資力の発生時期を誤ったため、返還額を過少に認定していたものを指摘した。次に、年金の遡及受給額から一律に自立控除しなければならないと誤認して返還額を決定しているものを不適切な例としてあげた。

　以上の検査結果に基づき、会計検査院は、第1に、78条を厳格に適用すること、第2に、返還決定にあたり、特に遡及して年金を受給した場合を含め、原則として返還対象額全額を返還させる取扱いを徹底すること、第3に、自立控除を行う場合は、必要性を十分考慮することを要求した。

(2)　厚生労働省としての改善に向けた取組み

　会計検査院の処置要求に従い、厚生労働省は63条と78条の運用について次のように改正した。

A　63条について

　上述の1の(1)「別冊問答集」問13-5と比べ、主に以下の点を変更した。

(A) 本節1の(1)のエによる控除できない項目に関して、4つ目に、「保護開始前の債務に対する弁済のために充てられた額」を追加した。

(B) 同じく(1)のオの「当該収入があったことを契機に保護から脱却する場合」とは、「当該収入から過去に支給した保護費相当額を返還した上でなお、残額があり、その残額により今後相当期間生活することが可能であると見込まれる

場合や、残額がない場合であっても当該収入を得ると同時に定期的収入が得られるようになった場合」とされ、その収入に対して保護費の返還を求めない扱いや、もっぱらその世帯の今後の生活費用全般にあてることを「自立更生」にあたるものとする扱いは認められないとした。

(C) 同じく (1) のエにかかわらず、遡及年金に関しては、定期的に支給される年金が全額収入認定されることとの公平性を考慮して、(1) と同様の考え方で自立控除するのではなく、厳格に対応することとした。具体的には、全額返還が原則であり、自立控除は慎重に必要性を考慮すべきとし、資力発生時点は年金受給権発生日であって裁定日ではないことを改めて示した。

B 78条について
(A) 78条を適用すべき標準
　本節1の (2) の3例 ((a) 〜 (c)) に加えて、課税調査などにより、被保護世帯が提出した収入申告書が虚偽であることが判明したときを加えた。

(B) 届出または申告の徹底
　改正点は、届出または申告の徹底に多くがさかれている。78条の適用に際して最も留意すべき点は、「不当又は不正に受給しようとする意思があったことについての立証の可否」であるとし、立証を困難にしている原因は、実施機関が収入申告義務を十分に説明していない、あるいは説明したとしても、被保護者がそれを理解したことがケース記録によって事後に確認できないことにある。よって、そのような事態を未然に防止し、「法78条を厳格に実施するために」、収入申告義務を説明したこと（収入に変動があった場合、すみやかに保護の実施機関に申告することや、「申告等を怠った場合は、法第78条の適用を受け、全額費用徴収されること等」）およびその内容を理解していることを、実施機関と被保護世帯の間で明確にしておく。そのための様式（確認書）を示し、保護世帯に説明を受け理解したことを自書させることにした。その様式には、「高校生などの未成年が就労（アルバイトも含む）で得た収入についても申告する義務があること」、「不正をしようとする意図がなくても、申告漏れが度重なる場合には『不実の申告』と福祉事務所に判断される場合があること」が明記された。

(C) 収入申告の留意点
　「未成年である世帯員についても、稼働年齢層であれば当然に保護の実施機関

に対し申告の義務はあるので、申告を怠っていれば原則として法第78条の適用とすべきである」。前掲の確認書により、「世帯主以外に稼働年齢層の世帯員（高校生等未成年者を含む）がいる世帯員については、当該世帯員本人の自書による署名等の記載を求めること」とした。

3 平成26年通知による一部改正
（1） 改正趣旨

　改正趣旨は通知上では示されていないが、2013（平成25）年12月成立の改正生活保護法の施行（改正法の大半が78条に関するものも含めて、2014年7月から施行）に伴う通知の改正である。平成26年通知は78条改正に関する通知の改正がほとんどであり、63条は改正されていない。

　78条関連の主な法改正は以下のとおりである（本書第3章第7節参照）。第1に、本来の不正受給の徴収金に加え、その最大40％の加算金が徴収できるようになった（78条1～3項）。第2に、これらの徴収は、国税徴収の例によるものとされた（78条4項）。第3に、徴収金は、被保護者が保護金品の一部を、「徴収金の納入に充てる旨を申し出た場合において、保護の実施機関が当該被保護者の生活の維持に支障がないと認めたとき」は、保護費を交付する際に、徴収金を徴収できることになった（78条の2第2項）。通知の改正はこれらの運用に関するものである。

　次に、平成24年通知は会計検査院の処置要求を受けた改善という形であったが、平成26年通知では、「不正事案については、全額公費によって賄われていることに鑑みれば制度に対する国民の信頼を揺るがす極めて深刻な問題であるため、厳正な対処が必要です」とするなど、厚生労働省自らが主体的に厳罰主義でのぞむことを明確にした。

（2） 主な改正点

　まず不正受給に対する徴収金の最大40％加算を行う場合を例示した。すなわち、第1に、収入申告書などの提出書類に意図的に虚偽の記載をする、または偽造、改ざんするなど不正が悪質、巧妙であるとき。第2に、過去に保護費の不正受給を繰返し行っていたり、必要な調査に協力しないなどの状況があるとき。第3に、不正受給期間が長期にわたるものであるときなどとし、不正の事実発覚後の態度が協力的であるかどうかなどを考慮し、ケース診断会議などで総合的に検討することとした。

　次に、国税徴収の例による費用徴収については、保護の実施機関は、被保護世

帯の保護金品と最低生活を維持するにあたって、必要な程度の財産の徴収を行わないよう、十分留意することとされた。

さらに、78条の2による費用徴収について（保護金品などとの調整）の手続きや目安額を示した。まず、被保護者による、保護金品などを徴収金の納入にあてる旨の申出は、2014（平成26）年7月1日以後に保護の開始決定を行う者については、保護開始決定時などの時点で、現に保護を受けている者に対しては、平成26年7月1日以後に、適宜、申出書（様式第30号）の提出を求めることとした。この申出については、「被保護者にとっては徴収金の発生や徴収金が発生した場合の金額が不明な段階で申出を行うか否か判断しがたい面もある上、申出書の提出は任意の意思に基づくものであり、提出を強制するものではない」としつつも、「そもそも全額公費により財源が賄われている制度にあって不正受給は許されるものではないこと」などの理由から、実施機関は、「当該申出が行われるよう努めること」とされた。また、申出の取消しを認めることとし、さらに保護費と調整する徴収金額は、申出時点ではわからないため、徴収金が発生した時点で、申出書に追記することとした。

次に、「生活の維持に支障がない」の目安額に関しては、保護金品と調整する具体的な金額は、単身世帯であれば5000円程度、複数世帯であれば1万円程度を上限とし、加算の計上されている世帯の加算額相当分、就労収入のある世帯の就労収入の控除額（必要経費を除く）相当分を上限額に加えて差し支えないとした。

4　平成24年通知と平成26年通知の問題点

（1）　特　徴～保護利用者を自立から遠ざけ、理由なく不正受給予備軍とみなすもの～

平成24年通知にあっては、78条の厳格適用によって63条の適用範囲を狭めるとともに、63条の自立控除の縮減が特徴である。平成26年通知は、法改正により78条が厳罰化され、徴収金の「天引き」が可能となったが、その具体化が中心である。

（2）　平成24年通知～保護利用者を自立から遠ざけるもの～

A　63条について

本章冒頭に述べたように、63条に関する運用は、従来から資産性や自立控除の面でかなりの問題をはらんでいた。しかし本改正は、これにはまったくと言っていいほど手をつけることなく、会計検査院の言うままに、全額返還を徹底するとともに、自立控除できる場合を限定し縮減した。

(A) 年金について原則全額返還の徹底

　前述のように、年金については、障害年金など要件が複雑な年金は、そもそも資産性に乏しく返還の対象とすること自体に違和感がある。しかし、そのような年金も含め、自立控除がまるでないかのような通知となっている。生活保護法の2つの目的の1つである自立助長はどこにいったのか。障害年金を遡及受給したような場合に、障害者が住居のバリアフリー化などをやろうとしても、認める余地がないかのように読める。これでは障害者にとってせっかくの自立の契機を失わせることにならないか、危惧される。

(B) 収入認定控除できない項目の拡張

　「保護開始前の債務に対する弁済のために充てられた額」が追加された。しかし、その債務が福祉事務所の水際作戦などによって保護が認められず、生活できなかったことによる、やむなく借りた生活費だったような場合はどうなるのか（尼崎市の事案）。債務内容が真にやむをえないものであるかどうかの吟味が必要であろう。

(C) 収入があったことを契機に保護から脱却する場合の返還金

　保護が継続するようなほかの63条適用場面と同様に、収入により保護廃止となる場合であっても、保護廃止の前に、返還に際しての自立控除が要請されることは当然である。また保護廃止直後は、保険料などの公租公課などが重くのしかかる。法改正により新設された就労自立給付金（55条の4）はこれへの対応が目的である。保護廃止直後の生活困難は、就労自立の場合にとどまらない。こうした費用は控除されるべきである。

　また、保護世帯に子弟がいる場合、将来の高校、大学就学や自動車免許をはじめとする免許や資格取得費用などが、保護世帯の自立を促進することはいうまでもない。すなわち、これらの費用は貧困の連鎖を防止し子弟の自立を促進する効果が見込まれるため、保護廃止前でも控除を認めるべきであろう。

B　78条について〜保護利用者を理由なく不正受給予備軍とみなすもの〜

　生活保護利用者が78条に該当した場合の立証責任は、実施機関にあることをまず確認する必要がある。確認書は、実施機関が自らの立証責任を軽減するために、将来の不確実な事態を想定した不利益な誓約書を徴取するようなものであり、妥当ではない。不正受給がまれな事象であることを考慮に入れれば、不正受給が発生した場合に厳正な対応をすればよく、すべての保護世帯が不正受給をす

るかのような扱いは、保護世帯を不正受給予備軍とみなす過剰対応といわざるをえない。

とりわけ、高校生の世帯員に対してこれらのことを直接説明し、内容を理解させ、自書を求める行為はどういう意味があるのか、いま一度再考すべきである。世帯単位の原則があるとはいえ、成長過程にある高校生に対しては教育的配慮が求められる。少なくとも、未成年者控除、基礎控除、就学費用の不足分の控除、大学進学費用の貯蓄などが認められることの説明も併せて行わなければ、不正受給防止に偏し、均衡を失する。子どもの貧困を防止する視点からは、高校生の就労収入については、未成年者控除の抜本的増額などを通じて、包括的に一定額の控除などを認めるべきであろう。

(3) 平成26年通知～半強制的「徴収金の保護費からの天引き」事前承認申出書～

保護金品などを徴収金の納入にあてる旨の申出を全保護世帯から徴取する点は、大きな問題である。平成24年通知と同様に、ごく例外事象である不正受給に厳格に対処するために、保護利用者自らが不正受給を起こした場合を前提にした申出書を求めるのは理解しがたい。申出書は通知も認めているように、将来の不正受給を想定したものであるから、その金額も申出書提出時点ではわからない。このような申出書が有効なのか、はなはだ疑問である。保護申請者や利用者が申出書に疑念を抱くのは当然だろう。

また、ただでさえ実施機関と保護利用者の力関係は圧倒的に実施機関が優位にある。実施機関が「当該申出が行われるよう努め」た場合、利用者の「任意の意思」が担保される可能性は低く、事実上の強制となろう。

なお、申出書を提出するかどうかは、通知も述べているように利用者の任意であるから、提出しなかったからといって不利益処分を課することはできない。

第3節　裁量権の逸脱にあたるとして、実施機関の返還請求を取り消した争訟例

63条の自立控除を制限する行政通知とは反対に、63条に関する最近の争訟では、原告や請求人の主張を認め、実施機関の自立控除調査義務を肯定し、返還額の不当性を認める争訟例が相次いでいる。

1 判例

(1) 保護利用前の借金（実施機関による水際作戦のため保護利用が遅れたことから、生活費のために借り入れたもの）の返済を、保護開始後受給した遡及年金からの自立控除として認め、実施機関の返還決定を取り消した例（大阪高裁平成25年12月13日判決[確定・尼崎市63条返還事件]『賃金と社会保障』1613号)[8]

A 事案の概要

生活保護利用中の原告が、保護開始前に申請していた障害年金（うつ病によるもの）が、当初の裁定請求について、社会保険事務所長が却下したため審査請求したが棄却された後、再審査請求でやっと請求が認容され、保護開始後97万円が遡及して支給された。原告は福祉事務所が原告の保護申請を受け付けなかったため生活に窮し、借金によって生活せざるをえなかったことから、遡及年金でその借金を返済したところ、福祉事務所はそれらの控除を認めず保護費全額の返還を求めてきたため提訴に及んだ。一審（神戸地裁平成24年10月18日判決『賃金と社会保障』1613号）は、本件障害年金について、行政解釈と同様の立場（「国民年金法に定める給付は、その種類にかかわらず、その支給事由が発生すれば同法に従った給付が行われる」、「年金受給権は、その支給事由が生じた日から客観的に存在する」）に立つとともに、自立控除についても原告は自立更生資金と認められるような費用に充当すべきことを述べていないとして、福祉事務所長の全額返還決定を適法とし原告敗訴。原告は控訴した。

B 判旨（請求認容）

(A) 再審査請求でやっと認められた本件障害年金について裁定請求日からの資産性を肯定

「『利用し得る資産』は現実に活用することが可能な資産はもとより、その性質上、直ちに処分することが事実上困難であったり、その存否及び範囲が争われている等の理由により、直ちに現実に活用することが困難である資産も含まれるというべき」（交通事故に関する最高裁昭和46年6月29日判決を引用）とする。本件の障害基礎年金は、裁定請求日である平成18年12月1日に国民年金障害年金2級程度の状態にあったとして支給処分を受けたものであるから、遡及支給分も、客観的に同日から発生し、控訴人に帰属していた「資力」である。

第三者加害行為に関する損害賠償請求権につき、自動車事故などは加害行為時点を資力発生の基準時とする196号通知[9]は、公害の場合を例外的に、「法63条の返還額を定めるに当たっては、損害賠償請求権が客観的に確実性を有するに至

ったと判断される時点以後に支弁された保護費を標準として世帯の現在の生活状況将来の自立助長を考慮して返還額を定めることが必要」としているのであるから、年金の場合の前記認定判断を左右しない。

(B) 自立控除について、遡及受給年金を本来要保護状態であったのに申請権が侵害されたため、生活維持のため借り入れた借金の返済に使うことは容認される。しかし処分庁はこの点を考慮しておらず、処分庁の判断は裁量権を逸脱しており違法と認定

「(自立控除の) 判断が著しく合理性を欠く場合は、その裁量権の逸脱、濫用として違法となる」、「控訴人が、平成18年10月13日に保護課に相談に行った段階においても、保護課職員が夫との関係の詳細や同居中であった親元の家族の生活状況を聴取すれば、夫や同居家族からの援助も期待し得ず、直ちに生活が立ち行かなくなることは容易に把握し得たものといえる。(中略) 平成19年1月の段階では、控訴人が要保護状態であり、保護課職員はこれを認識できたにもかかわらず、離婚調停の結果を待ち、また、親元から転居して自立するなど生活の整理をした上で再度相談に来るように伝え、直ちに保護申請手続を取らせなかったものであり、そのため、控訴人が離婚と親元からの自立が保護の条件であると誤解したことは明らかであ」り、「申請権の侵害の恐れがある」(課長通知(第9の2))というべきである。

控訴人が保護を開始された2007 (平成19) 年6月20日まで、「生活に困窮し、その間に知人や親戚などからの借入に頼って生活してきたものであり、その借入は保護課の不適切な対応が招いたものということができる。(中略) 平成19年1月には、<u>控訴人が要保護状態であったことからすれば、その返済は保護開始前の単なる負債の返済とは異なり、本来、生活保護費として支給されるべき金員の立替金の返済ともいうべきものである。</u>そして本件遡及支給分の中には、控訴人が要保護状態であるのに保護を受けられなかった平成19年1月から同年6月19日までの分まで含まれているのであるから、これらの点を考慮することなく、本件遡及支給分の全額を返還額として決定したことは重きに失し、著しく合理性を欠いたものというほかはなく、裁量権を逸脱したものと認めるのが相当である」(下線筆者、以下同) とした。

(C) 自立控除調査義務を認め、義務違反を認定

保護開始後について、将来に向けての耐久消費財や布団等の日用品などを考慮しなかった点での違反はない。しかし、前記(B)で述べた、保護開始前、年金受給権が生じた2007年1月以降同年保護開始前日である同年6月19日までの事情

について、さらに聞き取り調査する義務があったが、尽くされていない。

C 考察
（A）自立控除の対象に保護受給前の福祉事務所による申請権侵害に起因する負債を含めた

本判決は、63条の自立控除についての調査義務を前提に、年金遡及受給に関して、年金受給権発生日後に、実質的な保護申請権侵害によって本来支給されるべき保護費を借金でまかなった場合も、自立控除すべきことを明示した点に意義がある。すなわち、一般論としては、保護開始前の借金については控除対象とならないとしても、①借金の理由が処分庁の不適切な対応にあり、②本借金の返済は、本来支給されるべき生活保護費の立替金に相当し、③遡及年金は原告が要保護状態にあったにもかかわらず保護を受けられなかった期間が含まれているとして、本借金は自立控除の対象となるとした。さらに、本判決の趣旨に従えば、申請権侵害にとどまらず、処分庁の判断ミスや認定ミス等処分庁の過失による保護費不支給分なども、自立控除の対象となる余地があると思われる（後記、大野城市の事件などと関連する）。前述のように、平成24年通知では、自立控除すべきでない項目として、「保護開始前の債務に対する弁済のために充てられた額」が追加されたが、本件のような真にやむをえない債務に関しては、自立控除の対象とすべきであろう。

ただし判決が、保護開始後の自立控除をすべて否定した点は問題が残る。

（B）申請権侵害を認定

保護申請権侵害について、申請前の要保護状態を認めるとともに、福祉事務所保護課職員による申請手続妨害を認定した。申請権の尊重を重視し、申請権侵害を認定している近時の一連の判決と軌を一にするものである[10]。

（C）196号通知を公害に関する例外運用容認通知と制限的に解釈し、再審査請求で認められた遡及年金の資産性を肯定
① 196号通知の運用[11]

196号通知は、交通事故の場合に、なぜ「事故発生時点」を「損害賠償請求権が客観的に確実性を有するに至ったと判断される時点」としているかといえば、自賠責保険による「保険金が支払われることは確実なため」であるからだ。そうだとすれば、老齢年金などを含む年金一般について受給権発生時点から資産性を肯定できたとしても、障害年金などのように、確実性に乏しい請求権の場合には

そうはいえない。

　また、労災給付と生活保護の扱いでも、給付金は労災の原因となった傷病時より支給されるが、63条の返還対象となるのは、労災として認定された日以降に支弁された保護費を対象とするという国の見解が示されている[12]。

　本件障害年金にしても、この労災給付にしても、「資産」としての安定性や確実性に乏しいことが共通している。この意味で、「利用し得る資産」の解釈に関して、「客観的確実性」を求める196号通知は汎用性を有する通知であると考える。

② **本件障害年金の資産性**

　遡及年金に関する判決の解釈は、行政解釈である「年金受給権は、裁定請求の有無にかかわらず、年金支給事由が生じた日に当然に発生していたものとされる。したがって、この場合、年金受給権が生じた日から法第63条の返還額決定の対象となる資力が発生したものとして取り扱うことになる」[13]に従ったものである。しかし、①で述べたように、本件障害年金は196条通知の対象とし、資産として「客観的確実性」を有するに至った以降について資産性を認めるべきである。

　本件障害年金は、2度にわたる不服申立手続きを経て認容されている点に特徴がある。すなわち、再審査請求後の2008年3月13日、社会保険庁長官は、原告の傷病による障害の状態は、裁定請求日である2006年12月1日において、障害年金2級の程度に該当するとして、同日を受給権発生日とする2級の障害基礎年金を支給する旨の処分を行った。その後、2008年4月15日、社会保険庁から遡及支給分97万2059円が原告に支給された。

　年金の不支給を争う再審査請求の審査機関は社会保険審査会である。まず障害年金の請求割合をみてみよう[14]。2011〜2013年度の3カ年の合計で、国民年金の障害関係は、受付総数2627件中2272件数（86.4%）を占める。本件が含まれる国民年金では、実に9割近くの再審査請求が障害関係で占められていることになる。障害年金関係の紛争の多さがうかがわれる。

　次に、年金の再審査請求認容率を見ておく[15]。国民年金の場合、2009年から2013年の5年間の合計で、裁決総数8452件に対して、認容は588件（7.0%）にとどまる。本件障害年金の再審査請求が認容された2007年度でも、裁決数1112件に対して認容は80件（7.2%）である。前述の障害の種類別の請求数から考慮すると、認容されたものの相当数が障害年金であると推認される。

　このように、原処分や審査請求で不支給決定を覆して認容される割合は、10%未満という低率であり、「針の穴を通す」程度の可能性しかない。本件障害年金

は、社会保険庁長官が一貫して不支給としていたところ、社会保険審査会の判断によって覆されたという経過があったのであるから、社会保険庁長官が支給決定をした2008年3月13日をもって、客観的に確実な資産性が認められたというべきである。そうすると、現実に原告に遡及分も含めて、97万2059円が振り込まれた2008年4月15日に生活保護上の収入として認定され、同年3月13日から4月14日まで支給された保護費を上限として63条による返還対象となるとしても、その余の年金は収入とみなされ、その結果、保護が停止されるべきであったと考えられる。

(2) 自立控除に関して、利用者からの申出がなくても、必要性が高いものについて、実施機関は積極的に調査すべきであるとして実施機関の返還決定を取り消した例(福岡地裁平成26年2月28日判決[確定]北九州市八幡東区63条返還事件『賃金と社会保障』1615・1616合併号)[16]

A 事案の概要

保有が認められていた県民共済の入院給付金78万円に関する63条返還金について、福祉事務所長が、診断書料などの実費控除はしたものの、自立控除の聞取りや調査をすることなく、ほぼ全額を返還請求した。原告(65歳)は、エアコンの購入費(心筋梗塞、脳梗塞の既往症があり、主治医から脱水症状にならないように注意されていた。ただしエアコンは提訴時に追加)、冷蔵庫、電子レンジなどの買換え費用(老朽化が著しかった)、電動アシスト自転車(原告宅周辺には坂があり、スーパーや病院などに移動するためには通常の自転車では心臓に負担がかかった)、母の納骨費用など(納骨費用がなく納骨できていなかった)を自立控除すべきとして提訴。

B 判旨(請求認容)
(A) 63条の趣旨

「本来支弁されるべきではなかった保護金品の返還について定めるものであるから、不当利得法理や公金の適正執行という観点からは、全額返還とされるはずのところ、保護金品の一部が被保護者の自立及び更生に資する形で使用された場合には、その返還を免除することが、被保護者の自立及び更生を助長するという生活保護制度の目的にかなうという趣旨」である。

(B) 返還額の決定における実施機関の裁量

「実施機関の裁量は、まったくの自由裁量ではなく、(中略)裁量権の行使が逸脱濫用に当たるか否かの司法判断においては、その判断が裁量権の行使としてされたことを前提とした上で、その判断要素の選択や判断過程に合理性を欠くところがないかと検討し、その判断が重要な事実を欠くか、又は社会通念に照らして著しく妥当性を欠くと認められる場合に限って、裁量権の逸脱又は濫用として違法となる(最高裁平成18年2月7日判決、呉市公立学校施設使用不許可事件)」、「(本件においては)自立更生費の有無は判断要素とされなかったと認められる。(中略)自立更生費の有無という観点を考慮することなく決定額を定めたことは、判断要素の選択に合理性が欠けていたもの」である。

(C) 本件へのあてはめ

「判断要素の選択に合理性を欠いたことにより、本件各決定が社会通念に照らし著しく妥当性を欠くに至ったと認められるかについて検討する」。「エアコンがない場合、夏においては熱中症や脱水症状を引き起こす可能性がある上、原告は高齢であり、(中略)心機能障害を有しており、糖尿病の持病も有しているところ、仮に脱水症状を引き起こせば、原告には、心筋梗塞が再発するリスクや糖尿病が悪化するリスクがある」。「そうすると、エアコンを購入する費用は、原告の自立更生のためにやむを得ないものであるとして、処分行政庁において自立更生費に該当すると認められる余地が十分あった」とし、本件決定において、自立更生費を判断要素としなかったことは、判断要素の合理性を欠き、本件決定は社会通念上著しく妥当性を欠いた。本件各決定は「処分行政庁が原告に対し、自立更生費について正確に説明する義務や事情を聴取する義務があったか否かにかかわらず、裁量権の逸脱又は濫用があったものとして違法」とした。

C 考察

判決が、結果として福祉事務所長が自立控除を検討せず全額返還を求めていたことを違法と認めた点は評価できる。ただ、エアコンを重視したことはよしとしても(近時の夏の猛暑への対応として、エアコンは、収入があれば社会福祉協議会からの貸付により購入でき、返済金は年金などの収入から控除できるように運用改善されていた[17]。ただし、2014年7月より返済金の控除が認められなくなった[18])、福祉事務所の自立控除についての説明・聴取義務について、正面から判断しなかったことは残念である。前述の尼崎市の事件では、大阪高裁判決は調査義務を認めている。また自立控除などに関する知識は利用者にはほとんど知らされていない。いかに豊かな自立した生活像を描けるかはケースワーカーの義務ともいえる。この

ような説明・聴取をまったくしなかったことは、それだけで手続き違反となると考えられる。

ただ、本件エアコンは返還決定時には主張されず、提訴時からの主張であった。しかし裁判所は、保護利用者が自ら言い出すことがなくても、本件原告の状況から自立控除の対象になりうることを認めており、実質的にはケースワーカーの積極的な調査を求めていると解される[19]。

（3）実施機関の過誤払金について、保護の実施機関が、自立更生費の有無にかかわらず、一定額を過誤払金から控除して決定することも可能として、実施機関の返還決定を取り消した例（福岡地裁平成26年3月11日判決[確定]・大野城市63条返還金、住宅扶助特別基準設定・敷金支給要件等事件『賃金と社会保障』1615・1616合併号）[20]

A 事案の概要

福岡県大野城市福祉事務所長が、膝の状態が悪く身体障害4級の生活保護受給者の単身女性（79歳）が厚生年金を収入申告していたにもかかわらず、気づかず、63条に基づき、払いすぎた保護費約30万円の全額を返還するよう求めた。また、原告は身体状況から団地の4階から低層階への転居を希望し、同じ団地の2階に転居できた。そこで原告は、2階家賃実額4万3600円、敷金13万800円、および引越し費用6万4000円の支給を求めたところ、最終的に、大野城市は、特別基準額4万1100円（2〜6人基準）と引越し費用は認めたが、敷金は転居先家賃が特別基準額を超えているとして、支給しなかった。原告は、63条返還処分の取消し、住宅扶助について厚生労働大臣に情報提供して特別基準を設定すべきこと、敷金不支給処分の取消しを求めて提訴。

B 判決要旨（請求認容）
（A）63条全額返還決定について（過誤払いの場合の返還）

一般論として、（2）の福岡地判の判断枠組み（裁量論と判断過程論）を述べたうえで、「（前略）原告の生活実態や収入、本件過誤払の額等に加えて、（中略）原告は過誤払が生じていたことを知らなかったことを併せ考慮すると、生活保護費を生活費としてすべて費消した旨の原告の供述は信用することができ、原告が本件過誤払金を浪費したとの事実は認められない。そして、こうした状況において、29万4808円の本件過誤払金につき全額返還を命じることは、原告の自立を著しく阻害する可能性があった」、「にもかかわらず、（中略）処分行政庁は、本件返還決定に際し、原告の生活実態、本件過誤払金の使途等について調査を行なわず、また、自立更生の有無については、『何の資料等の提出が無かったため分か

らない』として、自立更生費の有無について検討しないで本件返還決定をしたもの」、「以上のような事情によれば、自立更生費の有無や全額決定が原告の自立を阻害するかを考慮していない点で、判断要素の選択に合理性を欠き、その判断は、社会通念に照らし著しく妥当性を欠くものと認められる。したがって、本件返還金決定は、その余の点について検討するまでもなく、裁量権の逸脱ないし濫用があったものとして違法」とした。

被告が、本件過誤払金は自立更生費にあてられていないから、自立控除はできない旨主張した点については、「全額返還を命じることにより自立を著しく阻害するような場合には、保護の実施機関が、自立更生費の有無にかかわらず、一定額を過誤払金から控除して決定することも可能と解される（なお保護手帳は、自立更生費については、①浪費した額、②贈与などその世帯以外のためにあてられた額、③保有が容認されない物品などの購入にあてられた額は該当しないと規定しているにすぎないことからすると、一定の生活費についても自立更生費に該当すると解釈することも可能と解される）」

（B）特別基準を超える家賃の住居に転居する場合の敷金支給の可否

本件規定（実施要領第7の4（1）カ）は、特別基準「以内の家賃又は間代を必要とする住居に転居するとき」としているが、本件規定は、その直前の実施要領第7の4（1）オで、「家賃、間代等が限度額によりがたい場合には、特別基準の範囲内であれば、処分行政庁において、必要な額を認定して差しつかえないこととする旨を定めたにすぎないものであって、特別基準額を超える家賃又は間代を必要とする場合を想定してはいないものの、そのような場合に一切敷金等として必要な額の認定をしてはならないという趣旨のものであるとまでは解されない」、「原告が低層階に転居すること自体は、最低限度の生活を維持するために必要な措置であったと認められること、（中略）等を総合勘案すれば、処分行政庁としては、敷金13万800円全額は認められないとしても、特別基準に3を乗じた額である12万3300円の範囲内で支給することの可否、その額等について、厚生労働大臣に情報提供するなどして検討すべきであったと解されるにもかかわらず、本件規定の文言により、敷金相当額を一切支給しないとしたものであって、裁量権の逸脱ないし濫用があった」とする。

（C）考　察

本判決は実施機関の過誤払いに関する初めての判決である。判決が自立を著しく阻害する場合には、返還金を費消して残額がなくても、自立更生費の有無にか

かわらず返還額自体を減額できること、あるいは、自立更生費（「別冊問答集」問13-5のエ）に含めて返還金からの控除が可能であることを示した点に意義がある。前述のように、実施機関の過誤払いの場合、大半の保護利用者は過誤払金を費消している。そのような場合、過誤払いの返還は、原告が自らの最低生活費を削って捻出せざるをえないものであるから、自立を著しく阻害することは明らかであろう。実施機関としては返還金が残っていないから自立控除は考慮できないとする扱いが多いが（本件もそうであった）、自らの過誤払いを棚にあげて、それが正当な保護費であるとして消費した利用者の行為を逆手にとるような主張は信義則に反する。本判決は、実施機関の過失ある場合の63条返還についても、全額返還を当然とする実務運用に警鐘をならすものである。

さらに、住宅扶助について、特別基準額を超える転居先家賃の場合にも、敷金支給の余地を認めたことは、現行行政運用に風穴を開けるものである[21]。また特別基準に関して、厚生労働大臣への情報提供義務を認めたのは初めてのことであり、画期的といえる。

2 裁決例

（1） 63条返還について、逮捕勾留中の住宅家賃総額の控除を検討しなかったことが裁量権の逸脱濫用にあたるとして原処分が取り消された例（平成22年11月10日静岡県知事裁決）

A 事案の概要

保護利用中の請求人が逮捕勾留中に支給された保護費について、請求人が釈放された後に、処分庁は63条に基づき全額を返還請求した。請求人は家賃、水光熱費について自立控除を認めるべきとして、原処分の取消しを求めて審査請求した。請求人の主張はおおむね以下のとおりである。

①本来、逮捕勾留中の住宅費、水光熱費は拘留されても支払う必要がある費用であって、一律支給停止する運用は妥当ではなく、入院しても6カ月は住宅扶助が支給されることからも、それと同様に支給されるべきである。②請求人は支給された保護費から滞納家賃や水光熱費を支払っており、そもそも資力はなく、本件返還請求は資力があると誤認してなされたものであり違法である。③理由付記（「逮捕勾留による」）も違法である。④請求人は、支払済ガス代、電気料金を除く生活扶助については返還するが、支払済家賃、支払済ガス代、電気料金の返還には応じられないと主張した。

B 裁決要旨（請求認容）

以下の理由（②③）により請求を認容した。

上記Aの①については、「被保護者が勾留等をされた場合には、法第26条第1項の『被保護者が保護を必要としなくなったとき』に含まれ、最低生活費を構成する生活扶助の一部である光熱費や住宅扶助についても計上する必要はない」とする。

しかし②については、「（全額返還を求めているが）処分庁において、請求人が支払った3月分及び4月分の家賃相当額を本来の要返還額から控除するか否かなど、本来の要返還額の全額を返還額とすることが請求人の自立を著しく阻害するか否かについて検討が行われたことを示す証拠はありません。（中略）裁量権の逸脱ないし濫用があると認められるため、違法な処分である」とした。

同じく③については、理由付記の程度については、単に根拠規定を示すだけでは不十分であり、「本件返還処分に係る平成22年6月28日付けの『費用返還決定通知書』には『生活保護法第63条による費用返還』の記載があるのみであり、手続き上の瑕疵があるからこの点でも違法である。さらに、本件停止処分についても、法80条による免除の検討をすべきであるのにしていないので、不当である」とする。

C 考察

本件で争点となったのは、被保護者が被疑者として警察署に留置・拘束された場合に、最低生活費を一律に算定しない扱い（「別冊問答集」問7-15）の可否である。この運用は、保護利用者が逮捕されたような場合にいつも問題となる。本件は3カ月余りで釈放されている。このような場合であっても、家賃を支払わなければ住居はなくなり、釈放後は一から再出発しなければならない。また家財道具なども処分されてしまう可能性が高くなる。裁決はこの運用自体を正面からは否定しなかったが、63条の返還に際して自立控除の考慮事項として認め、これをまったく検討せずに全額返還を求めた原処分を裁量権の逸脱濫用にあたるとして取り消した。請求人主張のように、入院などと同様、一定の期間の家賃や水光熱費については、釈放後追給できるようにするなど運用を変更すべきであろう（長期に及ぶ場合は支給しない扱いとなる）。

（2）過誤払いおよび自立控除未聴取について、処分庁の裁量権逸脱を認め原処分を取り消した例（平成23年3月15日愛媛県知事裁決）。

A 事案の概要

請求人は、ケースワーカーから収入申告書は名前だけ書いたらよいと言われ、

そのとおりに申告してきたにもかかわらず、後に特別児童扶養手当[22]の認定漏れがわかり、78条による費用返還を求められた。請求人はそれまでの経過を指摘したところ、処分庁は63条による返還に変更したものの、自立控除の聞取りはまったくなく全額返還を求めてきた。請求人は、自立控除聞取り義務違反と返還額から障害者加算分を減額すべきことなどを主張し、処分の取消しを求めて審査請求した。

B　裁決要旨（請求認容）
「（法63条）返還決定に当たっては、（中略）要返還額に被保護者世帯の自立更生のためにやむを得ない用途に充てられた額が含まれていないかどうか、当該額が地域住民との均衡を考慮し、社会通念上容認される限度であるかどうか、被保護者が受けた保護金品の全額を返還額とすることが当該世帯の自立を著しく阻害するかどうかを検討すべきであるにもかかわらず、処分庁は、審査請求人への詳細な事情聴取は返還額決定後に行うことが適当であると主張しているとおり、本件処分は、これらの検討が行われないまま、なされたものであると認められる。
　したがって、処分庁は返還額の決定に当たり、その決定に合理性があるかどうか、裁量権の逸脱ないし濫用がないかどうかの前提となる事情、すなわち、審査請求人が受けた保護金品に相当する金額の全額を返還すべきものとするとかえって審査請求人の自立の助長の妨げになるかどうかなど、法の趣旨目的に反していないかどうかについて検討していないのであるから、本件処分は、違法の評価を免れない」として請求認容。
　その後、処分庁は返還額を0円とする決定を出した（平成23年9月20日松山市福祉事務所長決定）。処分庁の口頭説明では、自立控除したものとしては、①本来計上すべきであった障害者加算額、②ケースワーカーが7年にもわたり、生活に関する指導指示をしておらず、そのため請求人が、生活保護受給前から借りていたアパートに住み続け、家賃額が住宅扶助を上回った分を、ほかの生活費を削ってまかなっていたことから、住宅扶助と実際の家賃の差額分などであった。以上の結果、平成23年9月1日現在、時効分を差し引いた額169万円より控除額が上回り、返還額は0円となった

C　考　察
　本件は、本節1（3）の大野城市事件と同様、実施機関の過誤払いかつ自立控除未聴取事案である。本裁決は、大野城市事件判決より先行するものであるが、過誤払金の返還が著しく自立を阻害する可能性があることを認めるとともに、自

立控除考慮義務を果たしていないことから、原処分を違法として取り消しており、妥当な裁決である。

また、本件では、請求人は、実施機関が特別児童扶養手当相当額の返還を求める以上は、当初から障害者加算が計上されるべきであったという認識のもとで、障害者加算相当額を減額すべきであることを主張した。裁決はこの点は答えなかったが、その後の処分庁の返還額の決定において生かされている。

なお、処分庁が当初、78条による費用徴収を求めていた点は理解しがたい。請求人に「不正の意図」があったとは到底考えられない。当初の認定はきわめて粗雑な判断によるものであった。

(3) 処分庁のミスによる重度障害者加算[23]漏れについて、処分庁に25条2項の職権調査義務違反があるとして、加算漏れ発見月とその前月までしか遡及支給しなかった保護変更処分(本件処分1)を取り消し[24]、特別障害者手当[25]の認定漏れを理由とする63条による返還請求処分(本件処分2)を、その処分前の瑕疵ある行政指導(請求人に対して「法63条返還金にかけない」と行政指導を行っていた)があったことから、「信義則に反する違法な処分」として取り消した例(平成23年6月20日大分県知事裁決)

A 事案の概要

請求人世帯は、1986(昭和61)年8月1日から生活保護を利用していた。妻は2002(平成14)年9月20日に身体障害者手帳(1級)を取得した。2007年7月から特別障害者手当(以下「特障手当」)を受給開始したが、処分庁は2009年8月まで収入認定をしなかった(未認定額は合計58万1680円)。

ケース記録には、2007年6月の記録に「特障手当の申請(1級)」の記載が、2009年8月の記録には「特障手当の受給判明H19.7より受給」の記載が、2009年9月の訪問記録に、認定漏れは収入認定処理を行うこととし、「法第63条返還金にかけないようにする旨伝える」と記載され、さらに、法63条返還調書には、「上司の指示により法第63条返還金起案せず」と記載されている。そして2010年5月提出の収入申告書には、特障手当を受給している主旨の記載があった。

ところが、2010年12月14日の会計検査院の検査において、処分庁は、未認定特障手当について63条により返還を求めるべきであったこと、また重障加算も認定すべきであったことを認識した。

これにより、処分庁は未認定相当額を63条による返還(本件処分2)と、2010年11月に遡及して重障加算を認定することを決定し(本件処分1)、それぞれ、2011年1月7日付、同年1月24日付けで請求人に通知した。

B 裁決要旨（請求認容）
(A) 本件処分1について

請求人が2007年7月に重障加算の支給要件に該当していたことについては争いはない。処分庁は、「別冊問答集」問13-2を根拠に、最低生活費の遡及変更は2カ月限度（発見月およびその前月分まで）と主張するが、「処分庁が『保護の変更を必要とすると』認め法第25条第2項に従い保護の変更決定を行うべき機会は少なくとも3回（上記の平成19年6月、平成21年9月、平成22年5月の記録参照）はあったと認められる。したがって、処分庁がいずれの場合にも認定に必要な手続をせずに放置し、重障加算の認定を行わなかったことは、法第25条第2項の規定に違反する違法な行為であった」、「本件処分1は、生活保護問答集問13-2を機械的に適用し、処分庁による前記の違法な行為により生じた、受けられるべき加算を長期間受給できないという不利益を請求人のみに負わせるものであり不適切である」とした。

(B) 本件処分2について

「処分庁は、特障手当の受給を認識した平成21年8月20日に、すみやかに法63条を適用し、未認定額に相当する保護費の返還を求めるべきであった」。しかし、誤った法の解釈に基づき保護費の返還を求めないという決定を行い、平成23年1月7日にやっと誤った行政指導は取り消された」

「瑕疵ある行政指導が取り消しうるものであるか否かは、当該行政指導を取り消すべき公益上の必要性と指導の相手方の信頼保護の必要性を比較衡量し、取り消すべき公益上の必要性が関係者の信頼をくつがえしてもやむを得ないほどのものである場合にはじめて取消しが認められる」。「その比較衡量に当たっては、取消しが行われる時期、取消しにより失われる利益等の具体的事情から判断される取消しにより生じる相手方の不利益、取消しによる不利益の緩和措置や代償措置の有無、当該指導の違法や程度の内容、当該指導の違法状態が存続することにより第三者に与える影響を具体的に考慮すべきであり、また、違法状態が発生することについて相手方が関与しているか否かも考慮の要素となる」

本件では、「取消しが行政指導から1年以上経て行われたこと、本来、特障手当の認定と同時に行われるべき重障加算が認定されていないこと、未認定の特障手当全額の返還を求めることは請求人に著しい不利益を強いること、誤った指導が行われるに当たって請求人には何ら責任がないこと等から、当該処分を取り消す本件処分2は妥当性を欠き、信義則に反する違法な処分と認められる」とした。

C 考　察

　本件処分1は、直接的には63条による返還の問題ではない。しかし、63条が何らかの理由による実施機関の過払いについての返還請求であるのに対して、本件処分1のような、実施機関の過少払いについての追加支給は、表裏の関係にある。そして、63条に関する返還金は期間制限がなく、時効にかかる5年間は遡及する。他方、過払いの場合は、追加支給すべき原因を実施機関が発見した月とその前月の2カ月を限度とする行政運用が一般である。表裏の関係であるにもかかわらず、このような扱いであるため、紛争のもとになってきた。本件もその例である。

(A) 本件処分1について
① 　行政運用

　保護費の遡及変更は、通常は2カ月を限度としている（「別冊問答集」問13-2。不服申立期間が60日間であること。生活保護は生活困窮への直接的対処の制度であることなどを理由とする）。

② 　裁判例

　精神障害者保健福祉手帳2級の原告に障害者加算が漏れていた。原告は、手帳申請時に福祉事務所は検診書を自ら発行し障害の程度を把握しており、手帳取得時の1年前に遡及して加算を算定すべきであったと大阪市に要求したが、大阪市は2カ月分しか遡及しなかったため、大阪市相手に国家賠償請求訴訟を起こした事案がある（2002年12月24日大阪地裁提訴）[26]。提訴後、市は原告の主張を認め1年分の加算金21万円を遡及して支払い、各福祉事務所へ運用改善を指示した。裁判自体は取り下げられた。実務では精神障害者福祉手帳の交付前でも、診断書によって加算の算定が可能な場合には算定可能とされているから[27]、被告の職務懈怠は明らかである。2カ月を超えた遡及支給は当然であろう。

③ 　裁決例[28]

　家族介護料[29]の認定は、利用者による申請がない場合であっても要件に該当する場合は、職権で認定すべきであるとし、処分庁の「不作為等特別な事情がある場合」には、当該世帯について別に重障加算について厚生労働省の了解のもとに特障手当の認定時まで1年5カ月分を遡及支給した事実もあることから、「前月分を超えて支給することも考慮されるべき」として2カ月を超える遡及支給を認めた例（平成21年12月25日福岡県知事裁決）がある。本福岡県知事裁決は、25条2項と加算に関する「別冊問答集」問7-17をあげて、処分庁の調査義務を強調し、請求を認容している点が重要である。

④ 評　価

本件では、特障手当の認定漏れではあったが、処分庁は請求人世帯の特障手当の受給を知っており、したがってその時点において重障加算を算定すべきであったことについては、請求人と処分庁には争いはない。しかし、処分庁は、会計検査院の指摘を契機として、重障加算の算定漏れによる加算の追加支給は2カ月を限度とする一方、手当未認定分全額を63条により返還を求めた。処分庁のミスをまったく過失のない保護利用者に転嫁して、未認定額を回収するのと同様の処理であって、公平の原則に反する。少なくとも、加算の算定と手当の認定を同時期に遡って行うべきであろう。

(B) 本件処分2について

処分庁のミスによる過払いについても、63条によって返還を求めることができるとするのが、一応の有権解釈となっている[30]から、処分庁のミスによる過払いなどを理由とする63条返還を争っても、なかなか裁決では認容されてこなかった[31]。

本裁決は、処分庁のミスだけを理由としたものではないが、①誤った行政指導の存在とその取消しが1年後であること、②本来、特障手当認定と同時に行われるべき重障加算が認定されていないこと、③未認定の特障手当全額の返還を求めることは請求人に著しい不利益を強いること、④誤った指導が行われるにあたって請求人には何ら責任がないことなどから、指導を取り消す本件処分2は妥当性を欠くとして、行政法上の信義則に反する違法な処分としたと解される。②は、加算は2カ月しか遡らないのに返還だけは5年以内は遡及するという不均衡を指摘しており、③は、自立控除などの考慮も一切していないことを指すものと思われる。処分庁のミスによる過払いなどに関する安易な63条適用について、信義則を理由として制限したものとして注目される。

(4) 遡及年金受給による保護辞退廃止後の再申請において、63条による返還請求金額に誤りがあるとして原処分が取り消された例（平成23年9月16日大分県知事裁決）

A　事案の概要

請求人は、いわゆる年金記録漏れによる遡及年金約178万円の受給が決定した通知後（処分庁には年金が受給できることは申告していた。受給日は2014〔平成22〕年5月14日）、生活保護を辞退した（2010年6月1日）。請求人は、受給年金を滞納家賃などに費消し、再び生活困窮に至ったとして、約半年後に再度保護申請したところ、処分庁は、前回保護受給中に遡及受給した年金に関して、63条に基づ

き、時効分（約29万円）や非保護期間半年間の生活費相当額（保護受給中と仮定し年金額を控除した残額）などを控除した残額約126万円を返還請求した。請求人は、社会保険庁に、ミスによる支給漏れ年金について63条の返還対象にすべきではない、また処分庁は、保護辞退時には返還に関する指導は何もせずに単に収入認定によって保護廃止をしており、再申請時に63条を持ち出すことは、処分庁のミスであるとして、本件処分の取消しを求めて審査請求した。

B　裁決要旨（請求認容）

　審査庁は、遡及支給された年金のうち5年以内のものについて、63条による返還を求めること自体は正当であるとするとともに、請求人が申告した使途について、保護受給前の借金返済金、滞納家賃額、家計のやりくりで対応すべきものなどについては、控除は認められないとしながらも、いずれも保護廃止期間中の出費である、①2010年6月6日電気製品購入費14万円、②2010年10月1日オードブル購入費6000円、③保護廃止期間中の7カ月分の生活費70万円についての認定が不適切とした。すなわち、「『遡及年金』である以上、法第63条に基づく費用返還請求の対象となる『資力の発生時点』が保護受給中であることは、十分予測され、すみやかに年金の遡及期間や金額を調査し、法第63条を適用すべきであった。しかしながら、処分庁は、これを怠り、請求人が遡及受給した年金を費消したとして保護を再度申請してきた後に調査している。これがため、法第63条の適用が遅くなり、①、②を認めず、③の一部のみを控除するとした処分は、結果的に保護を受給していない期間の生活を保護基準で拘束することとなったものであり、不適切であったと言わざるを得ない。処分庁はこのようになった原因として、請求人による申告義務違反を主張しているが、上記のとおり処分庁がすみやかに事務処理をおこなっていれば防ぎ得たものであり、この主張を採ることはできない」として、「法第63条の適用自体に違法または不当な点はないが、本来の要返還額から控除する額の認定については不適当である」として原処分を取り消した。

C　考　察

　本件においても、処分庁の調査義務（25条2項）懈怠は明らかであり、請求人には過失はない。また、いったん保護廃止された後の生活は基本的には自由である。本件でもその使途は、過去の借金返済とはいえ、借金の軽減が世帯の自立に近づくのは明らかである。裁決が、保護廃止中には、保護基準で拘束されることはないというのであれば、借金返済などについても控除を認めるべきであろう。

その意味では裁決は中途半端といわざるをえない。

(5) 63条の自立控除には、視覚障害者のパソコン購入費を認めるべきだとして原処分を取り消した例（平成25年7月11日熊本県知事裁決）

A 事案の概要

　視力障害である請求人は、障害年金（1級）を遡及受給した。請求人は63条対象金額16万円余の返還にあたり、冷蔵庫の買替費用約4万円余り、また視力がだんだん低下しているためパソコンの購入費約12万円を控除するように申し出たが、処分庁は冷蔵庫の買替費用は認めたものの、パソコンの購入費用は障害者加算で対応できるなどの理由で認めず、約11万円余りを返還請求したため、原処分の取消しを求めて審査請求した。

B 裁決要旨（請求認容）

　裁決は、「パソコンの操作方法を習得し、今後、その機能、視覚障がい者用のソフト等を活用してそれを補い、社会参加の機会を確保していくことは請求人にとっての自立につながると考えられる。そして、請求人の視力障害が進行している事実を鑑みれば、早い段階でパソコンの操作方法を習得しなければより習得が困難になるであろうことは容易に理解でき、また、パソコンを習得しなければ習得の時期が限られてしまうことになる。このような請求人の状況を踏まえれば、パソコンの購入費について、取扱通知2-(1)-イの『真にやむを得ない理由により控除する費用』として認めるに足る事情があると考えられるが、処分庁は、これらの点について十分に調査の上考慮して判断しているとは認めがたい。したがって、処分庁の判断は、妥当性を欠く」として原処分を取り消した。

C 考察

　視覚障害者の社会参加のためのパソコンの重要性を認め、自立助長に資することを認めた点で、本裁決の意義がある。さらに、本件請求人は、パソコン習得のために通っている点字図書館職員から、「まったく見えなくなる前に、キーの位置や、操作の感覚を覚えていた方がいいですね」と言われており、実際2～3カ月前に比べ、見え方が悪くなっているという（審査請求書）。パソコン技術の習得は緊急性を有していた。

　なお、本裁決が、63条の厳格運用を内容とする24年通知発出後の原処分に対して、それを取り消した点にも意義がある。

第4節　78条についての争訟例

　78条の今般の改正や、改正に伴う26年通知などが、不正受給に対する厳罰主義による過剰な対応であることは先に述べた。しかし、厳罰化の一方で、手続規定は何ら整備されていないこともあって、1の裁判例のケースのように、現場ではずさんな78条徴収決定が数多く行われているのではないかと危惧される。他方で、本節で紹介する各争訟は、「不正の意図」を実態に即して厳密に認定する判決や裁決が相次いでおり、今般の法改正や関連通知の問題点が明らかになっている。本節の、1の（1）の判決、2の（2）〜（4）の3裁決は、厳罰化を進める2013（平成25）年の法改正や24年通知に対して、見直しを迫るものである。
　なお、78条に基づく費用徴収決定処分は損害追徴であるから、法定受託事務・保護の決定と実施に関する事務以外の事務となり、生活保護法の審査請求規定は適用されない。よって、市町村長が費用徴収決定処分を行った場合は、地方自治法255条の2第2号により都道府県知事が審査庁となるが、市町村長から委任を受けた福祉事務所長が行った場合には、行政不服審査法5条2項に基づき市町村長が審査庁となり、都道府県知事が再審査庁となる[32]。

1　裁判例

（1）　申告すれば控除対象となる修学旅行費、大学進学費用のためのアルバイト収入の未申告について78条による費用徴収処分を取り消した例（横浜地裁平成27年3月11日判決［確定］『賃金と社会保障』1637号）[33]

A　事案の概要
　生活保護利用者である原告が、同じ世帯に属する高校生の娘のアルバイト収入（修学旅行費、大学進学費用の捻出を目的）を申告せず保護費を受給し続けたことが、不正受給として78条による費用徴収決定（13カ月分、合計手取額32万5986円）を受けたため、娘のアルバイトのことはケースワーカーに口頭で報告しており、そうでないとしても不正受給の故意がなかったなどの事情からすれば、78条の不正受給にはならないから、同決定は違法であるとして、その取消しを求めた。

B　判決要旨（請求認容）
（A）修学旅行費に相当する9万8000円について
　「仮に原告が娘のアルバイト収入をすべて正直に申告していたとすれば、そのうちの少なくとも9万8000円については、処分行政庁が要領と要領取扱い（課長

通知第8の58「就学中のアルバイト等の収入」、筆者注）に従った処理をしているかぎり、保護費を減額する事情として扱われず、これに相当する保護を受けられた」。したがって、「少なくともこの9万8000円については、これを申告せずに保護を受けたことをもってただちに『不実の申請その他不正な手段により』保護を受けたと断ずるのは、原告にとって酷というべき」。本件処分にあたって、アルバイト収入の使途について質問もせず、その使途が考慮されないまま処分がなされたことは「慎重さを欠いていた」とした。

(B) 78条の類型である「届出又は申告について口頭又は文書による指示をしたにもかかわらずそれに応じなかったとき」に該当するか（被告はこの類型に該当すると主張）

「各世帯員の収入すべてについて届出義務があることも、少なくとも概括的に説明したと認められる」、「（ケースワーカーは）高校生のアルバイト収入を特に取り上げてこれについても届出義務があることを説明していない」、「（収入申告書についてもケースワーカーから）指示されたとおりに記入して提出したのであるから原告は指示に従っている」。

子どものアルバイト収入の届出義務を明記している「しおり」を交付し、同内容の「お知らせ」を送付したことが「文書による指示」に該当するかについて、「指示内容が明確であるとは言い難い」し、「受け手の理解」という点でも、原告に対して丁寧に説明せず、理解していることの確認もしていない。また、原告は理解しようとする意欲に乏しく、妻はうつ病などによる障害3級であったことから、原告らが届出義務を十分理解していなかった。よって「文書による指示をした」ということはできないとした。

(C) 全体評価

①アルバイト収入の使途について、修学旅行費相当額以外の部分についても、「すべて娘が自分で管理し、最終的に大学入学試験の受験料等として使ったというのであり、かつ、実際に大学に進学しているのであるから、高校生である娘自身の学業のために有効に活用されている」、したがって「収入として認定するのは適切でないという考え方もありうる」し、修学旅行費相当額に限らずアルバイト収入全体について不正受給と断ずるのは原告にとって酷な面があると認めた。

②ケースワーカーの働きかけとしては、「高校生のアルバイト収入についても届出義務があることを少なくとも口頭で念を押して説明しておくというのがケースワーカーとしてあるべき対応であった」とした。

③原告の主観面についても、「娘のアルバイトは娘自身の修学旅行や大学受験のためのものであったから、原告は原告世帯が受ける生活保護に影響を及ぼす事情であると意識せず、届出義務があることに思い至らなかったということは考えられる」とする。

(D) 結 論

届出義務があること原告が認識していたという事実は立証されていない。原告は、娘のアルバイト収入を申告したとは認められないが、78条にいう「不実の申請その他不正な手段により」保護を受けたとはいえず、本件処分は違法であるから取消しをまぬがれない。

C 考 察

高校生のアルバイト収入と78条の適用に関する初の判断である。また、アルバイトの使途が高校の修学旅行費と大学進学費用の準備のためのものであったことを認め、78条による費用徴収決定を取り消した画期的な判決といえる。

判決の内容としては、第1に、修学旅行費目的のアルバイト収入は申告していれば収入から控除されるものであるから、申告しなかったからといって不正受給と認定するのは酷であること、また通知上明確でなくても、大学進学費用も実際に有効活用されており、これも未申告だからといって、直ちに不正受給とするのは酷であることを認めた。使途が実施要領上も認められ、また進学などに有効活用されるのであれば、形式上未申告であったとしても、78条にいう「不実の申請その他不正な手段により」保護を受けたことにはならないと評価したことは大きな意味がある。

実際、家計を心配して修学旅行費などのために高校生が自ら働くこと自体は、称賛に値することであっても、不正なことではない。また、親としても、子どもが修学旅行などに必要な費用のために働いて得た収入まで申告しなければならないとは考えないだろう。このような子どもの行動を正当に評価するとともに、親の認識なども実態をふまえて適切に認定した判決といえる。

第2に、78条に関しては、実施機関は、保護利用者の権利義務を説明した「しおり」の交付をもって説明義務を果たしたとよく主張するが、この点でも、高校生のアルバイト収入に関しては不十分であり、個別の説明を必要と判断した。実施機関に丁寧な説明義務を求めたといえる。

第3に、本判決によって78条についての行政運用の改善が迫られることになる。前述のように、78条の運用は厳しさを増している。本件は、平成24年通知

発出前の事案であるが、本判決は、平成24年通知が高校生のアルバイト収入未申告を原則として78条と判断すべきとしていることに、異議を唱え反省を迫るものといってよい。前述のように、このような高校生に対しては、実施機関としてもしっかり支援すべきであって、未成年者控除などを漏れなく説明すべきである。また、仮に何らかの行き違いで未申告であったとしても、申告していれば収入から除外される収入については、不正受給としない運用に改めるべきである。こうした改善は、子どもの貧困対策が国をあげての課題とされている今日において、子どもの自立を促進する一助ともなると考える。

なお、本判決によって、本件が78条に該当しないことになった後は、63条の扱いとなる。まず修学旅行費が収入から除外され（課長通知8の58）、次に残りの大学進学費用は63条の自立控除の対象となると考えられる。大学進学費用目的の貯蓄容認する扱い（課長通知第3の18-2「専修学校、各種学校又は大学に就学するための必要な経費に充てられる預貯金等」）は2014年度からなので、本件では直接適用されないが、その趣旨から自立控除されるべきである。

（2）　78条に基づく費用徴収処分の取消しを求めて提訴したところ、処分庁が自ら原処分を取り消した例[34]

A　事案の概要

本件原告は、当初3人世帯（母、その子である兄弟2人の計3人世帯。弟は中度の知的障害〔ごく簡単な読み書きができる程度〕に加えアルコール依存症や結核もあった）として、千葉市で生活保護を利用していたところ、転居の必要が生じたため、移送費9万2000円が支給された。ところが、弟が移送費であることを知らずに9万2000円をすべて費消してしまった。しかし、原告らは、生活費を転居費用にあて、知人らの協力を得て、当初の目的どおり転居は完了した。その後弟は死亡した。

千葉市長は、弟による移送費9万2000円の費消を移送費の目的外使用として、78条に基づき費用徴収を決定した。

原告らは、転居自体は完了しており事実であって不実ではなく、「不実の申請その他不正の手段により」保護を受けるという78条の要件を充足しない。また、仮に目的外使用があったとしても、弟の知的能力からみて、「不正の意図」（故意）があったとはとうていいえないとして、2014（平成26）年5月26日に千葉市長を被告として、本件費用徴収処分の取消しを求めて提訴した。

その後千葉市長は、「本件では、不正受給の意図が見受けられず、また実際に転居を実行していることから、同条に定める要件を欠くため、本件処分を取消す

こととといたします」との理由で、本件処分を自ら取り消した。

B　考　察
　結果として転居が予定どおり完了していることや、弟に78条のメルクマールとされる「不正の意図」（故意）はとうてい認められないことなどを勘案すると、処分庁の78条認定はきわめてずさんである。このような78条徴収決定が多数なされているのではないかという弁護団の危惧は当然であろう。弁護団が厚生労働省に要望したように、一方で今般の改正によって不正受給に対して厳罰化をしておきながら、他方で手続規定は改正されず、慎重を期したものになっていない。実体的に適法な判断がなされることは当然として、対象者に弁明の機会などを与えるなど、適正手続きを保障するべきである。

2　裁決例
（1）　生命保険を秘匿したとして78条に問われたが、請求人は生命保険料が引き落されている通帳を処分庁に提出しており、処分庁が容易に生命保険の存在を推測しえたはずであり、このような状況では78条の故意を認定することはできないとして原処分を取り消した例（平成23年2月22日東京都知事裁決）

A　事案の概要
　保護申請時に請求人は生命保険を一つしか申告しなかったところ、処分庁の調査によって、ほかに3つの生命保険の存在が判明したため（4つの保険の解約返戻金合計額は、776万4306円）、78条によって不正受給とされ、388万2702円の費用徴収が命じられた。

B　裁決要旨
　「(2)（中略）法78条を適用するには、被保護者において、真実を隠蔽し、不正に受給しようとする故意が認められなければならないところ、上記の通り、定期的に二つの保険料の引き落としが記載されている本件通帳写しを提出すれば、処分庁が、本件保険1以外にも保険契約が存在することを疑い、調査を行うことは容易に推測し得るところであるから、請求人に、本件保険2を隠蔽する意図があったと認定するのは、困難であるといわざるを得ない。
　(3)　また、処分庁は、請求外○○さんを契約者とする本件保険3及び本件保険4について、請求人が、これらの存在について認識していなかったとしても、世帯単位を原則とする生活保護制度では、配偶者の資産についても申告の義務があ

るから、世帯として『不実の申請』にあたる旨主張する。しかし、前記 (2) で述べたとおり、法78条を適用するには、被保護者において、真実を隠蔽する故意が認められなければならないから、請求人が、本件保険3及び本件保険4を認識していなかったとすれば、法78条のいう『不実に申請』にはあたらないといわざるを得ない。そして、請求人がこれらの保険の存在を知りながら、故意に虚偽の申告をし、あるいは、請求外○○さんに虚偽の申告を行わせたものとまで認定するに足る的確な証拠は出されていない」として請求を認容した。

C 考察

先に説明した78条を適用すべき標準例をみると、保護利用者に意図的な作為もしくは「届出又は申告に当たり特段の作為を加えない場合でも、実施機関またはその職員が届出又は申告の内容等の不審について説明等を求めたにもかかわらずこれに応じず、又は虚偽の説明を行ったようなとき」でなければならない（本章第2節1 (2) (c)）。本件では、提出書類にはその生命保険の保険料引落しが記帳されており、保護利用者には積極的な不正の意図は認められない。むしろ、実施機関の注意義務懈怠が問われてもよいケースであろう。

(2) 遺族年金の未申告を78条に問われたが、収入申告書は、担当職員の指示に従い、請求人が住所・氏名欄を記入しただけで長期にわたり提出されており、預金通帳も8年間記帳されていなかったことなどを考慮して、78条の故意の存在を認めることができないとして、78条決定の取消しを求めた請求が認容された例（平成25年1月15日福岡県飯塚市長裁決）

A 事案の概要と裁決要旨

請求人は、保護開始前から遺族年金を受給していたが、それを失念しており、また同一世帯で保護を受給していた長男もその認識がなく、遺族年金を収入認定せずに保護開始された。後に遺族年金の受給が判明し、処分庁は、5年分約456万円を78条に基づき全額徴収する決定を行った。長男は、遺族年金を隠す意図はなく故意がないこと、処分庁も収入申告にあたり、もっぱら稼働収入の有無しか聞き取っておらず、収入申告書も長男の署名・捺印だけしか書かずに提出されていた。審査庁は、提出された預金通帳は8年間記帳がなく、処分庁とのやり取りなどをみると、遺族年金の受給を失念していた可能性は否定できず、定期的に送付されていた遺族年金の通知書をどのように認識していたか疑念はあるが、78条に必要な故意を認めることができないとして、原処分を取り消した。

B 考察

　収入申告書が、住所・氏名を除き、申告内容が処分庁職員によって記入されていたこと、年金の振込口座がある預金などの出入れについて、請求人本人も長期にわたり自覚していなかったこと（預金口座については、処分庁は29条に基づき同意書があれば容易に調査できる）が重視され、故意＝不正の意図が認められなかった。

（3）高校生のアルバイト収入に関する78条適用に関し、処分庁に「不正の意図」の立証責任があるところ、請求人とその子どもである高校生の「不正の意図」は立証されておらず、また処分庁の事務処理についても過失があるとして、原処分を取り消した例（平成26年4月23日宮城県知事裁決『賃金と社会保障』1624号[35]）

A 事案の概要

　宮城県X市の保護世帯の長女と二女が、高校生の頃にアルバイトした収入を申告していなかったところ、2013年に行った2011年から2013年までの課税調査で見つかり、約91万円について不正受給として、78条に基づく費用徴収決定処分を受けた。請求人は、高校生のアルバイト収入を申告しなければならないという認識はなく、78条に必要な故意はなかったこと、また2012年に課税調査を行わなかったのは処分庁の過失である。もし同年に課税調査を行っていたならば、長女らの就労の事実はわかったはずであるから、それ以降は78条ではなく63条の返還となったものであるとして、X市長に対して原処分の取消しを求め審査請求を行ったが棄却されたため、宮城県知事に対して再審査請求を行ったもの。

B 裁決要旨

　再審査庁は、詳細に事実を検討し、24年通知も含めて78条の判断枠組みに従って、本件のあてはめを行い、78条を適用するには、処分庁が「請求人世帯が不当又は不正に保護費を受給しようとする意思があったことを立証しなければならない」が、請求人に「保護のしおり」を説明しただけでは、請求人本人が収入申告義務を認識したとしても、長女と二女のアルバイト収入の申告義務まで請求人が理解した事実は確認できない。また処分庁は長女、二女に収入申告義務を理解したという書面を提出させていない。よって、24年通知が求めている、不当、不正に受給しようという意思の立証があったとは認められず、78条の適用は妥当ではないとした。

　また、処分庁は、2011～2012年度は2回しか家庭訪問をしておらず、不十分な対応であったといわざるをえない[36]。課税調査も、2011年度の課税調査は2012

年6月以降速やかに実施しなければならないところ[37]、2011〜2013年の課税調査をまとめて2013年に行っており、2012年6月に課税調査を行っていれば、同年6月以降のアルバイト収入は78条の適用は免れたといえる。

したがって、「被保護者の不正受給に関する意思について立証が出来ていないこと及び事務処理について過失があることが認められることから」、「本来の返還額から控除できる費用を検討等した上で、法第63条を適用すべき」として原処分を取り消した。

C 考 察

処分庁に、不正の意図について立証責任があることをあらためて認め、処分庁の事務処理上の過失も考慮して、不正の意図が立証されていないとした。本裁決の意義は、処分庁が、必要とされる家庭訪問や課税調査も行わず、後に収入未申告を発見した場合に、自らの過失を棚上げして、保護利用者を不正受給者扱いすることは許されないことを指摘した点にある。ただ、24年通知が強調している、高校生のアルバイト収入の扱いやその申告がなければ不正受給とする運用に問題があることは、前述のとおりである。

(4) 高校生の未申告アルバイト収入について、請求人と妻と子である高校生のいずれにも申告が必要な収入であったことの故意が明らかでなく、78条の「不正の意図」が立証できないとして原処分を取り消した例（平成26年8月20日宮城県Y市長決定『賃金と社会保障』1624号[38]）

A 事案の概要

請求人世帯は、宮城県Y市在住の6人世帯（本人、妻、4人の子）である。高校生だった長女のアルバイト収入約91万円（2年分）を申告していなかったが、処分庁が課税調査によりその事実を発見し、不正受給としてその全額を徴収する旨決定した。しかし、請求人は長女のアルバイトの事実を知らず、妻は収入申告を行う必要がある収入だとは認識していなかった。高校生のアルバイト収入は、諸控除によりほとんど収入認定されることがないものであり、あえて申告をしないことに理由はなく、請求人とその妻に未申告に関する故意はないとして、原処分の取消しを求めたもの。

B 裁決要旨

裁決では、まず、立証責任は処分庁が負うことを認めたうえで、妻が長女のアルバイトを知っていたら、夫である請求人も知っていたはずという処分庁の主張

を退け、請求人が長女のアルバイト収入を知っていたことの立証は不十分とした。また、妻については、本件「アルバイト収入について認識していたことは、本件審査請求書、本件弁明書、ケース記録等の記載内容から明らか」としながらも、処分庁自身が、申告義務の認識について、「確認した記録等がないため立証できない」としていた。よって妻に「収入申告しなかったことについての故意の有無を判断することはできない」。高校生の長女についても、24年通知がいう自書による理解したとの書面などの提出なども行わせておらず、長女の故意の有無を判断できない。世帯員の故意があったことが立証できない以上、請求人の主張には理由があるとして、原処分を取り消した。

C 考 察

本裁決は、78条の「故意」（≒不正の意図）について、処分庁の立証責任を前提に、それなりにきちんと判定して、「なし」としていること、また、(3)の裁決と同様に、高校生のアルバイト収入についてのものであり、高校生の自立に関するものであること、さらに、24年通知所定の諸手続きをとらないで不正受給と決定した原処分を取り消した点に意義がある。ただ、(3)の裁決と同様、24年通知所定の手続きをとればよいというものでない。

第5節 小 括〜平成24年通知、平成26年通知の撤廃は急務〜

ここ数年の63条と78条に関する争訟例では、保護利用者の実態に即し、自立助長のための判例や裁決が蓄積されている。63条や78条というと、現場のケースワーカーは「不正受給。全額返還が当然」というワンパターンの思考に陥りがちである。しかし、本章で検討した各事例は、63条や78条が単に保護費の返還や徴収を求めるための規定ではなく、自立助長をどのようにはかるかという視点が不可欠であることを明らかにしている。この点では、保護利用者をあらかじめ不正受給予備軍とみなす平成24年通知、平成26年通知の撤廃は急務と考える。

注
1 「別冊問答集」問13-5
2 自立控除を考慮しなければならない義務は、生活保護法63条の返還額を決定する際の聞取り義務、調査義務などを内容とする。その根拠は、生活保護法の目的である自立助長や（1条）、そのために保護世帯の需要を把握する義務（25条2項）、さらにその手法であるケースワークなどから根拠づけられる。また、丸谷浩介（2013）「生活保護法63条費用返還における調査義務」（『賃金と社会保障』1588号）が指摘するように、「およそ行政機関がある決定をするためには、調査が必要である。その調査

義務には、一般的な制度周知義務に始まり、申請に基づく給付の場合には①申請者の状況把握義務、②正確な制度説明義務、③助言・教示義務、④申請意思確認義務、⑤申請援助義務、⑥受給後の状況変化を把握する義務、⑦状況変化に応じた給付内容変更義務、⑧給付内容変更に係る説明・調査義務、⑨不利益変更に係る聴聞義務等が含まれる」ことからも基礎づけられる。すなわち、行政上の義務と生活保護上の義務の双方から重畳的に基礎づけられる。

3　平成18年3月30日社援発第0330001号厚生労働省保護課長通知「生活保護行政を適正に運営するための手引きについて」Ⅳの1の（2）、「別冊問答集」問13-5。これらの通知は、本章第2節で検討する社援保発0723第1号平成12年7月23日保護課通知によって厳格化され、2014年改正法施行に伴い、社援保発0425第4号平成26年4月25日保護課長通知によりさらに厳しくなった。
4　「別冊問答集」問13-1。なお、63条と78条の違いについては、吉永純（2011）『生活保護の争点』高菅出版、表10-1、277頁
5　2013年大阪市住吉区での例。情報開示された資料は、大阪市生活保護行政問題全国調査団編（2014）『大阪市の生活保護でいま、なにが起きているのか』かもがわ出版、132頁
6　2012年度における不正受給額は190億円であるが、生活保護費は3兆7232億円に達しており、保護費に占める割合は0.5％にとどまる。2014年5月20日厚生労働省「全国福祉事務所長会議」資料
7　小山進次郎（1975）『改訂増補生活保護法の解釈と運用（復刻版）』全国社会福祉協議会、823頁
8　解説は『賃金と社会保障』1613号の曽我智史（2014）「生活保護法63条に基づく返還額を決めるにあたり、保護受給者の生活実態や自立更生のための需要について調査を怠った手続的瑕疵があるとして、同条に基づく保護費返還処分を取り消した事例」
9　昭和47年12月5日社保第196号厚生省社会局保護課長通知「第三者加害行為による補償金、保険金等を受領した場合における生活保護法第63条の適用について」
10　本書第5章第4節3の各裁判参照
11　本通知は、「別冊問答集」問13-6の答の（3）と同旨である。
12　この国の見解は、筆者が遭遇した次の事案で審査請求が提起されたときに示された。京都府内に居住する請求人は、鉄工所を営んできたが、不況の影響で廃業し生活保護を利用していた。しかし現役時代、建設現場で曝露したアスベストが原因で中皮腫を発症した。2011年11月受診し中皮腫と診断され、医師のすすめで、2012年5月労災申請を行い、7月に認定され、月額24万円の休業補償が2011年11月に遡って支給された。ところが福祉事務所は、請求人に対して、労災給付は年金の遡及支給と同様であるとして、2011年11月以降支給してきた保護費を63条に基づき返還するように求めた。返還請求額中、医療費が全額（10割）返還請求されていたことから、支給された休業補償金のほとんどが返還対象となった。しかし京都府の問合せに対する国の見解は、「労災による保険金の資力発生日については、業務上の事由によって損害を与えられたとする客観的な事実が明らかではないことが多く、事後的にこれに関する支給が確定した時点ではじめて労災保険金の支給が客観的に確実性を有することとなるものである。よって資力の発生日は支給が決定した日とすることが妥当」というものであった。
13　「別冊問答集」問13-6の答の（1）
14　「社会保険審査会　年度別制度別受付状況」厚生労働省HP（2014年8月31日閲覧）
15　「社会保険審査会年度別（再）審査請求受付・裁決件数の推移」、「社会保険審査会裁決状況（被用者保険・国民年金別）」厚生労働省HP（2014年8月31日閲覧）
16　解説は、高木佳世子（2014）「北九州市八幡東区生活保護費63条返還裁判判決の意義」『賃金と社会保障』1615・1616合併号
17　平成23年7月19日厚生労働省社会・援護局保護課長通知により、実施要領が改正され、冷暖房設備（それまでは暖房設備のみ）については、貸付けされた購入費は収入認定除外とされ、返還金は収入があれば控除されることになっていた（局長通知第8-2-（3）-オ-（ウ）および同第8-4-（3））。
18　平成26年4月25日社援発0425第6号厚生労働省社会・援護局保護課長通知「生活必需品等購入のための貸付金の取扱いについて」
19　注16、高木佳世子（2014）、94頁
20　解説は、高木士郎（2014）「大野城市事件の取組みと判決の意義」『賃金と社会保障』1615・1616合併号
21　本書第2章、注8参照

22 特別児童扶養手当とは、精神または身体に障害を有する児童について手当を支給することにより、これらの児童の福祉の増進を図ることを目的とする手当。20歳未満で精神または身体に障害を有する児童を家庭で監護・養育している父母などに支給される。支給月額は、1級：5万50円、2級：3万3330円。同手当1級は、生活保護の障害者加算の（2）のアに該当し（月額2万6420円〔2013年度1級地、以下同じ〕、同手当2級は、生活保護の障害者加算の（2）のイに該当する（月額1万7600円）。
23 重度障害者加算とは、障害者加算の一つであり、特別児童扶養手当等の支給に関する法律施行令（昭和50年政令第207号）別表第1（特別障害者手当に該当する障害程度）に定める程度の障害の状態にあるため、日常生活において常時の介護を必要とする者について、他の障害者加算とは別に1万4280円を算定するもの。実際の運用では、特別障害者手当・障害児福祉手当・（経過的）福祉手当受給者、身体障害者手帳1級および2級の一部に該当する者、療育手帳A1に該当する者、精神障害者保健福祉手帳1級に該当する者で、初めて医師の診療を受けた後1年6月を経過している者等に算定される。したがって、特別障害者手当受給者であれば、重度障害者加算は算定されることになる。
24 本裁決後、処分庁は重度障害者加算を5年遡及して支給している。2011年11月20日『生活と健康を守る新聞』
25 特別障害者手当は、精神または身体に著しく重度の障害を有し、日常生活において常時特別の介護を必要とする特別障害者（特別児童扶養手当等の支給に関する法律施行令〔昭和50年政令第207号〕別表第1〔特別障害者手当に該当する障害程度〕）に対して、重度の障害のため必要となる精神的、物質的な特別の負担の軽減の一助として手当を支給することにより、特別障害者の福祉の向上を図ることを目的とする。在宅の20歳以上の者に支給され、支給月額は2万6080円。
26 2003年2月21日『朝日新聞』
27 京都市疑義解釈集（2011）問7-20は身体障害者についてその扱いを認めている。精神障害者についても同様に扱われると考えられる。
28 注4、吉永純（2011）、214頁以下
29 世帯に介護を要する重度の障害者がいる場合に、介護をする家族に支給される障害者加算の一つ。
30 注7、小山（1975）、649〜650頁
31 注4、吉永純（2011）、275頁以下
32 尾藤廣喜、松崎喜良、吉永純編著（2006）『改訂新版　これが生活保護だ』（高菅出版）258頁
33 解説は、石坂想（2015）「大学受験費用等に当てられた高校生のアルバイト収入の未申告を不正受給として生活保護法78条を適用した処分が取り消された事例」『賃金と社会保障』1617号
34 内田明（2014）「不正受給の意図がないことを理由に第1回弁論期日前に生活保護法第78条に基づく費用徴収処分を自庁取消した事案──千葉市78条費用徴収処分取消訴訟」『賃金と社会保障』1620号
35 解説は、同号の太田伸二（2014）「高校生のアルバイト収入未申告に対する生活保護法78条に基づく費用徴収決定を取り消す裁決」『賃金と社会保障』1624号
36 局長通知12の1（2）アでは、家庭訪問は「少なくとも1年に2回以上」とされている。本件請求人世帯のような稼働年齢層を含む世帯では、通常は3カ月に1回程度の訪問が必要な世帯類型とされている。
37 平成20年10月6日付社援保発第1006001号厚生労働省社会・援護局保護課長通知「課税調査の徹底及び早期実施について」
38 解説は注35、太田伸二（2014）参照。

第3部

生活保護制度をめぐる諸課題

　第3部では、生活保護制度をめぐる諸課題を取り上げる。第1は、財務省などから常に抑制が求められている医療扶助である。財務省などの主張には根拠がなく、むしろ最適水準を維持しスティグマのない制度にすべきことを述べる。第2には、災害と生活保護である。1995年の阪神・淡路大震災や、2011年の東日本大震災において、災害時の生活保護の運用が一つの焦点となった。常時災害国である認識のもとに、災害時のあるべき生活保護運用を検討する。

第9章

医療扶助の課題
～「最適水準」の維持、医療へのアクセスの改善、スティグマ解消が急務～

　2014（平成26）年からの生活保護法改正の目玉の一つが、ジェネリック医薬品の優先使用をはじめとする医療扶助の改正であった。本章では、医療扶助費が生活保護費の約半分を占める制度的要因を明らかにし、財務省などの指摘が的外れであることを示す。そのうえで、貧困との関係が深い病気を治すことが貧困克服への第一歩であること、また命に差別があってはならないことから、医療扶助は国民健康保険の給付水準≒「最適水準」の維持が特に重要であることを明らかにする。さらに、医療券制度が、生活保護のスティグマ（恥辱感）を助長していることからその改善策を提案する。

第1節　医療扶助費「増加」の理由

1　病気と貧困
　もともと病気と貧困の関係は深い。病気になれば働くことができなくなり、収入が途絶し生活困窮に陥るというのが貧困に至る典型的なパターンである。人類は、ビスマルクの疾病保険以来、病気を理由とした貧困化を防止するために医療保険制度を創設し、貧困に至るのを防ごうとしてきたが、非正規雇用の場合、健康保険（被用者保険）から排除されることが少なくない。しかし、健康保険の最後の歯止めでもある国民健康保険は保険料が高く、滞納などの場合の不利益な扱い（短期保険証や資格証）によって、事実上使えなくなるリスクにさらされてい

図表9-1　保護開始の主な理由別世帯数の構成割合

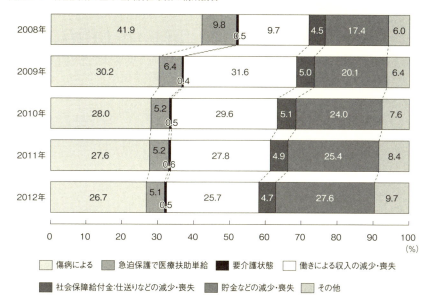

資料：厚生労働省「福祉行政報告例」（2011年度以前）、厚生労働省「被保護者調査」（平成24年度）
出所：厚生労働省（2014）「被保護者実態調査（2012年度〔月次調査確定値〕）結果の概要」

る。そこで、生活保護の医療扶助制度が市民の医療を受ける権利を最終的に保障してきた。

　したがって病気と生活保護の関係も深い。生活保護の主な開始理由中、傷病を主な理由とするものが一時は80％を超えた時期もあった（1990年、80.8％）[1]。しかし、近年では雇用状況の悪化などから、2009～2011年では、「働きによる収入の減少・喪失」を理由とする生活保護開始が「傷病による」開始を上回り、開始理由の1位となった（**図表9-1**）。しかし、その間でも「傷病」は保護開始理由の第2位であり、急迫保護での医療扶助単給（多くは野宿者への医療扶助支給など）を加えれば第1位であった。そして、2012年度では、「預貯金等の減少・喪失」が第1位となったが、「傷病」の第2位は変わらず、急迫保護を加えると依然として1位である。したがって実質的には、現在でも保護開始理由の第1位は病気なのである。

2　保護利用者と医療扶助率

（1）　なぜ医療扶助利用者が多いか

　主な保護開始理由が病気でなくても、生活保護世帯にとって傷病率は高い。保護利用者がどのような扶助を利用したかを示す「被保護実人員・保護の種類別扶助人員」（**図表9-2**）によれば、2012年度では、保護人員213万5708人中、医療扶助利用者は171万6158人と80.4％が医療扶助を利用している。

　なぜ、傷病率が高いかは、生活保護利用世帯（世帯類型の定義は**図表9-3**）がどのような世帯かをみればわかる。「世帯類型別の被保護世帯数の推移」（**図表9-4**）によれば、2012年度では、全保護世帯中、高齢者世帯が半数近い約68万世帯（44％）、傷病・障害者世帯が約48万世帯（31％）を占めている。これら75％の世帯は、ほぼ医療を必要として、通院または入院している世帯と考えてよい。また、母子世帯でも、一般の母子世帯の就労率が80.6％に対して[2]、生活保護利用母子世帯の就労率は43.1％[3]にとどまっており、生活保護母子世帯の健康状態の悪さが原因である。すなわち、一般母子の健康状態で、「あまりよくない」＋「よくない」が28.5％であるのに対して、生活保護母子世帯は、それが70.0％に及んでいる[4]。相当数の母子世帯が傷病により就労を阻害されている。さらに、失業者等が含まれる「その他世帯」でも障害傷病者が10.4％を占め、就労率も24.7％にとどまっている[5]。また「その他世帯」では、50歳以上が54.0％を占めており、「その他世帯」だからといってすぐに就労できる年齢層ではないことにも留意すべきである（**図表9-5**、右下〔参考〕参照）。

（2）　国の認識

　国もおおむね同様の認識に立っている[6]。すなわち、「医療扶助費が保護費総額の約半分まで占めているのは、生活保護受給者の次の特性等によるもの」としており、第1に、医療を必要とする60歳以上の高齢者が多いこと（2010年度で生活保護受給者中51％が高齢者、うち9割以上が医療扶助受給。ただし、レセプト〔診療報酬明細書〕1件当たりの金額は生活保護〔1.6万円〕と国民健康保険〔1.6万円〕で大差ない）、第2に、若年層（20～59歳）にも医療を必要とする人が多いこと（傷病を理由とする生活保護開始世帯が38％、入院も国民健康保険〔国保〕に比して多い）、第3に、一般的に長期医療が必要とされる精神疾患患者が多いこと（精神病関連レセプトが45％、国保は12％）をあげている。

3　増大する医療扶助費をどうみるか

　以上のような理由から、医療扶助費は近年増加しており生活保護費の半分近く

図表9-2 保護の種類別扶助人員、扶助率の推移（1カ月平均）

年度次(年度)	被保護実人員	扶助人員									被保護実人員(%)	扶助率(%)								
		生活扶助	住宅扶助	教育扶助	介護扶助	医療扶助	出産扶助	生業扶助	葬祭扶助		生活扶助	住宅扶助	教育扶助	介護扶助	医療扶助	出産扶助	生業扶助	葬祭扶助
2000（平成12）	107万2241	94万3025	82万4129	9万6944	6万6832	86万4231	95	713	1508	100.0	87.9	76.9	9.0	6.2	80.6	0.0	0.1	0.1
2001（平成13）	114万8088	101万4524	89万1223	10万4590	8万4463	92万8527	91	706	1641	100.0	88.4	77.6	9.1	7.4	80.9	0.0	0.1	0.1
2002（平成14）	124万2723	110万5499	97万5486	11万4213	10万5964	100万2886	101	743	1791	100.0	89.0	78.5	9.2	8.5	80.7	0.0	0.1	0.1
2003（平成15）	134万4327	120万1836	106万9135	12万4270	12万7164	108万2648	116	793	1942	100.0	89.4	79.5	9.2	9.5	80.5	0.0	0.1	0.1
2004（平成16）	142万3388	127万3502	114万3310	13万2019	14万7239	115万4521	113	1091	2049	100.0	89.5	80.3	9.3	10.3	81.1	0.0	0.1	0.1
2005（平成17）	147万5838	132万0413	119万4020	13万5734	16万4093	120万7814	112	2万9253	2165	100.0	89.5	80.9	9.2	11.1	81.8	0.0	2.0	0.1
2006（平成18）	151万3892	135万4242	123万3105	13万7129	17万2214	122万6233	116	3万3487	2262	100.0	89.5	81.5	9.1	11.4	81.0	0.0	2.2	0.1
2007（平成19）	154万3321	137万9945	126万2158	13万5503	18万7258	124万8145	116	3万5343	2436	100.0	89.4	81.8	8.8	11.9	80.9	0.0	2.3	0.2
2008（平成20）	159万2620	142万2217	130万4858	13万4734	19万5576	128万1838	133	3万7383	2551	100.0	89.3	81.9	8.5	12.3	80.5	0.0	2.3	0.2
2009（平成21）	176万3572	158万6013	145万9768	14万4339	20万9735	140万6456	162	4万5787	2699	100.0	89.9	82.8	8.2	11.9	79.8	0.0	2.6	0.2
2010（平成22）	195万2063	176万7315	163万4773	15万5450	22万8235	155万3662	186	5万2855	2999	100.0	90.5	83.7	8.0	11.7	79.6	0.0	2.7	0.2
2011（平成23）	206万7244	187万1659	174万1888	15万9372	24万8100	165万7093	191	5万6400	3127	100.0	90.5	84.3	7.7	12.0	80.2	0.0	2.7	0.2
2012（平成24）	213万5708	192万8241	181万1575	15万9038	26万9793	171万6158	176	5万8257	3169	100.0	90.3	84.8	7.4	12.6	80.4	0.0	2.7	0.1

注：扶助率＝扶助人員÷被保護実人員
資料：厚生労働省「福祉行政報告例」（2011年度以前）、厚生労働省「被保護者調査」（2012年度）
出所：厚生労働省（2014）「被保護者実態調査（2012年度（月次調査確定値）結果の概要」

図表9-3 世帯類型の分類方法について

【世帯類型の定義】

世帯類型	定義	分類の順序
高齢者世帯	65歳以上の者のみで構成されている世帯か、これらに18歳未満の未婚の者が加わった世帯	先 ↑
母子世帯	死別、離別、生死不明及び未婚等により、現に配偶者がいない65歳未満の女子と18歳未満のその子(養子を含む)のみで構成されている世帯	
障害者世帯	世帯主が障害者加算を受けているか、身体障害、知的障害等の心身上の障害のため働けない者である世帯。ただし、精神病等の精神障害による場合については、障害者加算を受けている者のみとする	
傷病者世帯	世帯主が入院しているか在宅患者加算を受けている世帯、または世帯主が傷病のため働けない者である世帯	
その他の世帯	上記のいずれにも該当しない世帯をいう	後

出所:2011年5月24日「第2回社会保障審議会生活保護基準部会」資料

図表9-4 世帯類型別被保護世帯数の推移

年度次 (年度)	世帯数(現に保護を受けた世帯、1カ月平均)					構成割合(%)				
	総数	高齢者世帯	母子世帯	障害・傷病者世帯	その他の世帯	総数	高齢者世帯	母子世帯	障害・傷病者世帯	その他の世帯
2000 (平成12)	75万181	34万1196	6万3126	29万620	5万5240	100.0	45.5	8.4	38.7	7.4
2001 (平成13)	80万3993	37万49	6万8460	30万3554	6万1930	100.0	46.0	8.5	37.8	7.7
2002 (平成14)	86万9637	40万2835	7万5097	31万9302	7万2403	100.0	46.3	8.6	36.7	8.3
2003 (平成15)	93万9733	43万5804	8万2216	33万6772	8万4941	100.0	46.4	8.7	35.8	9.0
2004 (平成16)	99万7149	46万5680	8万7478	34万9844	9万4148	100.0	46.7	8.8	35.1	9.4
2005 (平成17)	103万9570	45万1962	9万531	38万9818	10万7259	100.0	43.5	8.7	37.5	10.3
2006 (平成18)	107万3650	47万3838	9万2609	39万7357	10万9847	100.0	44.1	8.6	37.0	10.2
2007 (平成19)	110万2945	49万7665	9万2910	40万1087	11万1282	100.0	45.1	8.4	36.4	10.1
2008 (平成20)	114万5913	52万3840	9万3408	40万7095	12万1570	100.0	45.7	8.2	35.5	10.6
2009 (平成21)	127万0588	56万3061	9万9592	43万5656	17万1978	100.0	44.3	7.8	34.3	13.5
2010 (平成22)	140万5281	60万3540	10万8794	46万5540	22万7407	100.0	42.9	7.7	33.1	16.2
2011 (平成23)	149万2396	63万6469	11万3323	48万8864	25万3740	100.0	42.6	7.6	32.8	17.0
2012 (平成24)	155万1707	67万7577	11万4122	47万5106	28万4902	100.0	43.7	7.4	30.6	18.4

注:世帯数は現に保護を受けた世帯である(保護停止中の世帯をふくまない)
資料:厚生労働省「福祉行政報告例」(2011年度以前)、厚生労働省「被保護者調査」(2012年度)
出所:厚生労働省(2014)「被保護者実態調査(2012年度〔月次調査確定値〕)結果の概要」

図表9-5　世帯類型別の保護世帯数と構成割合の推移

> リーマンショック後、特に稼働年齢層と考えられる「その他の世帯」の割合が大きく増加したが、近年、景気回復等の影響により、「その他の世帯」は減少傾向となっているが、高齢化により「高齢者世帯」のみ増加傾向にある

◆2007（平成19）年度

	被保護世帯総数	高齢者世帯	母子世帯	傷病・障害者世帯	その他の世帯
世帯数	110万2945	49万7665	9万2910	40万1087	11万1282
構成割合（％）	100.0	45.1	8.4	36.4	10.1

資料：2007年度福祉行政報告例

◆2014（平成26）年12月（概数）

	被保護世帯総数	高齢者世帯	母子世帯	傷病・障害者世帯	その他の世帯
世帯数	160万9869	76万4693	10万9250	45万6390	27万9536
構成割合（％）	100.0	47.5	6.8	28.3	17.4

資料：被保護者調査（2014年12月概数）（保護停止中の世帯は含まない）

世帯類型の定義
高齢者世帯：男女とも65歳以上（平成17年3月以前は、男65歳以上、女60歳以上）の者のみで構成されている世帯か、これらに18歳未満の者が加わった世帯
母子世帯：死別、離別、生死不明および未婚等により、現に配偶者がいない65歳未満（2005年3月以前は、18歳以上60歳未満）の女子と18歳未満のその子（養子を含む）のみで構成されている世帯
（以下略。図表9-3参照）

（参考）
その他の世帯のうち、年齢階級別にみた世帯人員の構成割合
・20～29歳：5.3％
・50歳以上：54.0％
（2012年）

出所：2015年3月9日「社会・援護局関係主管課長会議」資料

となり、問題視されている（**図表9-6**）。しかし、国も説明するように、生活保護利用世帯の実状を直視すれば、医療扶助費の増加は当然のことといってよい。また、絶対額では増額となっているが、割合では減少傾向にあることは注目されてよい（2004年51.9％→2013年47.0％）。さらに、前述のように、高齢者1人当りのレセプト1件当りの金額に大差はない。

4　モラルハザードは存在するか

　さて、よく「医療扶助は自己負担がなく、負担面でのブレーキが効かないから必要以上に医療にかかる」、「医療機関も、生活保護だと100％行政が支払ってくれるから、高い薬や治療をやってしまう」、「薬剤を多く投与して、横流ししている」、だから医療扶助費が高騰すると言われる。こうした言説と、山本病院事件（奈良県大和郡山市、2009年）[7]のような、生活保護利用者を「食い物」にする医療機関の摘発などが錯綜して、医療扶助でも診療時一部負担金を徴収し、費用抑制のためのインセンティブを強化すべきだという意見になったりする。しかし、実

図表9-6　生活保護費負担金（事業費ベース）実績額の推移

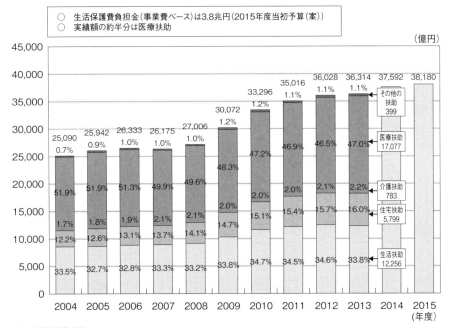

※1　施設事務費を除く
※2　2013年度までは実績額、2014年度は補正後予算額、2015年度は当初予算額（案）
※3　国と地方における負担割合については、国3/4、地方1/4
出所：2015年3月9日「社会・援護局関係主管課長会議」資料

際はどうだろうか。

（1）「悪徳医療機関」の問題や責任を、保護利用者に転嫁してはならない

　いうまでもなく、この場面では、生活保護利用者は被害者であって、なんら責任はない。監督官庁や福祉事務所が監査権限を行使して、適切な処置をとり、利用者に適切な医療機関での受診を保障することが重要になる。

（2）「自己負担がないから」、「過剰診療が起きやすい」から医療扶助費が増えているのか

　生活保護利用者に医療扶助自己負担を課していないのは、第1に、給付されているのは最低生活費であるから、そもそも医療扶助自己負担を支払う能力もなく、そのような費用は制度上も考慮されていない。第2に、病気と貧困との関係が深いことから、病気の治療は保護利用者にとって重要な課題となる。したがって自己負担をなくして医療へのアクセスを保障しているのである。

図表9-7　医療扶助費における構成割合（2009年度）

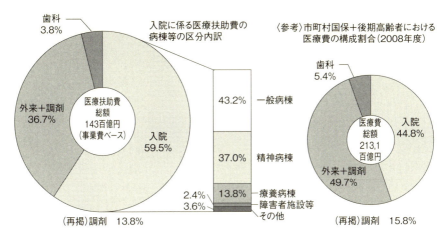

出所：2011年5月30日「第1回生活保護制度に関する国と地方の協議」資料

　また、過剰診療が起きやすいかどうかは、(1)の悪徳医療機関の問題と同様に、これも不適当な例があれば、監督官庁の指導などにより解決すべき問題であって、保護利用者の問題ではない。

　では、実際に医療扶助費は国民健康保険（国保）などに比べて高額に及んでいるのだろうか[8]。**図表9-7**（医療扶助費における構成割合）によれば、医療扶助は国保に比して入院が多くなっているが、その原因は精神病棟への入院が入院中の62％（医療扶助全体の22％）を占めていることにある。いわゆる社会的入院患者が相当数ここに含まれている。これは、国の精神医療政策の問題である。また、調剤では、医療扶助13.8％、国保15.8％であるから、医療扶助の方が少ない。この数字からは、薬の多量投与による「横流し」などのイメージを想定するには無理がある。

　また、**図表9-8**を見ると、レセプト1件当たりの医療費は、入院外では同額、入院では、医療扶助の方がむしろ低額となっている。ここにあるように、レセプト1件当たりの医療費はむしろ生活保護が低いといえるが、生活保護の方が受診率が高いため、1人当たり医療費は国保などより高くなっている。

　これは、先述のように、生活保護利用者の傷病率が高いことが理由である。また国保には当然健康で医療機関に受診しない人も含まれている。したがって、**図表9-8**から、医療扶助費が高いということはいえない。

図表9-8　生活保護の医療扶助と国民健康保険などの比較（2008年度）

> レセプト1件当たり医療費における差は小さいが、生活保護の医療扶助は受診率が高いため、1人当たり医療費は国民健康保険などよりも高額となっている

※生活保護の受診率（被保護人員1人当たりレセプト件数）は、医療扶助実態調査に基づく値を同調査に基づく医療費と年度実績医療費との比を用いて年率換算したもの
入院には食事が含まれる

	入院			入院外		
	1人当たり医療費（万円） =	受診率（件／人）×	レセプト1件当たり医療費（万円）	1人当たり医療費（万円） =	受診率（件／人）×	レセプト1件当たり医療費（万円）
生活保護	50.5	1.2	41.6	18.8	12.7	1.5
市町村国保＋後期高齢	19.3	0.4	48.4	14.6	10.1	1.5

・生活保護分：「医療扶助実態調査（特別集計）」、「生活保護費負担金事業実績報告」、「保護者全国一斉調査」、「福祉行政報告例」
・市町村国保＋後期高齢者分：「医療給付実態調査」、「国民健康保険実態調査」、「後期高齢者医療事業月報」
出所：2011年5月30日「第1回生活保護制度に関する国と地方の協議」資料

第2節　生活保護制度における医療扶助の位置と課題

1　医療扶助の特徴

　生活保護には8つの扶助があるが、医療扶助の特徴をみておこう。各扶助の趣旨、支給水準、支給形態などを一覧にすれば、**図表9-9**のようになる。

（1）　給付対象、範囲、水準

　ほかの扶助、例えば生活扶助が一般世帯の6割余りを保障水準としているのに対して、医療扶助にあっては、ほぼ健康保険なみの給付対象と範囲（生活保護法15条）としている。これは、「疾病が貧困の原因であり、又貧困が疾病を結果し易い事実を考えれば、貧困の救済及び疾病の救済の両方面からみて医療扶助が生活扶助と並んで生活保護制度の枢軸となっている」からである[9]。また、給付水準は国民健康保険と同等の給付水準を保障している（52条）。これは、介護扶助と並んで、健康と生命という人間存在の根源にかかわるものに関して、ほかの扶助のように格差が許容されることは、憲法が保障する「健康で文化的な最低限度の生活」を保障する趣旨からは許されないからである[10]。要は健康や命に差別があってはならないのである。この趣旨は、1956（昭和31）年の社会保障制度審議会勧告「医療保障制度に関する勧告について」においても確認されており[11]、医療扶助の給付水準は、法の形式上は最低水準であっても、それは最適水準でなければならないことは、現在では一般的に承認されている[12]。ただし、まったく最

表9-9 生活保護の各扶助一覧（大都市部、1級地の1の金額。2014年度）

	趣旨	給付水準	給付形態・給付割合
生活扶助	日常生活費	一般世帯の約6割	原則として金銭
住宅扶助	家賃など	地域ごとに限度額までの実費（東京；単身5万3700円、2～6人：6万9800円）	同上
教育扶助	義務教育の学用品代など	定められた学級費、給食代など	金銭
医療扶助	医療費	国保並みの給付	現物。国保資格は喪失し10割医療扶助から給付。被用者保険資格は存続し、保険料を生活扶助から、自己負担3割を医療扶助から給付
介護扶助	介護費	介護保険と同等	現物。介護保険資格は存続し、保険料を生活扶助から、自己負担1割を介護扶助から給付
出産扶助	出産費用	23万1000円まで支給	金銭
生業扶助	就労に必要な技能修得費用。高校等就学費	技能修得費7万3000円まで、就職支度費2万3000円、高校授業料・通学費など支給	原則として金銭
葬祭扶助	葬式費用	20万1000円まで支給	金銭

出所：筆者作成

適水準が保障されているかというとそうではない。医療扶助利用者には先進医療などの評価療養や選定医療などは適用されないことに注意すべきである。

ともあれ、基本的に最適水準が保障される医療扶助は、生活保護利用者にとっては健康と命が一般世帯と差別なく保障されるという貴重な制度として機能している。

(2) 給付形態

介護扶助と並んで医療扶助は現物給付となっている。これは、現実に医療サービスを直接保障しなければ医療扶助の意味がないからである。

2 国保資格喪失と医療券方式の問題点

(1) 国保資格喪失

生活保護利用前に国保資格者であった者は、国保資格を喪失し（国民健康保険法6条6項）、医療扶助10割給付となる。生活保護法上は、他法優先の原理から（生活保護法4条2項）、国保を他法として、その資格を存続させることが生活保

の本旨にかなうといえる。そうならなかったのは、仮に、保険料や3割の一部負担金を生活保護で補填されるとしても、傷病者が多い生活保護利用者を国保が抱え込めば、財政的にもたないという自治体側の懸念による。自治体側からすれば、生活保護であれば8割（現在は7.5割）は国庫から補填されるが、国保であれば、国庫補助は大幅に下がる。1984年の改正により、国保財源の国庫補助は医療費ベースで45%から38.5%へと削減され、国保の総収入に占める国庫支出金の割合は、1984年の49.8%から2005年の30.6%[13]へ、2008年には約25%[14]へと激減している。

2005年に行われた「生活保護費及び児童扶養手当に関する関係者協議会」（いわゆる国と地方の協議）においても、第4回協議会で国が国保の中で被保護者も対応するという考え方を提示したが、地方側の猛反対にあって、実現しなかった経過がある[15]。

(2) 医療券方式の問題点

医療扶助10割保障を医療券方式で行うことにしたために、生活保護利用者にとって、医療扶助は手続きの煩雑さとスティグマの問題をかかえることになった。医療扶助の利用手続きは、一般的に以下のようになる。まず、保護利用者は、医療扶助を利用したければ、福祉事務所において、医療券（1医療機関、1カ月で1枚）を発行してもらい、それを医療機関に持参して医療を受けることになる。受診の際には、医師に医療要否意見書という医療扶助が必要であるという意見書も必要となる。また、医療券の発行には、近隣の医療機関かどうか、重複受診ではないかなどの審査がある。また担当の生活保護ケースワーカーや嘱託医（福祉事務所には必ず配置されている）の事後的な審査もある。

医療券方式の問題点としては、第1に、手続きの煩雑さである。病気のときにわざわざ福祉事務所まで赴いて医療券を発行してもらわなければならない（もっとも、保護利用者であることが明らかな場合は、利用者からの電話で発行依頼に代えている福祉事務所もある）。また福祉事務所の時間外に急病などになった場合、医療券が発行できないため、医療費全額の一時立替えを請求される場合も起こりうる（ただし、医療扶助利用者であることが明らかな場合は、医療機関が支払いを待ってくれたり、自治体によっては夜間・救急時対応の受給者証を発行して便宜を図っているところもある）。

第2に、スティグマの問題がある。病院の扱いによっては、生活保護利用者であることがわかってしまう場合がある。プライバシー侵害の危険性が常につきまとっている。

このような問題点をクリアするためには、少なくとも、通常の保険証と変わらない医療証を発行し、保護利用者の受療権を一般世帯と同等に保障すべきである。

（3）　国保資格存続の必要性
　より根本的には、介護保険やほかの被用者保険と同じく、被保険者資格を存続させ、保険料と、受診時の一部負担金だけ生活保護で補塡するよう制度を改革すべきである[16]。そうすれば、医療扶助費は激減し、医療扶助費が生活保護費の半分を占めて問題だという言説も根拠がなくなる。地方側の財政負担の増大に対しては別途対応すべきであろう[17]。

3　小　括

　このように、現行の医療扶助制度を検討すると、医療扶助費が高額に及ぶのは、第1には国保資格を喪失させるという制度上の問題が一番大きい。第2には、保護利用世帯に高齢者や医療を必要とする若年層が多く、また精神疾患を抱えた利用者が多いことである。医療扶助費は増えて当然といってよい。第3には、現行の医療券方式は、アクセスにおける問題点、スティグマ上の問題点があり、早急に是正すべきである。

第3節　医療扶助にかかる基本認識と改善の方策

　前節で検討した医療扶助制度については、第3章で述べたように、2013年に成立した改正法では、医療扶助に関しては、後発医薬品（ジェネリック）の使用を促進し、事実上の義務化をはかる（改正法34条3項）。また、指定取消し、更新制の導入など指定医療機関制度の見直し（改正法49条の2以下）などを内容とした。

1　財政的視点だけで医療扶助を考える誤り
　国においては、医療扶助を財政的視点だけから考える傾向が根強い。保護利用人員の伸びとそれに伴う、医療扶助を含む財政負担の増大それ自体が「悪」であるかのような認識のもと、いかにしてそれを抑えるかという問題意識が露骨である。生活保護が216万人を超える市民の命を支えているという積極的認識がまったく感じられない。
　医療扶助費が目立つのは、制度的要因が主であって、医療扶助の制限的な運用ではなく、生活保護の貧困層への積極的な適用や、保護利用者がより利用しやす

い医療扶助制度への改善こそが求められている。

2　医療扶助改善のための方策
最後に、文中の各所で指摘した医療扶助の改善策をまとめて本章を閉じることにしたい。

（1）　医療扶助は国保に統合すべき

医療扶助制度は基本的には、国民健康保険に取り込む。これにより、医療扶助費は大幅に削減される。また、これにより生活保護利用者の医療へのアクセスの改善がはかられ、スティグマも解消に向かう。ただし、地方負担の増大については別途手当をする。なお、医療扶助制度自体は、なんらかの理由（例：住所がないなど）で国保に加入できない場合が想定されるため、制度としては存続させる[18]。

（2）　医療扶助の「最適水準」の維持

医療扶助制度を生活保護の一扶助として存続させる場合、給付範囲・内容・水準は「最適水準」を維持し、具体的には、国保と同様の水準を維持する。

（3）　医療券方式の改善

医療券方式は医療証方式に改善し、生活保護利用者の医療へのアクセスを保障し、スティグマの軽減をはかる。

（4）　ジェネリックは強制せず、利用者の選択権を保障

2013年の改正法は、ジェネリックの原則化については、保護利用者の最終的な選択権を保障し、強制ではないことを明記すべきと考える（本書第3章第8節参照）。

注
1　厚生労働省「福祉行政報告例」各年版
2　厚生労働省「2011年度全国母子世帯等調査」
3　厚生労働省「2011年度被保護者全国一斉調査」
4　2009年12月11日厚生労働省保護課「生活保護母子世帯調査等の暫定集計結果」（ナショナルミニマム研究会資料）
5　2012年11月17日行政刷新会議「新仕分け」資料
6　前注5、行政刷新会議「新仕分け」資料
7　山本病院事件とは、奈良県大和郡山市にあった山本病院が、生活保護を受給する患者8名に対して、心臓手術をしたと偽り診療報酬835万円を騙し取ったとされる詐欺事件（病院長は懲役2年6月の実刑

となった)と、不要な肝臓手術により患者を死亡させ、業務上過失致死罪に問われた事件(同じく禁固2年4月の実刑)をいう。他県から入院してくる単身で行き場のない生活保護受給者などに対して、次々と心臓カテーテル検査やカテーテル診療を実施していたとされ、社会問題となった。
8 この項は、2013年2月7日「社会を構成する——医療・介護・財政 土居丈朗×大野更紗×大西連」『SYNODOS JOURNAL』の鼎談中、大西連氏の指摘を参考にした。
9 小山進次郎(1976)『改訂増補 生活保護法の解釈と運用』中央社会福祉協議会(復刻版)、255頁
10 木下秀雄(2012)「最低生活保障と生活保護基準」日本社会保障法学会編『新・講座社会保障法3 ナショナルミニマムの再構築』法律文化社、143頁
11 1956年11月8日社会保障制度審議会「医療保障制度に関する勧告」では、財政方式による給付内容の差異を否定している。「いかに財政上の困難があるとしても、医療保障制度が社会保障制度の一環である限り、生命尊重の本義はこれを忘れてはならない。その意味において、当事者の拠出を前提とする医療保険であっても、また単に一方的に公費によって賄われる医療扶助であってもいやしくもそれが医療である限り、その内容が異なってはならない」
12 菊池馨実(2000)『社会保障の法理念』有斐閣、240頁、阿部和光(2001)「公的扶助法における権利と法の構造」日本社会保障法学会編『講座社会保障法第5巻住居保障法・公的扶助法』法律文化社、126頁、石田道彦(2001)「医療・介護と最低生活保障」同、241頁など多数
13 2010年3月19日宮崎市議会の内閣総理大臣宛て意見書「国民健康保険財政への国庫負担割合を医療費総額の45%に戻すことを求める意見書」など
14 長友薫輝、正木満之、神田敏史(2014)『長友先生、国保って何ですか』自治体研究社、30頁
15 第4回協議会(2005年9月15日)で、岡崎高知市長は、「国保の保険者からしますと、いわゆる国保は非常に赤字要因がたくさんございます。もともと所得が低い層がたくさんおいでですし、国保の制度そのものの赤字要因というものを、今、地方は必死で支えているところが現状でございます。本来、これを医療扶助と制度で混同するとは言いませんが、クロスオーバーさせていくということについては、まず保険者としては絶対反対でございます」と述べている(議事録より)。
16 同旨多数。注12、阿部和光(2011)126頁、同、石田道彦(2001)242頁、片岡直「最低生活基準の今日的課題」日本社会保障法学会編『講座社会保障法第5巻住居保障法・公的扶助法』法律文化社、226頁
17 注12、阿部和光は、国庫から各市町村財政に「保護受給者医療費拠出金」(仮称)を払い込む方法を提案している。
18 注12、阿部和光(2011)

第10章

災害と生活保護

　東日本大震災は、発生後丸4年を過ぎた現時点でも、日本に未曽有の被害をもたらし続けている。本章では災害時における最後のセーフティネットである生活保護制度の重要性と問題点を明らかにする。同時に、阪神・淡路大震災時との異同と、当時からの問題点や今回の震災で解決した課題を整理するとともに、常時災害国である日本の災害と生活保護について、若干の提案を行う。

第1節　いまなお被災が続く東日本大震災

　2011（平成23）年3月11日に発生した東日本大震災は未曽有の被害を及ぼしたが、震災後丸4年を過ぎた現在においても、被害はなお継続している。死者は全国で1万5891人（宮城県9539人、岩手県が4673人、福島県が1612人）にのぼる。行方不明者は2579人おり、現在もなお警察や消防などによる捜索が続いている（2015年4月10日警察庁「平成23年（2011年）東北地方太平洋沖地震の被害状況と警察措置」）。

　震災後に体調を崩して死亡したり、避難生活を苦にして自殺したりした「震災関連死」[1]は増え続け、3194人に達した。このうち福島県は1793人で、同県では直接死を上回っている（復興庁2014年9月末調査）。

　全国の避難者数は、2015年3月12日時点でなお約22万5000人が避難を余儀なくされ、全国47都道府県、1160の市区町村に所在している（復興庁2015年3月12

日調査)。津波被害に加え原発事故が起きた福島県が約11万9000人にのぼり、同県ではこのうち約4万7000人が県外への避難を強いられている。震災から4年を経てもプレハブの仮設住宅で暮らす避難者は岩手、宮城、福島の3県で8万人以上にのぼる[2]。

第2節　阪神・淡路大震災における生活保護の争点
（社会保障法学会第32回大会・庄谷報告[3]）

　本章のテーマは、過去に1997年第32回社会保障法学会において、庄谷怜子（大阪府立大学、当時）が、1995年の阪神・淡路大震災時の取組みを中心に報告した「大規模災害と公的扶助」と重なる。阪神・淡路大震災では、避難所における生活保護の利用が、「避難所は一時的性格のものであり、居住地として認められない」という理由で認められなかった。また、ホームレスを「不適格者」として避難所から出て行ってもらうという神戸市の「心得」により、ホームレスが避難所に入れなかったりするなど、地震発生までの生活保護行政の問題点が、避難所への入所などにも反映して問題となった。さらに、被災者中の被保護世帯の死亡率が一般と比べ4～5倍に達していること、家屋の被災率も2倍以上に達していることなどから、被保護世帯の住居の劣悪さが明らかになった。加えて災害救助法打切り後において稼働年齢であることを理由とする保護の受付率の低下が指摘されていた。
　そして、今回の震災でも大きな問題となった、義援金、見舞金、弔慰金の収入認定も当時から問題となっていた。これらの金銭の性格が、失われた生活基盤の回復や精神的な慰藉を目的とするのであれば、自立更生計画書に列挙したものに限定する必要はないはずである。また、実質上、生活保護の継続であるにもかかわらず、仮設住宅への入居時に、新規の保護申請として資産調査が改めて行われ、仮設入居時点で124万円を超える所持金があれば保護が廃止された。これは保護費の累積を認めた秋田の加藤訴訟（秋田地裁平成5年4月22日判決・行集〔行政事件裁判例集〕44巻4-5号）などにも反する扱いであった。そのほか、震災後の神戸市長田区などでの地場産業（ケミカルシューズ）の崩壊が保護率の上昇をもたらしており、一刻も早い復旧が求められていることなどが報告されている。
　問題は、1995年当時の震災と生活保護に関する問題点が、東日本大震災で解決されたかどうか、都市での直下型地震とは様相が異なる東日本大震災で、生活保護制度上、新たな問題が発生していないか、発生しているとすれば、法の趣旨

に従った適切な対処がなされているかどうか、である。

第3節　東日本大震災と生活保護

1　東日本大震災の特徴と生活保護の状況
（1）　東日本大震災の特徴

　今回の震災の特徴は、第1に、地震、津波、原発事故が重なった複合的被害であることである。第2に、被災地が岩手・宮城・福島の沿岸部を中心としつつも、東北、北海道、関東一円に及ぶとともに、広域分散避難の問題も含む超広域性である。第3に、2012年6月24日に施行された「東日本大震災復興基本法」は、復興までの期間を10年としているが、原発事故の被害がいつまで続くのか、被害の「回復」がいつになるか予測がつかないのが現状である。すなわち、震災の長期性である。震災と生活保護制度を考えるうえで、これら3つの特徴を押さえることが前提となる。

　さらに、何年か後には必ず発生するとされる東南海大地震などを考慮すると、日本を「常時」災害発生国とみなして、災害法制や生活保障制度を考え直す必要があると思われる。

　そうして、災害時には、緊急的な対応が優先されざるをえないため、「貧困の非可視化」現象が生ずる危険性を否定できないが、積み重なっていた貧困（不安定雇用、社会保障の不備などを要因とする）が、地域の問題（過疎など）と同時に一挙に現れるという認識が重要である。

（2）　復興に向けての基本的考え方

　これらの震災に対応した法制度の役割を考える際の基本的な考え方としては、2011年6月8日に発表された、日本学術会議による「東日本大震災被災地域の復興に向けて——復興の目標と7つの原則」提言中、(2)「日本国憲法の保障する生存権確立」原則、すなわち「被災地域の住民、とりわけ10万人に及ぶ避難住民に対する、日本国憲法の保障する生存権の確立は復興の基本である」にのっとって考えるべきである[4]。

（3）　東日本大震災の生活保護への影響

　今回の災害の生活保護への影響であるが、国の公表した数字によれば、数字上は大きな影響は出ていない。2012年8月時点の全国の状況をみると、保護の相談件数は111件（震災後の累積件数5082件）、申請33件（同1929件）、開始26件（同

1363件）であった。全国の保護動向（同年6月）は、被保護人員数211万5477人　被保護世帯数154万2784世帯であるから、増加世帯数のうち　0.1％も占めていない（下線部の比）[5]。

　被災県でもそれほど保護人員は増えておらず、むしろ減少しているところもある。例えば、岩手県では、震災前の2011年2月では保護率11.15‰（パーミル。人口1000人に対する被保護人員数）であったものが、2012年8月では11.12‰と微減している。その理由は、被保護者の被災による死亡、沿岸部から内陸部への親族宅への避難を理由にした保護廃止、義援金等の収入認定による保護廃止などがあげられる。他方、医療費一部負担等減免措置、雇用給付等の延長措置などによって保護には至らない場合もある。これらをみると、被災による直接・間接の保護人員の減少（死亡、親族宅への避難）、被災を要因とした給付を理由とするもの、さらに、防貧的な施策によって生活保護に至るのを防いでいるなど、さまざまな要因によって、保護人員がそれほど増加していないことが見てとれる。

2　災害救助法と生活保護法

（1）　災害救助法と生活保護法の役割

　災害が発生した場合、まず適用されるのが災害救助法である。同法は、「この法律は、災害に際して、国が地方公共団体、日本赤十字社その他の団体及び国民の協力の下に、応急的に、必要な救助を行い、被災者の保護と社会の秩序の保全を図ることを目的とする」（1条）と定めており、被災者についての応急的な保護を目的とする。

　これに対して、生活保護法は、長期的かつ平常時の生活保障であるから、生活基盤など一定のストックの存在を前提としている。そうすると、生活基盤の一挙喪失の回復は、災害救助の特別法による対応（他法施策による対応。生活保護法4条）によることになる。そして、長期的かつ平常時の対応は、生活基盤の個別の状況に応じて生活保護法の必要即応の原則（生活保護法9条）で対応することになる。

（2）　災害救助法の問題点

　すでに阪神・淡路大震災時より指摘されているところであるが、災害救助法による対応は応急的措置であるから、一応、「避難所開設期間は原則7日間、仮設住宅2年間」とされている。しかし、これでは短すぎ、震災時には往々にして長期間の入所となっている。例えば阪神・淡路大震災では、避難所では1995年1月17日から8月25日まで（211日間）、仮設住宅でも5年間といった具合である。

経費の格差も指摘されており、避難所入所者1人1日当たりの必要な経費は、災害救助法では、1310円であるが、生活保護の生活扶助額は、2500円余りとなるから、生活保護の約半額しか保障されていない。

また、災害救助法は、災害時には物資の調達が困難になり金銭は用をなさないとして、現物給付を原則として、現行の行政運用は金銭給付をかたくなに拒んでいる。しかし、避難所生活が長期に及び、経費的にも生活保護法以下の水準であるならば、災害救助法による金銭給付を行い、その水準をせめて生活保護基準額まで引き上げるべきである[6]。

3 災害時の補償金等に関する生活保護の取扱い

（1）生活保護における考え方

生活保護の運用指針では、「損害の補てんを生活保護制度の中において認める場合、補償金等をもって、生活保護制度として認め得る一定限度内において<u>直接的な損害の補てんにあてることを認める</u>ほか、<u>精神的損害等原状回復が難しいもの</u>や、補てん措置の必要な範囲が客観的に確定し難いものについても、<u>直接的な損害補てんに対応する措置</u>をとることが必要である」[7]（下線部筆者。以下同）と、述べている。これだけを見ると、損害の補てんなどは、保護を受けてない方と同様に認められるのが原則のように読める。すなわち、最大500万円が支給される災害弔慰金や、最大300万円が支給される被災者生活再建支援法に基づく給付金も、それぞれの給付金の趣旨に応じて、生活保護世帯にも消費されてしかるべきことになる。だが、生活保護の運用は、次に述べるように、あくまでいったん収入認定したうえで、自立に必要な項目を控除するという形でしかその保有を認めないため、生活保護を利用していない世帯に比べて、不利を強いられている。

（2）具体的な措置

義援金、弔慰金、損害賠償金などが出た場合の具体的な措置は、実施要領によれば、以下のような対応となっている。

○局長通知　第8-3-(3)
　収入として認定しないもの取扱い
ア　社会事業団体その他から被保護者に対して臨時的に恵与された慈善的性質を有する金銭であって、社会通念上収入として認定することが適当でないもの
ウ　他法、他施策により貸し付けられる資金のうち当該被保護世帯の自立更生のためにあてられる額（〔課長通知第8-11〕償還金についても収入からの控除が認め

られる)
オ　災害によって損害を受けたことにより臨時的に受ける補償金、保険金又は見舞金のうち当該被保護世帯の<u>自立更生のために当てられる額</u>

　実務運用では、アは、包括的に収入から除外される。ウによれば、借金も可能である。その返済も、収入があれば返済額が控除されることから、借金といっても、保護費に事実上の上乗せが認められる。問題は、オの災害による損害にかかる給付の扱いである。これは、自立更生のための費用のみ収入から除外する。以上の運用をまとめ、詳細を示すと、以下のようになる。

○まずA→B
　A　原状回復費用　a 生活基盤の回復に要する経費　b 傷害、疾病の治療に要する経費
　B　自立計画費用　a 事業の開始または継続等生業費　b 医療費　c 住宅環境の整備　d 就学費　e 結婚　f 弔慰　g 利用性の高い生活用品(保有容認物品の購入)　h 保有を容認される自動車の維持経費　i 国民年金の受給権を得るための経費
　※Bの各費用はおおむね生活福祉資金の貸付額を上限とする。
　→自立更生のための費用は直ちに生業等その用途のために供されるものに限る。ただし、適当な者(社協等)に預託されている場合は、その間は収入認定しない。当該補償金等が自立更生に役立つか否かを審査するため自立更生計画を徴する。

　この自立更生計画書に控除されるべき項目をあげてその額が控除され、保護世帯の手元に残ることになる。しかし、災害弔慰金が、遺族の心痛に対する慰藉・見舞いであるなら、生活保護を利用していない世帯と同様に、無条件にその保有を認めるべきである。慰藉に差別があってはならないだろう。被災者生活再建支援法による支援金も、被災した住居などの再建費用を自立控除できれば、結果的に同じことになる可能性はあるが、これも保護を利用していない世帯と同様の扱いが望まれる。

4　東日本大震災時における国の迅速な対応(いずれも厚生労働省保護課長通知)

　東日本大震災に対する国の対応は、一応は迅速かつ前向きの対応として評価できると思われる。震災と生活保護に関して、国は3つの通知を比較的早い時期に

発出している。

第1の2011年3月17日通知[8]では、実施責任（居住地を離れての保護について現在地保護。仮設住宅に長期居住が見込まれる場合の居住地保護）、申請権保障と資産（本来の居住地に残してきた資産について63条の扱いで対応）について柔軟な対応を求めている。

第2の2011年3月29日通知[9]では、阪神・淡路大震災では認めなかった避難所での保護を認めている。

第3の2011年5月2日通知[10]では、義援金などの扱いについて、自立更生計画に記載されたものは収入認定除外することなど、実施機関に柔軟な扱いを認めている。

要はこれらの通知を、保護の実施機関である福祉事務所が、被災者の生存権確保のために、柔軟に使ったかどうかが問題となる。次に述べるように、実際には大きな自治体間格差が発生した。

5　東日本大震災における生活保護の課題〜義援金の収入認定廃止をめぐって〜

(1)　日本弁護士連合会調査（2011年10月24日発表）

2011年10月公表された日本弁護士連合会（以下「日弁連」）の調査によると、被災5県全福祉事務所への調査（2011年8月19日〜9月20日）では、生活保護受給世帯・人員とも大きな変動はないが、この期間の保護の停廃止世帯数4288件中458件（10.6％）が、義援金などの受領を理由として保護が廃止されており、その458件中半数以上の233件（51％）を南相馬市が占めていた。

第1次義援金についての包括控除（前述局長通知第8-3-(3)ア）は18カ所（全96カ所、19％）にとどまっている。

局長通知オの自立更生計画について、生業、教育、介護費の金額の基準や例を保護利用者に説明しているところが58カ所（79％）、していないところは15カ所（21％）である。しかし説明したとされる58カ所中、計画書に実例があるのは22カ所（38％）にとどまっている。**図表10-1**にあるように、個別費目（生活用品、住宅補修費など）を積み上げて収入認定から除外して生活保護を停廃止していない世帯が多い地域は、210カ所あり、うち岩手県沿岸広域振興局が30％を占め、南相馬市と対照的な結果となっている。

個別の品目の積上げによる保護の停廃止の例としては、岩手県沿岸広域振興局では、①高校3年間の経費30万円、②仏壇50万円、③自動車免許取得費30万円、④電動自転車10万円、⑤パソコン一式15万円、⑥原付バイク15万円等計150万円を控除したが、なお義援金などが残ったため保護を停廃止している。福島県相

図表10-1　個別費目（生活用品、住宅補修費など）を積み上げて収入認定から除外して生活保護を停廃止していない世帯が多い福祉事務所

※岩手県沿岸広域振興局が30％を占める。　　　　　　　　　　　　　　（所）

保護を停廃止していない世帯が多い地域			
福祉事務所	停止回避数	廃止回避数	合計
岩手県沿岸広域振興局	0	62	62
福島県北	9	9	18
福島県相双地域	23	0	23
福島県いわき市	―	16	16
福島県須川市	―	12	12
福島県南	12	12	24
宮城県仙台保健事務所	16	―	16
茨城県北茨城市	6	14	20
全体	75	135	210

出所：2011年10月24日「日弁連調査」

双地域では、同じく、①自動車免許取得費30万円、②墓石・仏壇（上限65万1000円）、③家屋補修（上限250万円）、④線量計（10万円）、⑤畑の除染（100万円）費用など455万円に加え、貸付金返済額（実費）と家電6点の実費を控除している。

（2）義援金などの収入認定を争った裁決[11]

　南相馬市の機械的な保護廃止事例については、4件審査請求され、うち3件で請求が認容され、残り1件も保護自体は再開されている。裁決では「（処分庁が）自立更生計画についての確認を行った形跡は一切認められない」、「臨時訪問など必要な調査を実施しておらず（略）、（被保護者との面会をおこなったのは）本件処分後である」などとして、処分庁が、必要な調査や確認を怠っていた事実を適切に認定し、被保護世帯の震災後の生活実態の把握や自立更生計画の作成より以前に、生活保護の停廃止などの処分を行っていたことを厳しく指摘したうえで、生活保護法56条の不利益変更の原則に反するとして処分を取り消している。なお、請求人らは、義援金などの収入認定自体の違法性、不当性を主張してきたが、今回の裁決は実質的な判断はしていない。しかし、3裁決とも、処分庁の手続きのずさんさを指摘し、「その余の点に触れるまでもなく」処分を違法と判断しており、義援金などの収入認定を適法と判断しているわけではないことに留意する必要がある。

(3) 義援金などによる停廃止事例の現状

現状は、義援金などの支給が、だんだんと進んできたことなどを反映して、保護の停廃止数が増加していた。2012年8月の岩手県資料によれば、義援金など（義援金、被災者生活再建支援資金、災害弔慰金）の受給保護世帯は442世帯（実数）だが、うち「自立更生計画書」提出世帯が392世帯あるうち、保護停廃止世帯は253世帯と半数を超えていた。

6 その後の被災者の生活状況

「被災者の現状（避難生活者アンケート調査、実施期間2012年8月8日～30日、郵送調査、回答者88人、東京災害支援ネット〔とすねっと〕実施）」[12]によれば、サンプル数が少ないため全体把握ができているわけではないが、福島県の被災者の厳しい生活状況が示唆される。

すなわち、避難前後で比較すると、二重生活、交通費などの増加のため、生活費増が68％（1万7553円/月）、反対に、失業、働けないなどのため、世帯収入減少が52％（その減少率は48％、11万1666円/月）を占めており、生活悪化の深刻さがうかがわれる。

支援者によれば、生活保護実施上の問題点としては、第1に、賠償金の収入認定問題である。前述の行政運用方針によれば、賠償金もいったん収入認定したうえで、自立控除した分だけが保有を認められることになるが、それでは原発からの損害の賠償にならない。第2に、二重生活が長引いているが、世帯分離して避難者だけの保護（例えば、夫が福島県で単身で働き、妻子が東京で避難生活を送っている場合、上述のような出費の増加と収入減少にもかかわらず、妻子だけの保護）がなかなか認められないということが指摘されている。

第4節 被災者への生活保障の枠組み（主として復旧・生活再建場面）

1 防貧施策の再開と充実

生活保護に至る前段措置（医療保険、介護保険の保険料、窓口負担の減免、猶予措置、高速道路料金の無料など）の再開が求められる。これらの措置があるときは、社会保険や生活の基本部分に関する支援がなされており、たとえ震災による甚大な被害があっても、個人としては一定の社会保障による手当がなされていた。

ところが、高速道路の無料措置はもとより、医療保険の一部負担などの減免措置も、国の措置としては2012年9月末にいったん終了した。その後も医療保険の一部負担については県や市が補てん措置をすることになっているが、もしそれら

の措置が切れれば、生活保護へ至る要因が増大する。

　さらに、福島県の被災者のように原発を避けて二重生活を強いられている場合には、被害の長期化が予想されることもあり、抜本的な生活保障をすべきである。この点では、三宅島災害保護特別事業（「災害保護」）の先例がある[13]。同事業では、三宅島へ帰島の意思がある世帯に対して、収入が保護基準に満たない差額を支給するとともに、預託を条件に500万円までのストックの保有を認めた。離島時の預貯金の目減りを防止し、貧困を予防する趣旨である。なお、生活保護世帯は適用除外となっていた。

2　災害と生活保護～仮称「被災者生活保護制度」の提案～

　生活保護制度に関していえば、常時災害発生国としての認識のうえに立ち、被災者・避難者向けに、再就職や元の居住地への帰還ができるまでの間の最低生活が維持できるよう、自動車や預貯金等の資産保有条件などの緩和をはじめ、生活保護の適用条件を全体として緩和した被災者生活保護制度を創設すべきである。さしあたって、以下の項目を提案する。

（1）　阪神・淡路大震災における問題点をある程度改善した上記3課長通知の恒久化

（2）　保護基準の特例
　被災地では、農作物が被害を受け、食料をはじめとする生活必需品の物価が上昇している。生活保護基準を、物価上昇傾向に合わせて、暫定的に一定期間アップすることができるようにすべきである。

（3）　住まいの再建、維持、帰還保障
　①住宅扶助（生活保護法14条）の住宅維持費には耐震工事を含める。
　②住宅維持費は、補修費を増額し迅速な手続きにより実施する。
　③避難者が元の家に戻る場合等の帰還費など必要な経費を保障する。

（4）　世帯認定（世帯分離）
　避難先との機械的な同一認定を排除する[14]。また、福島県の被災者のように、二重生活を送らざるをえない場合の世帯分離要件を緩和する。さらに転出時の敷金などの支給も認める。

（5） 自動車などの資産

　再就職や元の居住地への帰還ができるまでの間の最低生活が維持できるよう、自動車や預貯金等の資産保有要件などを緩和し、自力での生活再建を支援する。

（6） 義援金などの収入認定除外

　最低生活を保障する生活保護制度と、弔慰金・義援金・損害賠償金・被災者生活再建支援法支援金の趣旨の相違を考慮し、生活保護の収入からこれらの金銭を除外するよう徹底すべきである[15]。今後の復興計画、長期的自立の観点からの控除も考慮する（例：大学就学費用）。

（7） 生活保護担当職員の増員

　標準配置数（80保護世帯に対して、1ケースワーカー）の配置と増員を認める。増員分についての給与は全額国庫負担とする。

（8） 費用の国庫負担

　災害時バージョン時における生活保護費用については、全国各地の避難先で保護に要した費用を含めて、全額国庫負担とする。

（9） 自立支援、就労支援の促進

　公的な就労事業を用意し、自立促進をはかる。

　そうして、現場での運用格差の是正のために、以上のような項目を「被災者生活保護制度」として、現行の生活保護制度の関係する部分を再編し、災害対応のバージョンをつくることが必要である。
　住民にとっても、行政にとってもわかりやすいものにすべく、本来は、生活保護手帳の法令化などの抜本的な形式改訂も視野に入れながら、少なくとも、現行保護手帳に災害編を別につくることなどから始めることは十分可能である。

注
1　震災関連死とは、「東日本大震災による負傷の悪化等により亡くなられた方で、災害弔慰金の支給等に関する法律に基づき、当該災害弔慰金の支給対象となった方」をいう（復興庁）。
2　2015年3月10日『日本経済新聞』
3　庄谷怜子（1998）「大規模災害と公的扶助」日本社会保障法学会編『社会保障法』13号、136〜151頁
4　詳しくは、日本学術会議HP（http://www.scj.go.jp/）掲載の同提言を参照されたい。
5　平成24年10月1日厚生労働省報道発表資料「東日本大震災に伴う被災者からの保護の相談等の状況把

握について（平成24年8月及び累計）」
 6　山崎栄一、阿部泰隆（2000）「生活保護の憲法政策序説」『神戸法学雑誌』50巻1号
 7　『生活保護手帳（別冊問答集1993年版）』408～412頁
 8　社援保発0317第1号平成23年3月17日厚生労働省社会・援護局保護課長通知
 9　社援保発0329第1号平成23年3月29日厚生労働省社会・援護局保護課長通知
10　社援保発0502第2号平成23年5月2日厚生労働省社会・援護局保護課長通知
11　平成23年12月21日福島県知事裁決（3件とも同日付）
12　東京災害支援ネット（とすねっと）「避難生活の実態に関するアンケート調査結果報告」『賃金と社会保障』1571号、3～58頁
13　平成15年2月5日条例第1号「三宅村災害保護特別事業交付金交付条例」。施行後1年経った2003年3月11日『毎日新聞』によれば、同村では貯金が200万円以下の場合は生活保護を受給でき（104世帯139人）、200万円超500万円の世帯（44世帯63人）が同制度の適用を受けていた。
14　社援保発1225第1号、平成21年12月25日厚生労働省社会・援護局保護課長通知
15　同旨、津久井進（2012）『大災害と法』岩波新書、80頁

あとがき

　私は、本書の前身ともいえる拙著『生活保護の争点』(2011年) のあとがきで、「現在の生活保護制度を、利用しやすく自立しやすい制度として、さらにステップアップするのか、反対に救貧的な様相を帯びた制度に後戻りさせるのか、現代はまさにそうした岐路ともいうべき微妙な情勢である」と述べた。振り返ると、2000年代の小泉政権以降の新自由主義的な政策は格差と貧困を拡大させた。これに対する反貧困運動の盛上りは、年越し派遣村を生み出し、生活保護においても、2009 (平成11) 年の政権交代を経て、母子加算の復活などの貴重な成果をもたらした。こうした到達点にあって、私には、貧困の大元である非正規雇用の規制など、雇用法制の改革を含む社会保障全体の強化が必要とされており、そうでなければ、またぞろ「適正化」という名の生活保護の抑制策が繰り返されるのではないかという危惧があった。その思いを「微妙な情勢」という言葉で表したつもりであった。残念ながら私の懸念は当った。2012年には生活保護バッシングが仕掛けられ、それに乗ずる形で、社会保障改革推進法で大枠が示された一連の生活保護「改革」が遂行された。

　このような一連の「改革」は、生活保護の機能強化とは反対に機能の縮減をもたらし、私たち市民の生存権を危うくするものである。また本書に示したように、これらの「改革」は、生活扶助費の引下げにあるように、無理に無理を重ねた政治的な産物であり、また法改正における扶養の強化など、時代遅れの対応でもあった。したがって、多くの市民や生活保護利用者の怒りを呼び起こし、生活扶助額の引下げに対する過去最多の審査請求や裁判が起こされた。改正法案に対しては、法案の修正や前向きの国会答弁を引き出し、また通知などでの是正が進み、一定の歯止めがかけられた。さらに本書で可能なかぎり紹介したが、審査請求や裁判においては、権利としての生活保護を推し進める、前向きの裁決や判決が相次いでいる。こうした前進に依拠してこそ、生存権保障の展望は開けるのではないかと思う。

　本書は、私の属する全国公的扶助研究会や全国生活保護裁判連絡会、また生活保護問題対策全国会議などの諸活動の成果でもある。全国公的扶助研究会では、現場のケースワーカーのみなさんから、制度運用が現場にどのような影響をもたらすか、また、その人らしい自立支援とは何かについて教えていただいた。全国生活保護裁判連絡会は、争訟事例をケースワーカー、法律家、研究者などによって多面的に検討できる貴重な場であった。生活保護問題対策全国会議は、生活保

護に関する時々の政策動向に対して、タイミングよく見解を公表し、世論にアピールする生活保護運動の牽引車であるとともに、私にとっては、生活保護に関する現代的課題と向き合う場でもある。これらの諸活動に御一緒いただいている仲間のみなさんに、心から御礼申し上げたい。

　また、出版事情の厳しい折に、本書の意義を理解していただき、快く出版に応じてくださった明石書店の神野斉編集長と、タイトな出版日程のもとで精力的に作業いただいた志賀信夫氏には、記して御礼申し上げる。

　最後に、元生活保護査察指導員として、生活保護の現場運用について有益なアドバイスをしてくれるとともに、家庭生活において私の研究活動を支えている、妻博子に本書を捧げたい。

2015年　盛夏
　　　　　　戦後70年にあたって、貧困の根絶を願い、平和を祈って
　　　　　　　　　　　　　　　　　　　　　　　　　　　　吉永　純

判例索引

■最高裁

最判昭和46・6・29判時636号　210
最判昭和57・7・7民集36巻7号（堀木訴訟上告審）　25
最判平成9・6・13判例集未搭載（ゴドウィン訴訟上告審）　190
最判平成13年・9・25判時1768号、最高裁判所裁判例情報（宋訴訟上告審）　191
最判平成24・2・28民集66巻3号・判時2145号・判タ1369号（老齢加算訴訟東京訴訟上告審）　25
最判平成24・4・2民集66巻6号・判時2151号・判タ1371号（老齢加算訴訟福岡訴訟上告審）　25
最決平成25・4・19判時2194号　32
最判平成26・7・18賃社1622号（永住外国人生活保護申請却下事件上告審）　180　192
最判平成26・10・6賃社1622号（外国人老齢加算減額処分取消訴訟上告審）　196

■高裁

大阪高判平成5・10・5判自124号（永井国賠訴訟控訴審）　127
大阪高判平成8・7・12判例集未搭載（ゴドウィン訴訟控訴審）　190
東京高判平成9・4・24判時1611号（宋訴訟控訴審）　191
名古屋高判平成9・8・8判時1653号・判タ969号・賃社1212号（林訴訟控訴審）　178
大阪高判平成13・10・19賃社1326号　133
東京高判平成15・2・13判タ1127号　62
大阪高判平成17・6・30賃社1402号（神戸市垂水区児童扶養手当国家賠償訴訟控訴審）　127
広島高判平成18・9・27賃社1432号（生活保護辞退届廃止処分取消・国賠請求件控訴審）　128
大阪高裁和解調書平成19・10・2日賃社1457・1458合併号（山本国賠訴訟控訴審）　128
東京高判平成21・9・30賃社1513号（介護者運賃割引制度不教示国賠訴訟上告審）　129
東京高判平成22・2・18賃社1524号（障害年金誤教示国賠訴訟控訴審）　130
東京高判平成23・3・24賃社1622号（神奈川外国人生活保護住民訴訟控訴審）　191
福岡高判平成22・6・14賃社会1529・1530合併号（老齢加算訴訟福岡訴訟控訴審）　32
福岡高判平成23・11・15賃社1561号（永住外国人生活保護申請却下事件控訴審）　180　192
東京高判平成24・7・18日賃社1570号（新宿ホームレス生活保護訴訟控訴審）　178
広島高決平成24・11・16判例集未登載　32
大阪高判平成25・12・13日尼賃社1613号（尼崎市63条返還事件控訴審）　210

■地裁

京都地判平成3・2・5判自81号（永井国賠訴訟第1審）　127
京都地判平成5・10・25判時1497号・判タ844号・賃社1118号（柳園訴訟）　179
神戸地判平成7・6・19判自1395号（ゴドウィン訴訟第1審）　190

東京地判平成8・5・29判タ916号（宋訴訟第1審）　　190
神戸地尼崎支判平成18・9・14判例集未搭載（山本国賠訴訟第1審）　128
広島地判平成20・12・25賃社1485、1486号（老齢加算訴訟広島訴訟第1審）　32
大分地判平成22・9・30判時2113号・賃社1534号（外国人保護申請却下裁決取消訴訟）
　182
大分地判平成22・10・18賃社1534号（永住外国人生活保護申請却下事件第1審）　192
横浜地判平成22・10・27賃社1622号（神奈川外国人生活保護住民訴訟第1審）　191
福岡地小倉支判平成23・3・29賃社1527号（小倉北事件）　115　133
那覇地決平成23・6・21賃社1601・1602合併号　178
東京地判平成23・11・8賃社1553・1554合併号（新宿ホームレス生活保護訴訟第1審）178
大津地判平成24・3・6日賃社1567・1568合併号（長浜生活保護稼働能力訴訟）　178
神戸地判平成24・10・18日賃社1613号（尼崎市63条返還事件第1審）　210
さいたま地判平成25・2・20判時2196号・賃社1585号（三郷事件）　115　135
東京地判平成25・10・9判時2232号　63
大阪地判平成25・10・31賃社1603・1604合併号（岸和田事件）　115　138　178
福岡地判平成26・2・28賃社1615・1616号（北九州市八幡東区63条返還事件）　214
福岡地判平成26・3・11賃社1615・1616合併号（大野城市63条返還金、住宅扶助特別基準
　設定・敷金支給要件等事件）　62　216
静岡地判平成26・10・2賃社1623号　178
横浜地判平成27・3・11賃社1637号　227

初出一覧

本書各章のうち初出があるものは下記のとおりである。いずれも、執筆時からの時間の経過による政策の変化や、新たな判決や裁決が出されたことなどによって、大幅に加筆修正している。また下記以外は書下しである。

第1章　生活扶助基準の検討
　　　「Ⅳ 生活保護基準とその引下げ」日本弁護士連合会貧困問題対策本部編『生活保護　法的支援ハンドブック〔第2版〕』民事法研究会、2015年
第2章　第2節　家賃準拠追随型から居住水準保障型へ
　　　「生活保護・住宅扶助と冬季加算の在り方」『賃金と社会保障』1621号、2014年
　　　第3節　住宅扶助、冬季加算の引下げを決めた厚生労働省社会・援護局保護課「住宅扶助基準及び冬季加算等の見直しについて」の検討
　　　「生活保護費引下げ『三重苦』をもたらす厚労省社会・援護局保護課『住宅扶助基準及び冬季加算等の見直しについて』の検討」『季刊公的扶助研究』237号、2015年
第3章　生活保護法の改正
　　　「生活保護法改正法案の検討」『賃金と社会保障』1591・1592合併号、2013年
第5章　第2節　根強く続く水際作戦
　　　「貧困の広がりと繰り返される孤立死を直視した生活保護行政を」『賃金と社会保障』1566号、2012年
　　　第4節4　裁　決
　　　「口頭の保護申請と扶養義務に関する再審査請求を認容した二つの厚生労働大臣裁決」『賃金と社会保障』1611号、2014年
第6章　稼働能力
　　　「半失業時代の生活保護・稼働能力活用要件の在り方」『賃金と社会保障』1624号、2014年
第7章　第3節　行政運用（その2）
　　　「生活保護実務からみた外国人と生活保護及び本件の問題点」『賃金と社会保障』1562号、2012年
第9章　医療扶助の課題
　　　「生活保護制度（医療扶助）の見直しをどう考えるか」『月刊／保険診療』1482号、2013年
第10章　災害と生活保護
　　　「災害と社会保障―生活保護について」日本社会保障法学会編『社会保障法』第28号、法律文化社、2013年

【著者略歴】
吉永　純（よしなが　あつし）
1955（昭和30）年、熊本県に生まれる。花園大学社会福祉学部教授（公的扶助論）、全国公的扶助研究会会長、貧困研究会運営委員。1979年京都大学法学部卒業、2010年京都府立大学大学院博士後期課程修了、博士（福祉社会学）。1982年京都市役所に入り福祉事務所を中心に、生活保護ケースワーカー（12年6カ月従事）をはじめ生活保護事務、生活保護監査、ホームレス担当、介護保険事務などに携わる。2006年花園大学社会福祉学部助教授を経て2008年から現職。著書『生活保護の争点』（高菅出版、2011年）、共著『公的扶助論　低所得者に対する支援と生活保護制度（第2版）』（ミネルヴァ書房、2013年）、共編著『生活保護「改革」ここが焦点だ』（あけび書房、2011年）など

生活保護「改革」と生存権の保障
──基準引下げ、法改正、生活困窮者自立支援法

2015年8月25日　初版第1刷発行
2016年11月21日　初版第2刷発行

著　者	吉　永　　　純
発行者	石　井　昭　男
発行所	株式会社　明石書店

〒101-0021　東京都千代田区外神田 6-9-5
　　　　　　電　話　03（5818）1171
　　　　　　ＦＡＸ　03（5818）1174
　　　　　　振　替　00100-7-24505
　　　　　　http://www.akashi.co.jp

組　版	朝日メディアインターナショナル株式会社
装　丁	明石書店デザイン室
印　刷	日経印刷株式会社
製　本	

（定価はカバーに表示してあります）　　ISBN978-4-7503-4232-0

[JCOPY] 〈(社)出版者著作権管理機構 委託出版物〉
本書の無断複写は著作権法上での例外を除き禁じられています。複写される場合は、そのつど事前に、(社)出版者著作権管理機構（電話 03-3513-6969、FAX 03-3513-6979、e-mail: info@jcopy.or.jp）の許諾を得てください。

間違いだらけの生活保護「改革」
Q&Aでわかる 基準引き下げと法「改正」の問題点
生活保護問題対策全国会議 編

A5判／160頁　◎1200円

「生活保護バッシング」のなか、2013年8月から生活保護の基準が引き下げられ、制度を揺るがす法「改正」の動きも急である。医療、年金、介護、教育など、生活のあらゆる領域に影響が及ぶ生活保護「改革」の動きをわかりやすく検証し、Q&Aで解説。

間違いだらけの生活保護バッシング
Q&Aでわかる 生活保護の誤解と利用者の実像
生活保護問題対策全国会議 編

A5判／120頁　◎1000円

芸能人の母親の受給を機に、マスコミ報道ﾞ国会議員による追及など大きな騒ぎとなった生活保護バッシング。問題となった「扶養義務」とは？　利用者は本当に「怠け者」で贅沢な暮らしをしているのか？　これらの疑問にQ&Aで答え、利用者の実像を伝える。

Q&A 生活保護利用ガイド
健康で文化的に生き抜くために
山田壮志郎 編著
●1600円

無料低額宿泊所の研究
貧困ビジネスから社会福祉事業へ
山田壮志郎
●4600円

貧困研究
日本初の貧困研究専門誌
貧困研究会 編
【年2回刊】
●1800円

日弁連 子どもの貧困レポート
弁護士が歩いて書いた報告書
日本弁護士連合会 第53回人権擁護大会シンポジウム第1分科会実行委員会 編
●2400円

世界の貧困と社会保障
日本の福祉政策が学ぶべきもの
貧困問題がわかる③ 大阪弁護士会 編
●1800円

ホームレス状態からの「脱却」に向けた支援
人間関係・自尊感情・「場」の保障
後藤広史
●3800円

子どもの貧困と公教育
義務教育無償化・教育機会の平等に向けて
中村文夫
●2800円

子ども食堂をつくろう！
人がつながる地域の居場所づくり
豊島子どもWAKUWAKUネットワーク 編著
●1400円

〈価格は本体価格です〉